DR. OETKER WEIHNACHTS BACKEN VON A–Z

DR. OETKER WEIHNACHTS BACKEN VON A–Z

Dr. Oetker Verlag

Abkürzungen

EL	=	Esslöffel
TL	=	Teelöffel
Msp.	=	Messerspitze
Pck.	=	Packung/Päckchen
g	=	Gramm
kg	=	Kilogramm
ml	=	Milliliter
l	=	Liter
evtl.	=	eventuell
Fl.	=	Fläschchen
geh.	=	gehäuft
gestr.	=	gestrichen
TK	=	Tiefkühlprodukt
°C	=	Grad Celsius

Kalorien-/Nährwertangaben

E	=	Eiweiß
F	=	Fett
Kh	=	Kohlenhydrate
kJ	=	Kilojoule
kcal	=	Kilokalorie

Hinweise zu den Rezepten
Lesen Sie vor der Zubereitung – oder besser noch vor dem Einkauf – das Rezept einmal vollständig durch. So werden Arbeitsabläufe oder -zusammenhänge verständlicher.

Zutatenliste
Die Zutaten sind in der Reihenfolge ihrer Verarbeitung angegeben.

Arbeitsschritte
Die Arbeitsschritte sind einzeln hervorgehoben, in der Reihenfolge, in der sie von uns ausprobiert wurden.

Backofeneinstellung
Die in den Rezepten angegebenen Backtemperaturen und -zeiten sind Werte, die je nach individueller Hitzeleistung Ihres Backofens über- oder unterschritten werden können. Die Temperaturangaben beziehen sich auf Elektrobacköfen. Beachten Sie bitte bei der Einstellung des Backofens die Gebrauchsanleitung des Herstellers. Die Temperatur-Einstellmöglichkeiten für Gasbacköfen variieren je nach Hersteller sehr stark, sodass wir keine allgemeingültigen Angaben machen können.

Einschubhöhe
Hohe und halbhohe Formen werden im Allgemeinen auf dem Rost auf die untere Einschubleiste geschoben, flache Formen auf die mittlere Einschubleiste. Blechkuchen gelingen am besten in der Mitte des Backofens. Abweichungen sind möglich und von der Ausführung Ihres Backofens abhängig. Beachten Sie daher auch die Angaben Ihres Herstellers.

Zubereitungs- und Backzeiten
Die Zubereitungszeit ist ein Anhaltswert für die Zeit der Vorbereitung und die eigentliche Zubereitung. Sie variiert je nach Geschick und Übung. Die Backzeiten sind, in der Regel, gesondert ausgewiesen. Bei einigen Rezepten setzt sich die Gesamtbackzeit aus mehreren Teilbackzeiten zusammen. Längere Wartezeiten, z. B. Kühl- und Auftauzeiten, sind nicht miteinbezogen.

Nur frische Eier verwenden
Bei der Zubereitung von Torten und Kuchenfüllungen mit frischen Eiern, die später nicht gebacken werden, nur Eier verwenden, die nicht älter als 5 Tage sind (Legedatum beachten!). Ei bzw. Eier in eine Rühr- oder Edelstahlschüssel geben und im heißen Wasserbad mit Handrührgerät mit Rührbesen bei mittlerer Hitze aufschlagen, bis eine Temperatur von etwa 70 °C erreicht ist. Die Torten und Kuchen im Kühlschrank aufbewahren, innerhalb von 24 Stunden verzehren.

Vorwort

Was wäre Weihnachten ohne süße Naschereien? In dieser backaktivsten Zeit des Jahres werden selbst Backmuffel zu Backkünstlern. Ob Großeltern mit ihren Enkeln, Eltern mit ihren Kindern oder Backbegeisterte für ihre Freunde, hier findet jeder sein Rezept für die schönste Backzeit des Jahres.

Weihnachten von A–Z ist das Nachschlagewerk für Gebäcke aller Art für die Advents- und Weihnachtszeit. Hier finden Sie nicht nur Plätzchen, sondern auch Kuchen, Kleingebäck, feine Torten und Konfekt. Auch das figürliche Backen kommt in diesem Buch nicht zu kurz. Sie werden fündig bei der Suche nach Adventskalender, Knusper- und Pfefferkuchenhäusern und Anhängern für den Christ- oder Weihnachtsbaum.

Soll es schnell gehen, für Kinder sein oder Ihre Gäste verwöhnen? Die Angaben zu Zubereitungszeiten, Nährwerten und Klassifizierungen helfen bei der Auswahl. Bestimmt wird Ihr Zuhause schon bald nach Zimt, Nelken oder Vanille duften.

Die Rezepte sind Schritt für Schritt beschrieben. Sie finden immer ein Foto zum besseren Nachbacken der Rezepte und, wo es nötig ist, Vorlagen zum Herauskopieren. Tipps und Abwandlungen ergänzen die Rezepte.

Alle Rezepte wurden von uns nachgebacken und sind so beschrieben, dass sie garantiert gelingen.

Lassen Sie es sich schmecken!

Adventskalender I

Zum Verschenken

Insgesamt:
E: 104 g, F: 351 g, Kh: 696 g, kJ: 26864, kcal: 6428

Zum Vorbereiten:
200 g Studentenfutter
100 g Rosinen
75 g getrocknete Cranberries
100 g entsteinte Datteln
100 ml Apfel- oder Orangensaft

Für den Rührteig:
175 g weiche Butter oder Margarine
100 g brauner Zucker (Farinzucker)
1 Pck. Dr. Oetker Bourbon-Vanille-Zucker
4 Eier (Größe M)
200 g Weizenmehl
2 gestr. TL Dr. Oetker Backin
2 Pck. Trinkschokolade (je 25 g)
75 g abgezogene, gemahlene Mandeln

Für das Spritzgebäck:
75 g Butter
40 g Zucker
75 g Weizenmehl
50 g Speisestärke
25 g abgezogene, gemahlene Mandeln

Außerdem:
24 farbige Papierbackförmchen

Zubereitungszeit: 60 Minuten, ohne Durchzieh- und Abkühlzeit
Backzeit: 30–40 Minuten

1. Zum Vorbereiten Studentenfutter mit einem Messer sehr fein hacken oder im Blitzhacker zerkleinern. Rosinen, Cranberries und Datteln in kleine Würfel schneiden. Die Früchte mit Apfel- oder Orangensaft gut verrühren und etwa 30 Minuten durchziehen lassen.

2. Den Backofen vorheizen.
Ober-/Unterhitze: etwa 180 °C
Heißluft: etwa 160 °C

3. Für den Teig die Butter oder Margarine in einer Rührschüssel mit Handrührgerät mit Rührbesen auf höchster Stufe geschmeidig rühren. Nach und nach Zucker und Vanille-Zucker unterrühren. So lange rühren, bis eine gebundene Masse entstanden ist. Eier nach und nach unterrühren (jedes Ei etwa ½ Minute).

4. Mehl mit Backpulver und Trinkschokoladenpulver mischen, mit Mandeln in 2 Portionen auf mittlerer Stufe unterrühren. Studentenfutter und eingeweichte Früchte mit dem Fruchtsaft in 2 Portionen unterheben. Einen Backrahmen (etwa 24 x 36 cm) auf ein Backblech (mit Backpapier belegt) stellen. Den Teig in den Backrahmen geben, glatt streichen und mit einer Teigkarte in 24 Quadrate (je etwa 6 x 6 cm) einteilen.

5. Für das Spritzgebäck aus den angegebenen Zutaten wie zuvor beschrieben einen Rührteig zubereiten. Den Teig in einen Spritzbeutel mit kleiner Lochtülle füllen. Die Zahlen von 1–24 auf die eingeteilten Quadrate spritzen. Die Zahl 24 mit kleinen Teigpunkten einrahmen. Das Backblech in den vorgeheizten Backofen schieben. Gebäckplatte **25–30 Minuten backen.**

6. Das Backblech auf einen Kuchenrost stellen. Die Gebäckplatte erkalten lassen.

7. Aus dem restlichen Spritzgebäckteig kleine Tupfen auf ein Backblech (gefettet, mit Backpapier belegt) spritzen. Das Backblech in den vorgeheizten Backofen schieben. Das Gebäck **bei gleicher Backofentemperatur 5–10 Minuten backen.** Die Gebäcktupfen mit dem Backpapier vom Backblech auf einen Kuchenrost ziehen. Gebäcktupfen erkalten lassen.

8. Die Gebäckplatte mit einem Messer vom Backrahmen lösen. Backrahmen und Backpapier entfernen. Gebäckplatte in 24 Würfel schneiden.

9. Die Gebäckwürfel in Papierbackförmchen setzen.

Tipp: Die Gebäckwürfel zu den Adventssonntagen und zu Heiligabend besonders dekorieren.

12
5
9
6
1
13
17
20
8
24
4
2
3
7
16
19
23
22
18
11
14
15
10
21

Adventskranz | Mit Alkohol

Insgesamt:
E: 112 g, F: 440 g, Kh: 830 g, kJ: 32527, kcal: 7775

Zum Vorbereiten:
100 g Zartbitter-Schokolade
100 g nicht abgezogene Haselnusskerne

Für den Rührteig:
250 g weiche Butter oder Margarine
180 g Zucker
1 Pck. Dr. Oetker Vanillin-Zucker
1 Prise Salz
2 TL gemahlener Zimt
4 Eier (Größe M)
250 g Weizenmehl
1/2 Pck. Dr. Oetker Backin
125 ml (1/8 l) kalter Glühwein

Zum Bestreichen:
100 g Weihnachtsmarmelade (ersatzweise Aprikosenmarmelade oder Johannisbeergelee)

Für die Marzipandecke:
300 g Marzipan-Rohmasse
150 g gesiebter Puderzucker

Zum Verzieren:
etwas gelbe, grüne und rote Speisefarbe
einige goldfarbene Zuckerperlen

Zubereitungszeit: 105 Minuten, ohne Abkühlzeit
Backzeit: etwa 50 Minuten

1. Zum Vorbereiten Schokolade und Haselnusskerne grob hacken.

2. Den Backofen vorheizen.
Ober-/Unterhitze: etwa 180 °C
Heißluft: etwa 160 °C

3. Für den Teig die Butter oder Margarine in einer Rührschüssel mit Handrührgerät mit Rührbesen auf höchster Stufe geschmeidig rühren. Nach und nach Zucker, Vanillin-Zucker, Salz, Zimt unterrühren. So lange rühren, bis eine gebundene Masse entstanden ist.

4. Die Eier nach und nach unterrühren (jedes Ei etwa 1/2 Minute). Mehl mit Backpulver mischen, abwechselnd mit dem Glühwein in 2 Portionen auf mittlerer Stufe unterrühren. Zuletzt gehackte Schokolade und gehackte Haselnusskerne unterrühren.

5. Teig in eine Springform mit Rohrboden (Ø 26 cm, gefettet, gemehlt) geben und glatt streichen. Die Form auf dem Rost in den vorgeheizten Backofen schieben. Den Adventskranz **etwa 50 Minuten backen.**

6. Die Form auf einen Kuchenrost stellen. Den Adventskranz in der Form etwas abkühlen lassen, dann aus der Form lösen und auf einen Kuchenrost stürzen. Adventskranz erkalten lassen.

7. Zum Bestreichen die Marmelade durch ein Sieb streichen und in einem kleinen Topf erwärmen. Den ganzen Adventskranz, auch den inneren Rand, damit bestreichen.

8. Für die Marzipandecke Marzipan mit Puderzucker verkneten. Zwei Drittel der Marzipanmasse auf einer mit Puderzucker bestäubten Arbeitsfläche zu einer dünnen, runden Platte (Ø etwa 30 cm) ausrollen. Die Marzipanplatte über den Kranz legen und an den Rändern andrücken. Das mittlere Loch herausschneiden.

9. Von der restlichen Marzipanmasse etwa ein Viertel abnehmen, auf der mit Puderzucker bestäubten Arbeitsfläche ausrollen und zu einem etwa 4 cm breiten und 20 cm langen Streifen schneiden. Den Marzipanstreifen an den inneren Kuchenrand kleben.

10. Die restliche Marzipanmasse in 3 Portionen teilen. Mit Speisefarbe gelb, grün und rot einfärben. Kerzen und Ilexblätter (Stechpalmenblätter) daraus formen.

11. Den Kranz mit Marzipankerzen, -blättern und Zuckerperlen garnieren.

Tipp: Die Garnierung mit etwas Marmelade oder Konfitüre auf dem Kranz befestigen.

Adventstorte mit Orangen I

Für Gäste – ohne zu backen – mit Alkohol

etwa 16 Stücke

Pro Stück:
E: 8 g, F: 18 g, Kh: 24 g, kJ: 1250, kcal: 298

Für den Boden:

200 g Gewürzspekulatius oder Nussplätzchen
100 g Butter

Für die Creme:

200 g gekühlte Schlagsahne
6 Blatt weiße Gelatine
250 g Mascarpone (ital. Frischkäse)
500 g Magerquark
2 EL flüssiger Honig
1 Pck. Dr. Oetker Vanillin-Zucker
2 gestr. TL gemahlener Zimt
75 g Zucker

Für den Belag:

2 Orangen
2 kleine Birnen
2 Pck. Tortenguss, klar, ungezuckert
4 EL Zucker
300 ml Orangensaft
60 ml (5 EL) Cointreau (Orangenlikör)
140 ml Wasser

25 g weiße Kuvertüre

Zubereitungszeit: 45 Minuten, ohne Kühlzeit

1. Für den Boden einen Springformrand (Ø 26 cm) auf eine Tortenplatte (evtl. mit Backpapier belegt) stellen. Spekulatius oder Nussplätzchen in einen Gefrierbeutel geben. Beutel fest verschließen. Die Plätzchen mit einer Teigrolle fein zerbröseln und in eine Rührschüssel geben. Butter in einem kleinen Topf zerlassen, zu den Bröseln geben und gut verrühren. Die Bröselmasse in den Springformrand füllen und mit einem Löffel gleichmäßig zu einem Boden andrücken. Den Boden bis zur Weiterverarbeitung kalt stellen.

2. Für die Creme Sahne steif schlagen. Gelatine in kaltem Wasser nach Packungsanleitung einweichen. Gelatine leicht ausdrücken, in einem kleinen Topf unter Rühren erwärmen (nicht kochen), bis sie völlig gelöst ist.

3. Mascarpone mit Quark, Honig, Vanillin-Zucker, Zimt und Zucker verrühren. Die Gelatine zunächst mit etwa 4 Esslöffeln der Mascarpone-Quark-Masse verrühren, dann mit der restlichen Mascarpone-Quark-Masse verrühren. Die Sahne unterheben. Die Creme auf den Bröselboden geben und glatt streichen. Die Torte etwa 2 Stunden kalt stellen.

4. Für den Belag Orangen so schälen, dass die weiße Haut mitentfernt wird. Orangen filetieren. Birnen waschen, trocken tupfen, vierteln, entkernen und mit der Schale in Spalten schneiden. Orangenfilets und Birnenspalten dekorativ auf die Creme legen.

5. Tortengusspulver mit Zucker und etwas Orangensaft anrühren. Cointreau, restlichen Orangensaft und Wasser in einem Topf zum Kochen bringen. Angerührtes Tortengusspulver in den von der Kochstelle genommenen Saft rühren und unter Rühren gut aufkochen lassen. Den Guss auf dem Obst verteilen. Guss fest werden lassen.

6. Den Springformrand lösen und entfernen. Backpapier ebenfalls entfernen. Den Tortenoberflächenrand mit geschabter Kuvertüre garnieren.

Tipp: Der Tortenboden kann 1–2 Tage vor dem Verzehr zubereitet und zugedeckt kalt gestellt werden.

Amarena-Doppel | Fruchtig

etwa 45 Stück

Insgesamt:
E: 41 g, F: 227 g, Kh: 467 g, kJ: 17122, kcal: 4086

Für den Knetteig:
100 g geröstete, gesalzene Macadamia-Nusskerne
170 g Weizenmehl
½ gestr. TL Dr. Oetker Backin
100 g Zucker
1 Eigelb (Größe M)
100 g Butter oder Margarine
2 EL kaltes Wasser

Für die Füllung:
70 g abgetropfte Amarena-Kirschen (aus dem Glas)
100 g Marzipan-Rohmasse
30 g weiche Butter

Für den Guss:
150 g gesiebter Puderzucker
2 EL Amarena-Sirup (von den abgetropften Kirschen)
1–2 EL Zitronensaft
evtl. etwas rote Speisefarbe

Zubereitungszeit: 50 Minuten, ohne Kühlzeit
Backzeit: 10–12 Minuten je Backblech

1. Für den Teig Macadamia-Nusskerne im Zerkleinerer oder mit einem Messer sehr fein hacken. Mehl mit den gehackten Nusskernen und Backpulver in einer Rührschüssel mischen. Zucker, Eigelb, Butter oder Margarine und Wasser hinzufügen. Die Zutaten mit Handrührgerät mit Knethaken zunächst kurz auf niedrigster, dann auf höchster Stufe gut durcharbeiten. Anschließend den Teig auf der leicht bemehlten Arbeitsfläche zu einem glatten Teig verkneten. Sollte der Teig kleben, ihn in Frischhaltefolie gewickelt eine Zeit lang kalt stellen.

2. Den Backofen vorheizen.
Ober-/Unterhitze: etwa 180 °C
Heißluft: etwa 160 °C

3. Den Teig auf der leicht bemehlten Arbeitsfläche etwa 2 mm dick ausrollen. Mit einem Ausstecher etwa 90 Blüten (Ø etwa 4 cm) ausstechen. Die Teigblüten auf Backbleche (mit Backpapier belegt) legen. Die Backbleche nacheinander (bei Heißluft zusammen) in den vorgeheizten Backofen schieben. Die Plätzchen **10–12 Minuten je Backblech backen.**

4. Die Plätzchen mit dem Backpapier von den Backblechen auf Kuchenroste ziehen und erkalten lassen.

5. Für die Füllung die abgetropften Amarena-Kirschen sehr fein hacken. Marzipan in kleine Stücke schneiden. Marzipan mit Butter und gehackten Kirschen mit Handrührgerät mit Rührbesen zu einer glatten Masse verrühren. Die Marzipanmasse in einen kleinen Gefrierbeutel füllen und eine Ecke abschneiden.

6. Die Hälfte der Plätzchen umgedreht auf die Arbeitsfläche legen und etwas Marzipanmasse daraufspritzen. Die restlichen Plätzchen darauflegen und leicht andrücken.

7. Für den Guss Puderzucker mit Sirup und Zitronensaft glatt rühren, evtl. etwas rot färben. Den Guss in einen kleinen Gefrierbeutel füllen und eine kleine Ecke abschneiden. Den Guss in Streifen, von innen nach außen, auf die Blüten spritzen, fest werden lassen.

Amarettini-Pralinen | Mit Alkohol

etwa 40 Stück

Insgesamt:
E: 27 g, F: 70 g, Kh: 253 g, KJ: 7995, kcal: 1902

Für die Pralinenmasse:

150 g Amarettini (ital. Mandelmakronen)
75 ml Amaretto (Mandellikör)
150 g Vollmilch-Schokolade

Zum Verzieren:

25 g Edelbitter-Schokolade (70 % Kakaoanteil)
25 g weiße Schokolade

Zubereitungszeit: 30 Minuten, ohne Kühlzeit

1. Für die Pralinenmasse Amarettini in einen Gefrierbeutel geben. Den Beutel fest verschließen. Amarettini mit einer Teigrolle fein zerbröseln und in eine Schüssel geben. Mandellikör unterrühren.

2. Schokolade in Stücke brechen, in einem Topf im heißen Wasserbad bei schwacher Hitze unter Rühren schmelzen. Die Amarettinibrösel hinzugeben und gut verrühren. Die Masse auf ein Stück Backpapier geben, zu einem Rechteck (etwa 20 x 10 cm) ausstreichen und etwa 30 Minuten kalt stellen. Die fest gewordene Amarettinibröselplatte anschließend in kleine Rechtecke (etwa 2 x 2 1/2 cm) schneiden.

3. Zum Verzieren beide Schokoladensorten getrennt wie unter Punkt 2 beschrieben schmelzen. Schokoladen getrennt in je ein Pergamentpapiertütchen oder in kleine Gefrierbeutel füllen und eine kleine Ecke abschneiden. Die Pralinenstücke damit verzieren und kalt stellen.

Tipp: Die Amarettini-Pralinen sind in einer gut schließenden Dose kalt gestellt etwa 10 Tage haltbar.

Amerikanische Walnusskekse

Für Kinder
etwa 65 Stück

Insgesamt:
E: 57 g, F: 230 g, Kh: 304 g, kJ: 14547, kcal: 3493

Für den All-in-Teig:
150 g Walnusskerne
170 g Weizenmehl
30 g Speisestärke
30 g gesiebtes Kakaopulver
1 gestr. TL Dr. Oetker Backin
120 g brauner Zucker (Kandisfarin)
2 Pck. Dr. Oetker Vanillin-Zucker
1 Prise Salz
1 Ei (Größe M)
125 ml (1/8 l) Buttermilch
120 g weiches Kokosfett

Zubereitungszeit: 40 Minuten
Backzeit: etwa 15 Minuten je Backblech

1. Für den Teig Walnusskerne grob hacken.

2. Den Backofen vorheizen.
Ober-/Unterhitze: etwa 180 °C
Heißluft: etwa 160 °C

3. Mehl mit Speisestärke, Kakao und Backpulver in einer Rührschüssel mischen. Zucker, Vanillin-Zucker, Salz, Ei, Buttermilch und Kokosfett hinzufügen. Die Zutaten mit Handrührgerät mit Rührbesen zunächst kurz auf niedrigster, dann auf höchster Stufe in etwa 2 Minuten zu einem glatten Teig verarbeiten. Zuletzt Walnusskerne unterrühren.

4. Den Teig mit 2 Teelöffeln in Häufchen mit etwas Abstand auf Backbleche (gefettet, mit Backpapier belegt) setzen.

5. Die Backbleche nacheinander (bei Heißluft zusammen) in den vorgeheizten Backofen schieben. Die Kekse **etwa 15 Minuten je Backblech backen.**

6. Die Kekse mit dem Backpapier auf Kuchenroste ziehen. Kekse erkalten lassen.

Tipp: Die Walnusskekse sind in einer gut schließenden Dose 1–2 Wochen haltbar.

Apfelplätzchen, gefüllt

Dauert länger

etwa 50 Stück

Insgesamt:
E: 62 g, F: 335 g, Kh: 841 g, kJ: 27994, kcal: 6992

Für den Hefeteig:

500 g Weizenmehl
200 g Zucker
1 Pck. Dr. Oetker Trockenbackhefe
100 ml lauwarmes Wasser
1 Prise Salz
2 Eigelb (Größe M)
270 g weiche Butter oder Margarine

etwas Weizenmehl

Für die Füllung:

1 säuerlicher Apfel (etwa 150 g)
50 g getrocknete Apfelringe
½ Pck. Dr. Oetker Finesse Geriebene Zitronenschale
120 g Apfel- oder Quittengelee
70 g Butter

Für den Guss:

40 g Butter
140 g gesiebter Puderzucker
2 EL Zitronensaft
etwas grüne und rote Speisefarbe

Zum Bestäuben:

etwas Puderzucker

Zubereitungszeit: 90 Minuten, ohne Teiggeh- und Kühlzeit
Backzeit: etwa 12 Minuten je Backblech

1. Für den Hefeteig 100 g Mehl mit 50 g Zucker und Trockenbackhefe in einer Rührschüssel mischen. Das Wasser hinzugeben und zu einem Vorteig verrühren. Den Vorteig zugedeckt etwa 45 Minuten gehen lassen, bis sich das Volumen verdoppelt hat.

2. Restliches Mehl, restlichen Zucker, Salz, Eigelb und Butter oder Margarine zum Vorteig geben und mit Handrührgerät mit Knethaken zunächst kurz auf niedrigster, dann auf höchster Stufe gut durcharbeiten. Anschließend den Teig auf einer leicht bemehlten Arbeitsfläche etwa 5 Minuten gut verkneten. Den Teig in 2 Portionen in Frischhaltefolie gewickelt mindestens 2 Stunden kalt stellen.

3. Den Backofen vorheizen.
Ober-/Unterhitze: etwa 180 °C
Heißluft: etwa 160 °C

4. Den Hefeteig leicht mit Mehl bestäuben, aus der Schüssel nehmen und auf der leicht bemehlten Arbeitsfläche nochmals kurz durchkneten. Den Teig portionsweise etwa 2 mm dick ausrollen. Mit einem Ausstecher etwa 100 Äpfel (Ø etwa 6 cm) ausstechen. Die Teigäpfel auf Backbleche (gefettet, mit Backpapier belegt) legen. Die Backbleche nacheinander (bei Heißluft zusammen) in den vorgeheizten Backofen schieben. Plätzchen **etwa 12 Minuten je Backblech backen.**

5. Die Plätzchen mit dem Backpapier von den Backblechen auf Kuchenroste ziehen. Plätzchen erkalten lassen.

6. Für die Füllung Apfel schälen, das Fruchtfleisch von allen Seiten mit einer Haushaltsreibe grob abraspeln, bis nur noch das Kerngehäuse übrig ist. Die Apfelringe sehr fein hacken. Apfelraspel mit gehackten Apfelringen, Zitronenschale und Apfel- oder Quittengelee in einem kleinen Topf mischen und unter Rühren in etwa 5 Minuten zu einer dicken Masse kochen. Die Apfelmasse etwas abkühlen lassen.

7. Butter zur Apfelmasse geben und mit einem Stabmixer pürieren. Die Hälfte der Plätzchen auf der Oberseite mit der Apfelmasse bestreichen. Die restlichen Plätzchen auf die Füllung legen und leicht andrücken.

8. Für den Guss Butter zerlassen. Puderzucker mit Zitronensaft und flüssiger Butter zu einer glatten Masse verrühren. Ein Viertel des Gusses grün einfärben und in einen kleinen Gefrierbeutel füllen. Den Beutel verschließen und eine kleine Ecke abschneiden. Den restlichen Guss rot einfärben. Mit dem grünen Guss jeweils ein Blatt und einen Stiel auf die Apfelplätzchen spritzen. Den roten Guss mit einem Pinsel als rote

Wangen auf die Plätzchen streichen und mit etwas Puderzucker bestäuben. Den Guss fest werden lassen. Die Kekse in gut schließenden Dosen kühl und trocken aufbewahren.

Tipps: Die Apfelplätzchen sind in einer gut schließenden Dose etwa 1 Woche haltbar, sie schmecken aber am besten frisch. Sie können die Plätzchen auch mit etwa 20 g Haselnüssen bestreuen.

Aprikosen-Marzipan-Taler

Mit Alkohol

etwa 40 Stück

Insgesamt:
E: 51 g, F: 149 g, Kh: 277 g, kJ: 11331, kcal: 2707

Für den Teig:

80 g getrocknete Aprikosen
2 EL Marillenlikör (Aprikosenlikör)
200 g Marzipan-Rohmasse
30 g weiche Butter oder Margarine
50 g abgezogene, gemahlene Mandeln
100 g gesiebter Puderzucker
1 Prise Salz
1 Eiweiß (Größe M)
30 g Weizenmehl

Zum Bestreichen:

1 Eigelb
1 EL Milch

Zum Verzieren:

50 g weiße Schokolade
1 TL Speiseöl

Zubereitungszeit: 40 Minuten, ohne Durchzieh- und Abkühlzeit
Backzeit: etwa 20 Minuten je Backblech

1. Für den Teig die Aprikosen in sehr kleine Würfel schneiden. Den Marillenlikör unter die Aprikosenwürfel rühren und etwa 10 Minuten stehen lassen. Marzipan in kleine Stücke schneiden.

2. Den Backofen vorheizen.
Ober-/Unterhitze: etwa 160 °C
Heißluft: etwa 140 °C

3. Butter oder Margarine mit Marzipanstücken, Mandeln, Puderzucker, Salz und Eiweiß in eine Rührschüssel geben und mit Handrührgerät mit Rührbesen zu einer glatten Masse verrühren. Von den eingeweichten Aprikosenwürfeln 1 gehäuften Teelöffel zum Garnieren beiseitelegen. Restliche Aprikosenwürfel und Mehl mit Handrührgerät mit Knethaken kurz unterarbeiten.

4. Mit einem Teelöffel etwa 40 kleine Portionen von dem Teig abstechen und auf Backbleche (gefettet, mit Backpapier belegt) legen. Aus den Teigportionen mit angefeuchteten Händen kleine Kugeln formen. Mit einem Teelöffel die Kugeln etwas flach drücken und einkerben, dabei den Teelöffel zwischendurch kalt abspülen.

5. Zum Bestreichen Eigelb mit Milch verschlagen. Die Teigtaler mithilfe eines Backpinsels damit bestreichen. Die Backbleche nacheinander (bei Heißluft zusammen) in den vorgeheizten Backofen schieben. Die Taler **etwa 20 Minuten je Backblech backen.**

6. Die Aprikosen-Marzipan-Taler mit dem Backpapier auf Kuchenroste ziehen und erkalten lassen.

7. Zum Verzieren Schokolade in Stücke brechen, mit Speiseöl in einem kleinen Topf im heißen Wasserbad bei schwacher Hitze unter Rühren schmelzen. Die Schokolade in einen kleinen Gefrierbeutel füllen und eine kleine Ecke abschneiden. Die Schokolade in dünnen Streifen auf die Taler spritzen. Beiseitegelegte Aprikosenwürfel sofort daraufstreuen. Schokolade fest werden lassen.

Tipp: Die Aprikosen-Marzipan-Taler sind in einer gut schließenden Dose etwa 1 Woche haltbar.

Asiatische Kekse | Raffiniert

etwa 65 Stück

Insgesamt:
E: 25 g, F: 177 g, Kh: 420 g, kJ: 14122, kcal: 3376

Zum Vorbereiten:
50 g Kokosraspel

Für den Knetteig:
150 g Weizenmehl
1/2 gestr. TL Dr. Oetker Backin
75 g Zucker
1 Pck. Dr. Oetker Vanillin-Zucker
100 g Butter
50 g Kokoscreme (erhältlich im Asialaden)
3 EL Kokosmilch (erhältlich im Asialaden)

Für den weißen Guss:
150 g gesiebter Puderzucker
4 EL Kokosmilch
1–2 EL Zitronensaft

Für den roten Guss:
100 g Schwarzkirschkonfitüre
1 EL Zitronensaft

Zubereitungszeit: 40 Minuten, ohne Kühlzeit
Backzeit: 8–10 Minuten je Backblech

1. Zum Vorbereiten die Kokosraspel in einem Mixer zerkleinern.

2. Für den Teig Mehl mit Backpulver mischen und in eine Rührschüssel geben. Die Kokosraspel, Zucker, Vanillin-Zucker, Butter, in kleine Stücke geschnittene Kokoscreme und Kokosmilch hinzufügen. Die Zutaten mit Handrührgerät mit Knethaken zunächst kurz auf niedrigster, dann auf höchster Stufe zu einem glatten Teig verarbeiten. Den Teig in Frischhaltefolie gewickelt etwa 30 Minuten kalt stellen.

3. Den Backofen vorheizen.
Ober-/Unterhitze: etwa 180 °C
Heißluft: etwa 160 °C

4. Den Teig auf einer leicht bemehlten Arbeitsplatte 3–4 mm dick ausrollen. Kreise (Ø etwa 5 cm) ausstechen und auf Backbleche (mit Backpapier belegt) legen. Die Backbleche nacheinander (bei Heißluft zusammen) in den vorgeheizten Backofen schieben. Die Plätzchen **8–10 Minuten je Backblech backen.**

5. Die Plätzchen mit dem Backpapier von den Backblechen auf Kuchenroste ziehen, erkalten lassen.

6. Für den weißen Guss Puderzucker mit Kokosmilch und Zitronensaft zu einer dickflüssigen Masse verrühren. Den Guss (gut 1 Esslöffel davon in ein Papierspritztütchen füllen und in Frischhaltefolie gewickelt beiseitelegen) in Form von Ying mithilfe eines kleinen Teelöffels jeweils auf eine Plätzchenhälfte streichen. Den Guss fest werden lassen.

7. Für den roten Guss Konfitüre pürieren, mit Zitronensaft in einem kleinen Topf unter Rühren kurz aufkochen lassen. Den roten Guss auf die zweite Plätzchenhälfte in Form von Yang streichen (1 Esslöffel des roten Gusses in ein Papierspritztütchen füllen). Sollte die Konfitüre zwischendurch zu fest geworden sein, nochmals kurz erwärmen.

8. Jeweils einen roten Punkt auf den weißen Guss und einen weißen Punkt auf den roten Guss spritzen. Guss fest werden lassen.

Tipp: Asiatische Kekse sind in einer gut schließenden Dose etwa 2 Wochen haltbar.

Backpflaumenstriezel

Raffiniert – für Geübte

Insgesamt:
E: 95 g, F: 140 g, Kh: 635 g, kJ: 17750, kcal: 4240

Für den Hefeteig:

375 g Weizenmehl
1 Pck. Dr. Oetker Trockenbackhefe
1 Prise Salz
75 g Zucker
1 Pck. Dr. Oetker Finesse Geriebene Zitronenschale
1 Ei (Größe M)
50 g zerlassene, abgekühlte Butter oder Margarine
200 ml lauwarme Milch

Für den Belag:

250 g entsteinte, getrocknete Pflaumen
50 g Rosinen
50 ml Multivitaminsaft
1 TL Koriandersamen
100 g gewürfeltes Zitronat (Sukkade)
100 g gehackte Mandeln
1 Pck. Dr. Oetker Vanillin-Zucker
½ TL Lebkuchengewürz

Zum Bestreichen und Belegen:

1 Eigelb
1 EL Milch
etwa 20 abgezogene Mandeln

Zubereitungszeit: 40 Minuten, ohne Teiggeh- und Einweichzeit
Backzeit: 25–30 Minuten

1. Für den Teig das Mehl in eine Rührschüssel geben, mit der Trockenbackhefe sorgfältig vermischen. Salz, Zucker, Zitronenschale, Ei, Butter oder Margarine und Milch hinzufügen. Die Zutaten mit Handrührgerät mit Knethaken zunächst kurz auf niedrigster, dann auf höchster Stufe in etwa 5 Minuten zu einem glatten Teig verarbeiten. Den Teig zugedeckt so lange an einem warmen Ort gehen lassen, bis er sich sichtbar vergrößert hat (etwa 30 Minuten).

2. Für den Belag Pflaumen in kleine Würfel schneiden, mit Rosinen in eine flache Schale geben, mit Multivitaminsaft übergießen und etwa 20 Minuten einweichen. Inzwischen Koriandersamen im Mörser etwas zerstoßen.

3. Zitronat mit Mandeln, Vanillin-Zucker, Lebkuchengewürz und Koriander mischen, unter die Pflaumenmasse rühren.

4. Den gegangenen Teig leicht mit Mehl bestäuben, aus der Schüssel nehmen, auf der leicht bemehlten Arbeitsfläche nochmals kurz durchkneten und zu einem Rechteck (etwa 30 x 35 cm) ausrollen. Das Teigstück auf ein Backblech (gefettet, mit Backpapier belegt) legen. Die Pflaumenmasse in die Mitte des Teigstücks geben und gleichmäßig zu einem Rechteck (etwa 11 x 35 cm) verstreichen.

5. Den nicht bestrichenen Teig rechts und links von der Füllung im Abstand von etwa 2 ½ cm in diagonale Streifen schneiden. Jeweils am oberen Ende beginnend und abwechselnd einen linken und rechten Teigstreifen über die Füllung legen, sodass diese sich am Ende kreuzen. Diesen Vorgang so lange wiederholen, bis alle Teigstreifen verbraucht sind.

6. Den Backofen vorheizen.
Ober-/Unterhitze: etwa 200 °C
Heißluft: etwa 180 °C

7. Den Striezel nochmals zugedeckt etwa 20 Minuten an einem warmen Ort gehen lassen.

8. Zum Bestreichen und Belegen Eigelb mit Milch verschlagen. Den Striezel damit bestreichen und mit den Mandeln belegen.

9. Das Backblech in den vorgeheizten Backofen schieben. Backpflaumenstriezel **25–30 Minuten backen.**

10. Den Backpflaumenstriezel vom Backblech nehmen und auf einem mit Backpapier belegten Kuchenrost erkalten lassen.

Tipp: Statt Zitronat Orangeat oder Früchtemix verwenden.

Baileys-Pralinen | Mit Alkohol

etwa 35 Stück

Insgesamt:
E: 26 g, F: 67 g, Kh: 203 g, kJ: 7166, kcal: 1720

100 g Löffelbiskuits
150 ml Baileys (Irish-Cream-Likör)
150 g Vollmilch-Kuvertüre
30 g Kakaopulver

Zubereitungszeit: 40 Minuten, ohne Durchzieh- und Kühlzeit

1. Die Löffelbiskuits grob zerkleinern, in eine Schale geben, mit Likör tränken und etwa 30 Minuten durchziehen lassen.

2. In der Zwischenzeit Kuvertüre in Stücke hacken, in einem kleinen Topf im heißen Wasserbad bei schwacher Hitze unter Rühren schmelzen, abkühlen lassen.

3. Flüssige Kuvertüre unter die Biskuit-Likör-Masse rühren. Die Masse auf einem Küchenbrett (mit Backpapier belegt) mit einem großen, glatten Messer zu einem Rechteck (etwa 14 x 15 cm) ausstreichen. Die Oberfläche mit einem Drittel des Kakaos bestäuben und etwa 30 Minuten kalt stellen.

4. Das Rechteck wenden, sodass die untere Seite oben liegt und mit der Hälfte des restlichen Kakaos bestäuben. Das Rechteck in etwa 2 x 3 cm lange Pralinen schneiden. Die Schnittkanten in dem restlichen Kakao wenden.

5. Die Pralinen etwa 1 Stunde kalt stellen, dann gut verpackt und gekühlt in einer Dose aufbewahren.

Tipp: Die Baileys-Pralinen sind in einer gut schließenden Dose gut gekühlt 6–8 Tage haltbar.

Belgischer Honigkuchen I

Klassisch – für Kinder

Insgesamt:
E: 60 g, F: 68 g, Kh: 621 g, kJ: 14500, kcal: 3463

Für den Teig:

300 g flüssiger Bienenhonig
50 g Zuckerrübensirup (Rübenkraut)
100 g brauner Zucker (Rohrzucker)
1 Pck. Lebkuchengewürz (15 g)
200 ml Wasser
320 g Weizenmehl
1 Pck. Dr. Oetker Backin
120 g gestiftelte Mandeln

Zum Garnieren:
einige abgezogene, ganze Mandeln

Zubereitungszeit: 75 Minuten
Backzeit: 50–60 Minuten

1. Den Backofen vorheizen.
Ober-/Unterhitze: etwa 180 °C
Heißluft: etwa 160 °C

2. Für den Teig Honig mit Sirup, Zucker, Lebkuchengewürz und Wasser in einer Rührschüssel mit Handrührgerät mit Rührbesen verrühren. Mehl mit Backpulver mischen, in 2 Portionen auf mittlerer Stufe unterrühren. Mandeln unterheben.

3. Den Teig in eine Kastenform (25 x 11 cm, gefettet) geben und glatt streichen. Mit Mandeln garnieren. Die Form auf dem Rost in den vorgeheizten Backofen schieben. Den Honigkuchen **50–60 Minuten backen.**

4. Die Form auf einen Kuchenrost stellen. Den Kuchen etwa 5 Minuten in der Form stehen lassen, dann aus der Form lösen und auf einen Kuchenrost stürzen. Den Kuchen wieder umdrehen und erkalten lassen.

Tipp: Zum Frühstück oder zum Kaffee mit Butter und Sirup reichen.

Braune Kuchen | Für Kinder

etwa 50 Stück

Insgesamt:
E: 70 g, F: 271 g, Kh: 489 g, kJ: 19581, kcal: 4682

Für den Knetteig:

60 g Marzipan-Rohmasse
200 g brauner Zucker (Kandisfarin)
200 g weiche Butter
50 g Schlagsahne
1 Eigelb (Größe M)
1 gestr. TL Hirschhornsalz
370 g Weizenmehl
1–2 TL Spekulatiusgewürz
1 EL Kakaopulver
100 g gehobelte Mandeln

Zubereitungszeit: 35 Minuten, ohne Kühlzeit
Backzeit: etwa 12 Minuten je Backblech

1. Für den Teig Marzipan in Stücke schneiden, mit braunem Zucker und Butter in einer Rührschüssel mit Handrührgerät mit Knethaken auf mittlerer Stufe gut durcharbeiten.

2. Die Sahne mit Eigelb und Hirschhornsalz verrühren, unter die Buttermasse rühren. Mehl mit Spekulatiusgewürz und Kakao mischen, mit den Händen unter die Buttermasse kneten. Den Teig in Frischhaltefolie gewickelt mindestens 1 Stunde kalt stellen.

3. Den Backofen vorheizen.
Ober-/Unterhitze: etwa 180 °C
Heißluft: etwa 160 °C

4. Den Teig kurz durchkneten, flach drücken und auf einer mit Mandeln bestreuten Arbeitsfläche etwa $^{1}/_{2}$ cm dick ausrollen. Mit einem Lineal Rillen als Muster in den Teig drücken. Teigplatte in 4 x 6 cm große Rechtecke schneiden und mit etwas Abstand auf Backbleche (mit Backpapier belegt) legen.

5. Die Backbleche nacheinander (bei Heißluft zusammen) in den vorgeheizten Backofen schieben und die braunen Kuchen **etwa 12 Minuten je Backblech backen**.

6. Die braunen Kuchen mit dem Backpapier von den Backblechen auf Kuchenroste ziehen. Braune Kuchen erkalten lassen.

Tipps: Sie können die braunen Kuchen mit einem Puderzuckerguss verzieren. Für den Guss etwa 70 g gesiebten Puderzucker mit 1 Esslöffel Zitronensaft oder Wasser zu einer dickflüssigen Masse verrühren. Den Guss in ein Pergamentpapiertütchen füllen und eine kleine Ecke abschneiden. Braune Kuchen mit dem Guss verzieren. Dessert-Schmuck und bunte Zuckerperlen auf dem Guss verteilen. Guss trocknen lassen. Die Braunen Kuchen sind in gut schließenden Dosen kühl und trocken gelagert gut 4 Wochen haltbar.

Braune Weihnachtsplätzchen

Klassisch

etwa 80 Stück

Insgesamt:
E: 59 g, F: 147 g, Kh: 693 g, kJ: 18230, kcal: 4357

Für den Lebkuchenteig:
250 g flüssiger Honig
125 g Zucker
1 Prise Salz
65 g Butter oder Margarine
65 g Schweineschmalz
1 EL Milch
5 Tropfen Zitronen-Aroma
1 gestr. TL gemahlener Kardamom
1 gestr. TL gemahlener Zimt
500 g Weizenmehl
3 gestr. TL Dr. Oetker Backin
30 g gemahlene Haselnusskerne

Zum Bestreichen:
etwas Kondensmilch

Zubereitungszeit: 40 Minuten, ohne Kühlzeit
Backzeit: 8–10 Minuten je Backblech

1. Für den Teig Honig mit Zucker, Salz, Butter oder Margarine, Schweineschmalz und Milch in einem Topf unter Rühren langsam erwärmen, bis Zucker und Fett geschmolzen sind. In eine Rührschüssel geben und kalt stellen.

2. Unter die fast erkaltete Masse mit Handrührgerät mit Rührbesen auf höchster Stufe Aroma, Kardamom und Zimt rühren.

3. Den Backofen vorheizen.
Ober-/Unterhitze: etwa 180 °C
Heißluft: etwa 160 °C

4. Mehl mit Backpulver mischen. Zwei Drittel davon in 2 Portionen auf mittlerer Stufe unterrühren. Restliches Mehlgemisch mit den Haselnusskernen auf der leicht bemehlten Arbeitsfläche unterarbeiten. Sollte der Teig kleben, noch etwas Mehl hinzugeben. Evtl. den Teig in Frischhaltefolie gewickelt eine Zeit lang kalt stellen.

5. Den Teig portionsweise auf der leicht bemehlten Arbeitsfläche dünn ausrollen. Mit verschiedenen Ausstechformen Sterne, Tannenbäume oder Pilze ausstechen. Die Teigplätzchen auf Backbleche (gefettet, mit Backpapier belegt) legen und dünn mit Kondensmilch bestreichen. Die Backbleche nacheinander (bei Heißluft zusammen) in den vorgeheizten Backofen schieben. Weihnachtsplätzchen **8–10 Minuten je Backblech backen.**

6. Die Plätzchen mit dem Backpapier von den Backblechen auf Kuchenroste ziehen. Plätzchen erkalten lassen.

Tipps: Teigplätzchen nach Belieben vor dem Backen mit gehackten Mandeln oder gehackten Haselnusskernen bestreuen. Die Plätzchen sind in gut schließenden Dosen etwa 3 Wochen haltbar.

Bunte Pistazientaler | Mit Alkohol

etwa 30 Stück

Insgesamt:
E: 27 g, F: 104 g, Kh: 272 g, kJ: 9012, kcal: 2153

Für den Knetteig:
125 g Weizenmehl
25 g Hartweizengrieß
60 g Zucker
2 Pck. Dr. Oetker Vanillin-Zucker
1 Eigelb (Größe M)
100 g Butter oder Margarine
1 EL Weißwein oder Apfelsaft

Zum Wälzen und Bestreichen:
25 g gehackte Pistazienkerne
1 TL Zucker
1 Eiweiß (Größe M)

Für den Guss:
etwa 75 g gesiebter Puderzucker
etwa 1 EL Zitronensaft

Zum Verzieren:
Konfettitaler

Zubereitungszeit: 30 Minuten, ohne Gefrier- und Abkühlzeit
Backzeit: etwa 10 Minuten je Backblech

1. Für den Teig Mehl mit Grieß in einer Rührschüssel mischen. Zucker, Vanillin-Zucker, Eigelb, Butter oder Margarine und Wein oder Apfelsaft hinzufügen. Die Zutaten mit Handrührgerät mit Knethaken zunächst kurz auf niedrigster, danach auf höchster Stufe gut durcharbeiten.

2. Anschließend den Teig auf einer leicht bemehlten Arbeitsfläche zu einem glatten Teig verkneten. Aus dem Teig 2 etwa 25 cm lange Rollen formen. Teigrollen in Frischhaltefolie gewickelt mindestens 30 Minuten in den Gefrierschrank legen, anfrieren lassen.

3. Den Backofen vorheizen.
Ober-/Unterhitze: etwa 180 °C
Heißluft: etwa 160 °C

4. Zum Wälzen und Bestreichen Pistazienkerne mit Zucker mischen. Die Teigrollen zuerst mit verschlagenem Eiweiß bestreichen und dann in dem Pistazien-Zucker-Gemisch wälzen.

5. Die Teigrollen mit einem Sägemesser in gut ½ cm dicke Scheiben schneiden. Dabei die Teigrollen immer wieder drehen, damit die Scheiben gleichmäßig abgeschnitten werden.

6. Die Teigscheiben auf Backbleche (mit Backpapier belegt) legen. Die Backbleche nacheinander (bei Heißluft zusammen) in den vorgeheizten Backofen schieben. Taler **etwa 10 Minuten je Backblech backen.**

7. Die Pistazientaler mit dem Backpapier auf Kuchenroste ziehen. Pistazientaler erkalten lassen.

8. Für den Guss Puderzucker mit Zitronensaft zu einer dickflüssigen Masse verrühren. Jeweils einen Klecks des Gusses mithilfe eines Teelöffels in die Mitte der Pistazientaler geben und sofort mit Konfettitalern bestreuen. Guss fest werden lassen.

Tipp: Die Pistazientaler sind in gut schließenden Dosen 3–4 Wochen haltbar.

Bunte Weihnachtskugeln | Für Kinder

etwa 45 Stück

Insgesamt:
E: 55 g, F: 221 g, Kh: 692 g, kJ: 20977, kcal: 5014

Für den Knetteig:

250 g Weizenmehl
1/2 gestr. TL Dr. Oetker Backin
120 g Zucker
1 Prise Salz
1 Eigelb (Größe M)
170 g Butter oder Margarine

Zum Verzieren und Garnieren:

80 g Himbeerkonfitüre
80 g Stachelbeerkonfitüre
80 g Aprikosenkonfitüre
evtl. grüne Speisefarbe
200 g Marzipan-Rohmasse
60 g gesiebter Puderzucker

Für den Zuckerguss:

80 g gesiebter Puderzucker
1–2 EL Zitronensaft

Zubereitungszeit: 60 Minuten, ohne Kühlzeit
Backzeit: 12–15 Minuten je Backblech

1. Für den Teig Mehl mit Backpulver in einer Rührschüssel mischen. Zucker, Salz, Eigelb und Butter oder Margarine hinzufügen. Die Zutaten mit Handrührgerät mit Knethaken zunächst kurz auf niedrigster, dann auf höchster Stufe gut durcharbeiten.

2. Anschließend den Teig auf einer leicht bemehlten Arbeitsfläche zu einem glatten Teig verkneten. Sollte der Teig kleben, ihn in Frischhaltefolie gewickelt eine Zeit lang kalt stellen.

3. Den Backofen vorheizen.
Ober-/Unterhitze: etwa 180 °C
Heißluft: etwa 160 °C

4. Den Teig portionsweise auf der leicht bemehlten Arbeitsfläche etwa 3 mm dick ausrollen. Mit einer Ausstechform etwa 45 runde Plätzchen (Ø etwa 6 cm) ausstechen. Die Plätzchen auf Backbleche (gefettet, mit Backpapier belegt) legen. Mit einem Holzstäbchen in jedes Plätzchen ein Loch zum Aufhängen stechen.

5. Zum Verzieren und Garnieren die Konfitüren getrennt pürieren und durch ein feines Sieb streichen. Die grüne Konfitüre evtl. mit grüner Speisefarbe etwas kräftiger einfärben.

6. Die Konfitüren getrennt in je einen kleinen Gefrierbeutel füllen. Die Beutel verschließen und jeweils eine kleine Ecke abschneiden.

7. Marzipan mit Puderzucker verkneten und auf einer mit Puderzucker bestäubten Arbeitsfläche etwa 3 mm dick ausrollen.

8. Marzipan mit einem Zackenrädchen in etwa 2 mm breite Streifen schneiden. Jeweils 2 Streifen bogenförmig, mit etwas Abstand, auf ein Plätzchen legen. Überstehende Ränder abschneiden.

9. Die Konfitüren nach Belieben um die Marzipanbögen herum auf die Plätzchen spritzen.

10. Die Backbleche nacheinander (bei Heißluft zusammen) in den vorgeheizten Backofen schieben. Die Plätzchen **12–15 Minuten je Backblech backen.**

11. Die Plätzchen mit dem Backpapier von den Backblechen auf Kuchenroste ziehen. Plätzchen erkalten lassen.

12. Für den Guss Puderzucker mit Zitronensaft zu einer dickflüssigen Masse verrühren.

13. Den Guss in einen kleinen Gefrierbeutel füllen. Den Beutel verschließen und eine kleine Ecke abschneiden.

14. Die Weihnachtskugeln um das ausgestochene Loch herum mit Guss verzieren. Guss trocknen lassen.

Tipps: Plätzchen aus Knetteig nur kurze Zeit aufhängen, da sie Luftfeuchtigkeit aufnehmen und brüchig werden können. Die Plätzchen sind in einer gut schließenden Dose etwa 2 Wochen haltbar.

Cashewkern-Taler | Einfach

etwa 160 Stück

Insgesamt:
E: 76 g, F: 244 g, Kh: 338 g, kJ: 16084, kcal: 3842

Für den Knetteig:

250 g ungesalzene Cashewkerne
150 g Weizenmehl
150 g brauner Zucker (Rohrzucker)
2 Eier (Größe M)
1 gestr. TL gemahlener Ingwer
1 gestr. TL gemahlener Kardamom
150 g Butter

Zubereitungszeit: 40 Minuten, ohne Kühlzeit
Backzeit: etwa 12 Minuten je Backblech

1. Cashewkerne fein hacken oder mahlen.

2. Für den Teig das Mehl in eine Rührschüssel geben. Zucker, Eier, Ingwer, Kardamom und Butter hinzufügen. Die Zutaten mit Handrührgerät mit Knethaken zunächst kurz auf niedrigster, dann auf höchster Stufe gut durcharbeiten.

3. Anschließend den Teig auf einer leicht bemehlten Arbeitsfläche mit den Cashewkernen zu einem glatten Teig verkneten, evtl. etwas Mehl hinzufügen. Den Teig zu Rollen (Ø etwa 2½ cm) formen und in Frischhaltefolie gewickelt einige Stunden oder über Nacht kalt stellen.

4. Den Backofen vorheizen.
Ober-/Unterhitze: etwa 180 °C
Heißluft: etwa 160 °C

5. Teigrollen in etwa ½ cm dicke Scheiben schneiden und auf Backbleche (gefettet, mit Backpapier belegt) legen. Die Rollen beim Schneiden immer etwas drehen, damit die Taler schön rund werden. Die Backbleche nacheinander (bei Heißluft zusammen) in den vorgeheizten Backofen schieben. Die Cashewkern-Taler **etwa 12 Minuten je Backblech backen.**

6. Die Cashewkern-Taler mit dem Backpapier von den Backblechen auf Kuchenroste ziehen. Cashewkern-Taler erkalten lassen.

Tipps: Die Taler sind in einer gut schließenden Dose etwa 2 Wochen haltbar. Noch intensiver schmecken die Taler, wenn die Cashewkerne vorher in einer Pfanne ohne Fett geröstet und erkaltet unter den Teig gearbeitet werden. Cashewkern-Taler mit geschmolzener Vollmilch-Kuvertüre besprenkeln oder je einen Tropfen Vollmilch-Kuvertüre auf die Taler geben.

Cashew-Schoko-Cookies | Schnell

etwa 60 Stück

Insgesamt:
E: 57 g, F: 287 g, Kh: 376 g, kJ: 18127, kcal: 4331

100 g geröstete, gesalzene Cashewkerne
200 g Zartbitter-Schokolade
1–2 TL rosa Pfefferbeeren

Für den Rührteig:
200 g weiche Butter oder Margarine
120 g Zucker
1 Ei (Größe M)
200 g Weizenmehl
1 gestr. TL Dr. Oetker Backin

Zubereitungszeit: 30 Minuten
Backzeit: etwa 15 Minuten je Backblech

1. Die Cashewkerne klein hacken. 1–2 Esslöffel davon zum Bestreuen beiseitestellen. 120 g Schokolade und die Pfefferbeeren ebenfalls klein hacken.

2. Restliche Schokolade in Stücke brechen, in einem kleinen Topf im heißen Wasserbad bei schwacher Hitze unter Rühren schmelzen, abkühlen lassen.

3. Den Backofen vorheizen.
Ober-/Unterhitze: etwa 180 °C
Heißluft: etwa 160 °C

4. Für den Teig Butter oder Margarine mit Handrührgerät mit Rührbesen auf höchster Stufe geschmeidig rühren. Nach und nach Zucker unterrühren. So lange rühren, bis eine gebundene Masse entstanden ist. Das Ei in etwa ½ Minute unterrühren. Geschmolzene Schokolade kurz unterrühren.

5. Mehl mit Backpulver mischen, in 2 Portionen auf mittlerer Stufe unterrühren. Gehackte Cashewkerne, Schokolade und Pfefferbeeren kurz unterrühren.

6. Den Teig mit 2 Teelöffeln in walnussgroßen Häufchen mit etwas Abstand auf 2 Backbleche (gefettet, mit Backpapier belegt) setzen. Die Teighäufchen mit den beiseitegestellten Cashewkernen bestreuen.

7. Die Backbleche nacheinander (bei Heißluft zusammen) in den vorgeheizten Backofen schieben und die Cookies **etwa 15 Minuten je Backblech backen.**

8. Die Backbleche auf Kuchenroste stellen. Die Cookies erkalten lassen.

Tipp: Die Cookies sind in gut schließenden Dosen etwa 3 Wochen haltbar.

Cassis-Pralinen | Mit Alkohol

etwa 15 Stück

Pro Stück:
E: 1 g, F: 3 g, Kh: 6 g, kJ: 249, kcal: 60

Für die Pralinenmasse:

50 g Vollmilch-Kuvertüre
50 g Marzipan-Rohmasse
2 EL Cassis-Likör (schwarzer Johannisbeerlikör)

40 g gekühlter Nuss-Nougat
etwas Puderzucker

Außerdem:

15 Papierpralinenförmchen

Zubereitungszeit: 35 Minuten

1. Für die Pralinenmasse Kuvertüre in Stücke hacken und in einem kleinen Topf im heißen Wasserbad bei schwacher Hitze unter Rühren schmelzen. Die Kuvertüre mit einem Teelöffel in 15 Papierpralinenförmchen verteilen.

2. Marzipan in kleine Stücke schneiden, mit Likör in eine kleine Schüssel geben und mit einer Gabel zu einer einheitlichen Masse verarbeiten.

3. Die Masse mit einem Teelöffel auf der Kuvertüre in den Papierpralinenförmchen verteilen.

4. Gut gekühlten Nuss-Nougat auf einer mit Puderzucker bestäubten Arbeitsfläche etwa 3 mm dick ausrollen. Mit einer runden Ausstechform (Ø etwa 3 cm) 15 Kreise ausstechen.

5. Anschließend die Nougatkreise auf die Marzipanmasse legen, etwas andrücken und mit etwas Puderzucker bestreuen.

Tipp: Die Pralinen sind gekühlt in einer gut schließenden Dose etwa 2 Wochen haltbar.

Chardonnay-Kringel, gefüllt I

Mit Alkohol

etwa 30 Stück

Insgesamt:
E: 21 g, F: 166 g, Kh: 391 g, kJ: 13419, kcal: 3208

Für den Rührteig:
120 g weiche Butter oder Margarine
120 g gesiebter Puderzucker
1 Prise Salz
1 Eigelb (Größe M)
180 g Weizenmehl
30 g Speisestärke
4 EL Chardonnay (Weißwein)

Für die Füllung:
70 g weiche Butter
120 g gesiebter Puderzucker
1 EL Chardonnay (Weißwein)

Zubereitungszeit: 25 Minuten, ohne Abkühlzeit
Backzeit: etwa 20 Minuten je Backblech

1. Den Backofen vorheizen.
Ober-/Unterhitze: etwa 160 °C
Heißluft: etwa 140 °C

2. Für den Teig die Butter oder Margarine in einer Rührschüssel mit Handrührgerät mit Rührbesen auf höchster Stufe geschmeidig rühren. Nach und nach Puderzucker und Salz unterrühren. So lange rühren, bis eine gebundene Masse entstanden ist. Eigelb in knapp ½ Minute unterrühren. Mehl mit Speisestärke mischen, abwechselnd in 2 Portionen mit dem Wein auf mittlerer Stufe unterrühren.

3. Jeweils die Hälfte des Teiges in einen Spritzbeutel mit Sterntülle (Ø etwa 8 mm) füllen. Kreise (Ø etwa 4 cm) mit Abstand auf Backbleche (gefettet, mit Backpapier belegt) spritzen (insgesamt etwa 60 Kreise). Die Backbleche nacheinander (bei Heißluft zusammen) in den vorgeheizten Backofen schieben. Die Kringel **etwa 20 Minuten je Backblech backen.**

4. Die Kringel mit dem Backpapier von den Backblechen auf Kuchenroste ziehen, erkalten lassen.

5. Für die Füllung die Butter schaumig rühren. Puderzucker nach und nach unterschlagen. Den Wein kurz unterrühren. Die Creme in einen Gefrierbeutel füllen und eine kleine Ecke abschneiden.

6. Die Hälfte der Kringel mit der Unterseite nach oben auf ein Backblech legen. Die Creme auf die Kringel spritzen und mit den restlichen Kringeln belegen. Dabei die Kringel mit der Unterseite nach unten auf die Creme legen und leicht andrücken. Die gefüllten Chardonnay-Kringel in einer gut schließenden Dose kühl und trocken aufbewahren.

Choco-Cookies | Für Kinder

etwa 35 Stück

Pro Stück:
E: 2 g, F: 7 g, Kh: 14 g, kJ: 532, kcal: 127

Zum Vorbereiten:
75 g grob geriebene Vollmilch-Schokolade
75 g grob geriebene Zartbitter-Schokolade

Für den Rührteig:
150 g weiche Butter oder Margarine
100 g Zucker
150 g brauner Zucker (Kandisfarin)
1 Pck. Dr. Oetker Bourbon-Vanille-Zucker
1 Prise Salz
2 Eier (Größe M)
200 g Weizenmehl
1 gestr. TL Dr. Oetker Backin
1 geh. TL Lebkuchengewürz
80 g fein gehackte Haselnusskerne

Zubereitungszeit: 40 Minuten
Backzeit: 10–15 Minuten je Backblech

1. Zum Vorbereiten beide Schokoladensorten auf einer Haushaltsreibe grob reiben und beiseitestellen.

2. Den Backofen vorheizen
Ober-/Unterhitze: etwa 180 °C
Heißluft: etwa 160 °C

3. Für den Rührteig die Butter oder Margarine in einer Rührschüssel mit Handrührgerät mit Rührbesen auf höchster Stufe geschmeidig rühren. Nach und nach Zucker, braunen Zucker, Vanille-Zucker und Salz unterrühren. So lange rühren, bis eine gebundene Masse entstanden ist.

4. Die Eier nach und nach unterrühren (jedes Ei etwa 1/2 Minute). Das Mehl mit Backpulver und Lebkuchengewürz mischen, in 2 Portionen auf mittlerer Stufe unterrühren. Die Haselnusskerne und die Schokolade unterheben.

5. Den Teig mit 2 Teelöffeln in haselnussgroßen Häufchen mit Abstand auf Backbleche (gefettet, mit Backpapier belegt) setzen. Die Backbleche nacheinander (bei Heißluft zusammen) in den vorgeheizten Backofen schieben. Die Cookies **10–15 Minuten je Backblech backen.**

6. Choco-Cookies mit dem Backpapier von den Backblechen auf Kuchenroste ziehen, erkalten lassen.

Tipps: Die Choco-Cookies in einer gut schließenden Dose aufbewahren, damit sie nicht weich werden. Choco-Cookies sind etwa 3 Wochen haltbar.

Chocolate-Cookies mit Nüssen I

Zum Verschenken

70–80 Stück

Insgesamt:
E: 83 g, F: 298 g, Kh: 643 g, kJ: 23299, kcal: 5563

Zum Vorbereiten:
100 g Nusskerne, z. B. Walnusskerne, Pecannusskerne, Mandeln
75 g weiße Schokolade
200 g Zartbitter-Schokolade

Für den Rührteig:
150 g weiche Butter oder Margarine
125 g Zucker
125 g brauner Zucker (Kandisfarin)
2 Pck. Dr. Oetker Vanillin-Zucker
½ gestr. TL Salz
2 Eier (Größe M)
300 g Weizenmehl
1 gestr. TL Dr. Oetker Backin
½ TL Natron

Zum Verzieren:
25 g weiße Schokolade
1 TL Speiseöl, z. B. Sonnenblumenöl

Zubereitungszeit: 60 Minuten, ohne Abkühlzeit
Backzeit: etwa 12 Minuten je Backblech

1. Zum Vorbereiten Nusskerne oder Mandeln sowie weiße Schokolade und 125 g Zartbitter-Schokolade grob hacken. Restliche Zartbitter-Schokolade in Stücke brechen, in einem kleinen Topf im heißen Wasserbad bei schwacher Hitze unter Rühren schmelzen.

2. Für den Teig die Butter oder Margarine mit der geschmolzenen Schokolade in einer Rührschüssel mit Handrührgerät mit Rührbesen auf höchster Stufe geschmeidig rühren. Nach und nach Zucker, braunen Zucker, Vanillin-Zucker und Salz unterrühren. So lange rühren, bis eine gebundene Masse entstanden ist. Eier nach und nach unterrühren (jedes Ei etwa ½ Minute). Mehl mit Backpulver und Natron mischen, in 2 Portionen auf mittlerer Stufe unterrühren. Nuss- oder Mandelstückchen und Schokoladenstückchen unterheben.

3. Den Backofen vorheizen.
Ober-/Unterhitze: etwa 180 °C
Heißluft: etwa 160 °C

4. Den Teig mit 2 Teelöffeln in kleinen Portionen auf 2 Backbleche (gefettet, mit Backpapier belegt) geben. Die Backbleche nacheinander (bei Heißluft zusammen) in den vorgeheizten Backofen schieben. Die Cookies **etwa 12 Minuten je Backblech backen.**

5. Die Cookies mit dem Backpapier von den Backblechen auf Kuchenroste ziehen, erkalten lassen.

6. Zum Verzieren Schokolade in Stücke brechen, mit Speiseöl in einem kleinen Topf im heißen Wasserbad bei schwacher Hitze unter Rühren schmelzen. Die Cookies mit der Schokolade besprenkeln. Schokolade fest werden lassen.

Tipp: Die Cookies sind in einer gut schließenden Dose etwa 3 Wochen haltbar.

Christbaumschmuck-Kringel I

Zum Verschenken

etwa 40 Stück

Pro Stück:
E: 2 g, F: 2 g, Kh: 21 g, kJ: 461, kcal: 110

Für den Lebkuchenteig:

150 g flüssiger Honig
150 g Zucker
200 ml starker, schwarzer Earl-Grey-Tee
100 g Butter
480 g Dinkelmehl
1–2 TL Lebkuchengewürz

Für den Guss:

200 g gesiebter Puderzucker
1 Eiweiß (Größe M)
etwas rote und grüne Speisefarbe
einige Zuckerperlen (gold und silber)

Zubereitungszeit: 60 Minuten, ohne Kühl- und Trockenzeit
Backzeit: etwa 12 Minuten je Backblech

1. Für den Teig Honig, Zucker und Tee in einem Topf unter Rühren aufkochen. Den Topf von der Kochstelle nehmen. Flüssigkeit etwas abkühlen lassen. Butter hinzugeben und schmelzen lassen. Die Honig-Butter-Masse erkalten lassen.

2. Dinkelmehl und Lebkuchengewürz zu der Honig-Butter-Masse geben und mit den Händen zu einem Teig verkneten. Den Teig in Frischhaltefolie gewickelt etwa 1 Stunde kalt stellen.

3. Den Backofen vorheizen.
Ober-/Unterhitze: etwa 180 °C
Heißluft: etwa 160 °C

4. Den Lebkuchenteig kurz durchkneten und portionsweise auf einer leicht bemehlten Arbeitsfläche etwa 7 mm dick ausrollen. Mit einer Ausstechform gezackte runde Plätzchen (Ø 8 cm und 6 cm) ausstechen. Aus den Teigplätzchen jeweils in der Mitte eine kleine Blume (Ø 2 cm und 4 cm) ausstechen, sodass Kringel entstehen. Dann die Teigkringel mit etwas Abstand auf Backbleche (gefettet, mit Backpapier belegt) setzen. Die Backbleche nacheinander (bei Heißluft zusammen) in den vorgeheizten Backofen schieben. Die Plätzchen **etwa 12 Minuten je Backblech backen.**

5. Die Plätzchen mit dem Backpapier von den Backblechen auf Kuchenroste ziehen, erkalten lassen.

6. Für den Guss den Puderzucker mit dem Eiweiß zu einer dickflüssigen Masse verrühren. Die Hälfte des Gusses mit grüner Speisefarbe, die andere Hälfte mit rot in rosa einfärben. Einige Plätzchen mit dem Guss bestreichen und mit Zuckerperlen garnieren. Den grünen und rosa Guss in 2 kleine Gefrierbeutel füllen und je eine kleine Ecke abschneiden. Die restlichen Plätzchen mit dem grünen und rosa Guss verzieren. Mit Zuckerperlen garnieren. Guss 1–2 Stunden trocknen lassen.

Tipps: Der Teig hält sich ungebacken etwa 5 Tage im Kühlschrank und kann auch eingefroren werden. Die Christbaumschmuck-Kringel werden bei offener Lagerung weicher. Sie sind in einer gut schließenden Dose gut 4 Wochen haltbar.

Hinweis: Nur ganz frisches Eiweiß verwenden, das nicht älter als 5 Tage ist (Legedatum beachten).

Christkindels Möhrentorte

Für Gäste

Insgesamt:
E: 154 g, F: 385 g, Kh: 574 g, kJ: 26533, kcal: 6341

Für den Teig:

7 Eigelb (Größe M)
300 g brauner Zucker (Kandisfarin)
400 g abgezogene, gemahlene Mandeln
300 g fein geraspelte Möhren
75 g Speisestärke
1/2 TL gemahlener Zimt
1 Msp. gemahlene Nelken
1 Msp. gemahlener Kardamom
1 Prise Salz
7 Eiweiß (Größe M)

Für den Guss:

200 g Zartbitter-Kuvertüre
20 g Kokosfett oder 2 TL Speiseöl

Zum Garnieren:

100 g Marzipan-Rohmasse
25 g gesiebter Puderzucker
Goldperlen
lange, dünne Kerzen
Goldstaub

Zubereitungszeit: 50 Minuten, ohne Abkühlzeit
Backzeit: 45–55 Minuten

1. Den Backofen vorheizen.
Ober-/Unterhitze: etwa 180 °C
Heißluft: etwa 160 °C

2. Für den Teig Eigelb und Zucker mit Handrührgerät mit Rührbesen sehr schaumig schlagen. Mandeln, geraspelte Möhren, Speisestärke, Zimt, Nelken, Kardamom und Salz vorsichtig unterrühren. Das Eiweiß sehr steif schlagen und unterheben. Den Teig in 2 Springformen (Ø 22 cm und 16 cm, Boden gefettet, mit Backpapier belegt) verteilen und glatt streichen. Die Formen nebeneinander auf dem Rost in den vorgeheizten Backofen schieben. Die Böden **45–55 Minuten backen.**

3. Die Gebäckböden aus den Formen lösen und auf mit Backpapier belegte Kuchenroste stürzen. Mitgebackenes Backpapier jeweils entfernen. Tortenböden erkalten lassen.

4. Für den Guss die Kuvertüre in Stücke hacken, mit Kokosfett oder Speiseöl in einem kleinen Topf im heißen Wasserbad bei schwacher Hitze unter Rühren schmelzen. Die Gebäckböden mit dem Guss überziehen. Den Guss etwas fest werden lassen. Den kleinen Gebäckboden auf den großen Gebäckboden setzen.

5. Zum Garnieren Marzipan mit Puderzucker verkneten und in 3 Portionen teilen. Die Marzipanportionen einzeln zwischen 2 Lagen Frischhaltefolie ausrollen. Mit Ausstechformen Sterne und Monde ausstechen. Marzipanmotive auf der Torte verteilen. Mit Goldperlen und Kerzen garnieren. Guss fest werden lassen. Die Torte mit Goldstaub bestäuben.

Christstollen | Mit Alkohol

etwa 16 Stücke

Pro Stück:
E: 6 g, F: 18 g, Kh: 44 g, kJ: 1587, kcal: 379

Zum Vorbereiten:
200 g Rosinen
100 g Korinthen
100 ml Rum

Für den Hefeteig:
375 g Weizenmehl
1 Würfel frische Hefe (42 g)
50 g Zucker
100 ml lauwarme Milch
1 Pck. Dr. Oetker Vanillin-Zucker
1 Prise Salz
1 Pck. Christstollengewürz (15 g)
2 Eier (Größe M)
175 g weiche Butter oder Margarine
100 g gewürfeltes Orangeat
100 g gewürfeltes Zitronat (Sukkade)
100 g abgezogene, gemahlene Mandeln

Zum Bestreichen:
75 g Butter

Zum Bestäuben:
etwas Puderzucker

Zubereitungszeit: 35 Minuten, ohne Durchzieh- und Teiggehzeit
Backzeit: etwa 50 Minuten

1. Zum Vorbereiten Rosinen und Korinthen mit Rum übergießen und zugedeckt über Nacht durchziehen lassen.

2. Für den Teig Mehl in eine Rührschüssel geben. In die Mitte eine Vertiefung drücken und die Hefe hineinbröckeln. Zucker und etwas lauwarme Milch hinzufügen. Mit einem kleinen Teil des Mehls mit einer Gabel vorsichtig verrühren und etwa 15 Minuten bei Zimmertemperatur gehen lassen.

3. Vanillin-Zucker, Salz, Gewürz, Eier und Butter oder Margarine hinzufügen. Die Zutaten mit Handrührgerät mit Knethaken zunächst kurz auf niedrigster, dann auf höchster Stufe in etwa 5 Minuten zu einem glatten Teig verarbeiten.

4. Orangeat, Zitronat, Mandeln und die eingeweichten Rosinen und Korinthen auf einer leicht bemehlten Arbeitsfläche kurz unterkneten.

5. Den Teig zugedeckt so lange an einem warmen Ort gehen lassen, bis er sich sichtbar vergrößert hat (etwa 30 Minuten).

6. Das Backblech mit 3 Lagen Backpapier belegen (so wird der Stollen beim Backen von unten nicht so dunkel).

7. Aus dem Teig einen Stollen formen. Dazu den Teig zu einem Rechteck (etwa 30 x 25 cm) ausrollen. Den Teig von der längeren Seite aus aufrollen und mit der Teigrolle der Länge nach eine Vertiefung eindrücken.

8. Dann die linke Seite leicht versetzt auf die rechte Seite schlagen. Den mittleren Teil mit den Händen der Länge nach zu einem Wulst formen.

9. Den Stollen auf das Backblech legen und nochmals so lange an einem warmen Ort gehen lassen, bis er sich sichtbar vergrößert hat (etwa 30 Minuten).

10. Den Backofen vorheizen.
Ober-/Unterhitze: etwa 250 °C
Heißluft: etwa 220 °C

11. Das Backblech in den vorgeheizten Backofen (unteres Drittel) schieben und **sofort die Backofentemperatur um 90 °C auf Ober-/Unterhitze: etwa 160 °C oder um 80 °C auf Heißluft: etwa 140 °C herunterschalten.** Den Stollen **etwa 50 Minuten backen.**

12. Zum Bestreichen die Butter zerlassen. Den warmen Stollen damit bestreichen.

13. Den Stollen auf einem Kuchenrost erkalten lassen und anschließend mit Puderzucker bestäuben.

Crème-fraîche-Taler | Schnell

etwa 120 Stück

Insgesamt:
E: 37 g, F: 219 g, Kh: 246 g, kJ: 12942, kcal: 3097

Für den Knetteig:
250 g Weizenmehl
200 g Butter oder Margarine
150 g Crème fraîche

Zum Bestreichen und Bestreuen:
3–4 EL Kondensmilch
etwa 50 g Hagelzucker oder Zimt-Zucker

Zubereitungszeit: 25 Minuten, ohne Kühlzeit
Backzeit: etwa 12 Minuten je Backblech

1. Für den Teig das Mehl in eine Rührschüssel geben. Butter oder Margarine und Crème fraîche hinzufügen. Die Zutaten mit Handrührgerät mit Knethaken zunächst kurz auf niedrigster, dann auf höchster Stufe gut durcharbeiten.

2. Anschließend den Teig auf einer leicht bemehlten Arbeitsfläche zu einem glatten Teig verkneten. Den Teig zu Rollen (Ø etwa 2 ½ cm) formen. Teigrollen in Frischhaltefolie gewickelt einige Stunden oder über Nacht kalt stellen.

3. Den Backofen vorheizen.
Ober-/Unterhitze: etwa 200 °C
Heißluft: etwa 180 °C

4. Teigrollen mit einem Sägemesser in etwa ½ cm dicke Scheiben schneiden. Dabei die Rollen immer wieder drehen, damit die Scheiben gleichmäßig abgeschnitten werden. Die Teigscheiben auf Backbleche (gefettet, mit Backpapier belegt) legen. Teigscheiben mit Kondensmilch bestreichen und mit Hagelzucker oder Zimt-Zucker bestreuen.

5. Die Backbleche nacheinander (bei Heißluft zusammen) in den vorgeheizten Backofen schieben. Die Crème-fraîche-Taler **etwa 12 Minuten je Backblech backen.**

6. Die Crème-fraîche-Taler mit dem Backpapier von den Backblechen auf Kuchenroste ziehen. Crème-fraîche-Taler erkalten lassen.

Tipps: Die Crème-fraîche-Taler sind in einer gut schließenden Dose 2–3 Wochen haltbar. Die Teigrollen vor dem Kaltstellen in Zucker wälzen. Geben Sie 1 Päckchen Dr. Oetker Bourbon-Vanille-Zucker in den Teig.

Abwandlung: Für eine pikante Variante die Teigtaler statt mit Zucker mit geraspeltem Käse, Salz oder Mohn bestreuen.

Dänische Weihnachtsplätzchen

Einfach

etwa 150 Stück

Insgesamt:
E: 103 g, F: 323 g, Kh: 681 g, kJ: 26341, kcal: 6293

Für den Teig:

250 g Butter
200 g flüssiger Honig
120 g Zuckerrübensirup (Rübenkraut)
½ TL gemahlene Nelken
1 EL gemahlener Zimt
½ TL gemahlener Ingwer
5 g Pottasche
1 EL warmes Wasser
250 g Vollkorn-Weizenmehl
250 g Weizenmehl
150 g gehackte Mandeln
75 g fein gehacktes Zitronat (Sukkade)

Zum Bestreichen:

etwas Kondensmilch

etwa 100 g abgezogene, halbierte Mandeln

Zubereitungszeit: 70 Minuten, ohne Kühlzeit
Backzeit: 10–15 Minuten je Backblech

1. Für den Teig Butter, Honig und Zuckerrübensirup in einem Topf zerlassen. Die Honigmasse in eine Rührschüssel füllen und kalt stellen.

2. Unter die erkaltete Masse Nelken, Zimt und Ingwer rühren. Die Pottasche in Wasser auflösen und unterrühren.

3. Die beiden Mehlsorten mischen. Knapp die Hälfte des Mehlgemisches unter die Honigmasse rühren. Restliches Mehlgemisch auf eine Arbeitsfläche geben. Das Honig-Mehl-Gemisch, Mandeln und Zitronat daraufgeben und mit den Händen zu einem glatten Teig verkneten. Sollte der Teig kleben, ihn in Frischhaltefolie gewickelt eine Zeit lang kalt stellen.

4. Den Backofen vorheizen.
Ober-/Unterhitze: etwa 180 °C
Heißluft: etwa 160 °C

5. Aus dem Teig auf der leicht bemehlten Arbeitsfläche etwa 2½ cm dicke Rollen formen. Teigrollen so lange kalt stellen, bis sie fest geworden sind.

6. Teigrollen in etwa 5 mm dicke Scheiben schneiden und auf Backbleche (gefettet, mit Backpapier belegt) legen. Teigplätzchen mit Kondensmilch bestreichen. Auf jedes Teigplätzchen eine halbierte Mandel legen. Die Backbleche nacheinander (bei Heißluft 2–3 Backbleche zusammen) in den vorgeheizten Backofen schieben. **Plätzchen 10–15 Minuten je Backblech backen.**

7. Die Plätzchen mit dem Backpapier von den Backblechen auf Kuchenroste ziehen. Plätzchen erkalten lassen.

Tipp: Die Weihnachtsplätzchen sind in einer gut schließenden Dose etwa 4 Wochen haltbar.

Dinkel-Butterkekse | Raffiniert

etwa 40 Stück

Pro Stück:
E: 1 g, F: 3 g, Kh: 6 g, kJ: 243, kcal: 58

Für den All-in-Teig:
150 g Butter
200 g Dinkelmehl (Type 630)
1/2 gestr. TL Dr. Oetker Backin
1 Prise Salz
100 g brauner Zucker (Kandisfarin)
1 Pck. Dr. Oetker Bourbon-Vanille-Zucker
1 Eiweiß (Größe M)
2 EL Milch

Zum Bestreichen:
1 Eigelb
1 EL Milch

Zubereitungszeit: 25 Minuten, ohne Abkühlzeit
Backzeit: etwa 15 Minuten je Backblech

1. Für den Teig 100 g Butter bei mittlerer Hitze zerlassen und leicht bräunen lassen. Den Topf von der Kochstelle nehmen. Butter etwas abkühlen lassen. Restliche Butter unterrühren.

2. Den Backofen vorheizen.
Ober-/Unterhitze: etwa 180 °C
Heißluft: etwa 160 °C

3. Mehl mit Backpulver mischen und in eine Rührschüssel geben. Salz, braunen Zucker, Vanille-Zucker, Eiweiß, Milch und die Butter hinzufügen. Die Zutaten mit Handrührgerät mit Rührbesen zunächst kurz auf niedrigster, dann auf höchster Stufe zu einem glatten Teig verarbeiten.

4. Den Teig mit 2 Teelöffeln in walnussgroßen Häufchen mit etwas Abstand auf 2 Backbleche (gefettet, mit Backpapier belegt) setzen.

5. Zum Bestreichen das Eigelb mit Milch verschlagen. Die Teighäufchen damit bestreichen. Die Backbleche nacheinander (bei Heißluft zusammen) in den vorgeheizten Backofen schieben. Die Kekse **etwa 15 Minuten backen.**

6. Die Kekse mit dem Backpapier von den Backblechen auf Kuchenroste ziehen und erkalten lassen.

Dreispitze I

Dauert länger – für Geübte
etwa 60 Stück

Pro Stück:
E: 1 g, F: 3 g, Kh: 6 g, kJ: 236, kcal: 56

Für den Knetteig:
250 g Weizenmehl
1 Msp. Dr. Oetker Backin
65 g Zucker
1 Pck. Dr. Oetker Vanillin-Zucker
1 Eigelb (Größe M)
½ Fl. Rum-Aroma
½ Pck. Dr. Oetker Finesse Orangenschalen-Aroma
125 g Butter oder Margarine

Für die Füllung:
100 g gemahlene Haselnusskerne
50 g Zucker
1 ½ Eiweiß (Größe M)
½ Fl. Rum-Aroma
½ Pck. Dr. Oetker Finesse Orangenschalen-Aroma
etwa 2 EL Orangensaft
40 g Korinthen

Zum Bestreichen:
½ verschlagenes Eiweiß
1 Eigelb
1 EL Milch

Zubereitungszeit: 110 Minuten, ohne Kühlzeit
Backzeit: etwa 15 Minuten je Backblech

1. Für den Teig Mehl mit Backpulver mischen und in eine Rührschüssel geben. Zucker, Vanillin-Zucker, Eigelb, Aromen und Butter oder Margarine hinzufügen. Die Zutaten mit Handrührgerät mit Knethaken zunächst kurz auf niedrigster, dann auf höchster Stufe gut durcharbeiten.

2. Anschließend den Teig auf einer leicht bemehlten Arbeitsfläche zu einem glatten Teig verkneten. Sollte der Teig kleben, ihn in Frischhaltefolie gewickelt eine Zeit lang kalt stellen.

3. Für die Füllung Haselnusskerne mit Zucker, Eiweiß, Aromen und Orangensaft zu einer geschmeidigen Masse verrühren. Korinthen unterrühren.

4. Den Backofen vorheizen.
Ober-/Unterhitze: etwa 200 °C
Heißluft: etwa 180 °C

5. Den Teig auf der leicht bemehlten Arbeitsfläche portionsweise knapp ½ cm dick ausrollen. Mit einer Ausstechform runde Plätzchen (Ø etwa 4 cm) ausstechen. Die Teigplätzchen mit verschlagenem Eiweiß bestreichen. In die Mitte je ein haselnussgroßes Häufchen von der Füllung geben. Den Teig an 3 Seiten zur Mitte hochziehen und zu einem Dreispitz zusammendrücken.

6. Die Dreispitze auf Backbleche (mit Backpapier belegt) setzen. Eigelb mit Milch verschlagen und die Dreispitze damit bestreichen. Backbleche nacheinander (bei Heißluft zusammen) in den vorgeheizten Backofen schieben. Die Dreispitze **etwa 15 Minuten backen.**

7. Die Dreispitze mit dem Backpapier auf Kuchenroste ziehen. Dreispitze erkalten lassen.

Eiskristalle | Zum Verschenken

etwa 55 Stück

Insgesamt:
E: 28 g, F: 115 g, Kh: 277 g, kJ: 9717, kcal: 2279

Für den Knetteig:

200 g Weizenmehl
1 Pck. Dr. Oetker Vanillin-Zucker
100 g Butter oder Margarine
100 g Crème fraîche

1 Eiweiß
1 EL Wasser
etwa 100 g Hagelzucker
etwas Puderzucker

Zubereitungszeit: 45 Minuten, ohne Kühlzeit
Backzeit: etwa 12 Minuten je Backblech

1. Für den Teig das Mehl in eine Rührschüssel geben. Den Vanillin-Zucker, Butter oder Margarine in kleinen Stücken und Crème fraîche hinzufügen. Die Zutaten mit Handrührgerät mit Knethaken zunächst kurz auf niedrigster, dann auf höchster Stufe gut durcharbeiten. Anschließend den Teig auf einer leicht bemehlten Arbeitsfläche zu einem glatten Teig verkneten. Den Teig in Frischhaltefolie gewickelt mindestens 4 Stunden kalt stellen.

2. Den Backofen vorheizen.
Ober-/Unterhitze: etwa 180 °C
Heißluft: etwa 160 °C

3. Den Teig portionsweise auf der leicht bemehlten Arbeitsfläche etwa 3 mm dick ausrollen. Mit einer Ausstechform etwa 55 Eiskristalle (Ø etwa 7 cm) ausstechen. Die Teigplätzchen auf Backbleche (gefettet, mit Backpapier belegt) legen.

4. Eiweiß mit Wasser verschlagen. Die Teigplätzchen damit bestreichen und anschließend mit Hagelzucker bestreuen.

5. Die Backbleche nacheinander (bei Heißluft zusammen) in den vorgeheizten Backofen schieben. Eiskristalle **etwa 12 Minuten je Backblech backen.**

6. Die Eiskristalle mit dem Backpapier von den Backblechen auf Kuchenroste ziehen. Eiskristalle erkalten lassen und mit Puderzucker bestäuben.

Tipps: Für eine süßsalzige Variante anstelle von Hagelzucker ein wenig grobes Meersalz auf die Eiskristalle streuen. Die erkalteten Eiskristalle dann nur sehr dünn mit Puderzucker bestäuben. Anstelle von Eiskristallen können Sie auch Sterne ausstechen. Die Eiskristalle sind in einer gut schließenden Dose etwa 2 Wochen haltbar.

Eiskristall-Muffins | Für Kinder

12 Muffins

Pro Stück:
E: 1 g, F: 18 g, Kh: 55 g, kJ: 1689, kcal: 404

Für den Rührteig:

125 g weiche Butter oder Margarine
125 g Zucker
3 Eier (Größe L)
150 g Weizenmehl
25 g gesiebtes Kakaopulver
1 1/2 gestr. TL Dr. Oetker Backin
50 g Raspelschokolade

Für den Guss und zum Garnieren:

1 Eiweiß (Größe L)
200 g gesiebter Puderzucker
200 g Marzipan-Rohmasse
100 g gesiebter Puderzucker
1/2 Eiweiß
etwas violetter Zucker

Außerdem:

12 Papierbackförmchen

Zubereitungszeit: 50 Minuten, ohne Abkühlzeit
Backzeit: etwa 25 Minuten

1. Den Backofen vorheizen.
Ober-/Unterhitze: etwa 180 °C
Heißluft: etwa 160 °C

2. Für den Teig Butter oder Margarine in einer Rührschüssel mit Handrührgerät mit Rührbesen geschmeidig rühren. Nach und nach Zucker unterrühren. Eier nach und nach unterrühren (jedes Ei etwa 1/2 Minute).

3. Mehl mit Kakao und Backpulver mischen, in 2 Portionen auf mittlerer Stufe unterrühren. Raspelschokolade unterheben.

4. Den Teig in einer Muffinform (für 12 Muffins, mit Papierbackförmchen ausgelegt) verteilen. Die Form auf dem Rost in den vorgeheizten Backofen schieben. Die Muffins **etwa 25 Minuten backen.**

5. Die Muffins etwa 5 Minuten in der Form stehen lassen, dann aus der Form nehmen und auf einem Kuchenrost erkalten lassen.

6. Für den Guss und zum Garnieren das Eiweiß mit Puderzucker zu einem dickflüssigen Guss verrühren. Die Oberfläche der Muffins mit dem Guss bestreichen. Marzipan mit 100 g Puderzucker verkneten. Marzipan mit etwas Puderzucker bestäuben und auf einer mit Puderzucker bestäubten Arbeitsfläche etwa 1/2 cm dick ausrollen. Aus der Marzipanplatte mit einem vorher in Puderzucker gedrückten Eiskristall-Ausstecher Eiskristalle ausstechen. Die Eiskristalle mit einem feinen Pinsel aus dem Ausstecher drücken, mit etwas verschlagenem Eiweiß bestreichen und mit violettem Zucker bestreuen. Eiskristalle auf die Muffins legen.

Eissterne | Für Kinder

etwa 35 Stück

Insgesamt:
E: 31 g, F: 120 g, Kh: 384 g, kJ: 11543, kcal: 2760

Für den Teig:

100 g Marzipan-Rohmasse
abgeriebene Schale von
1/2 Bio-Zitrone
(unbehandelt, ungewachst)
2 EL Zitronensaft
175 g Weizenmehl
75 g gesiebter Puderzucker
1 Pck. Dr. Oetker Vanillin-Zucker
100 g Butter oder Margarine

Für den Guss:

etwa 100 g Puderzucker
2–3 EL Zitronensaft

Zum Bestreuen:

etwas Kuchenglitter weiß und blau
(Glitterzucker)

Zubereitungszeit: 40 Minuten, ohne Kühlzeit
Backzeit: 10–12 Minuten je Backblech

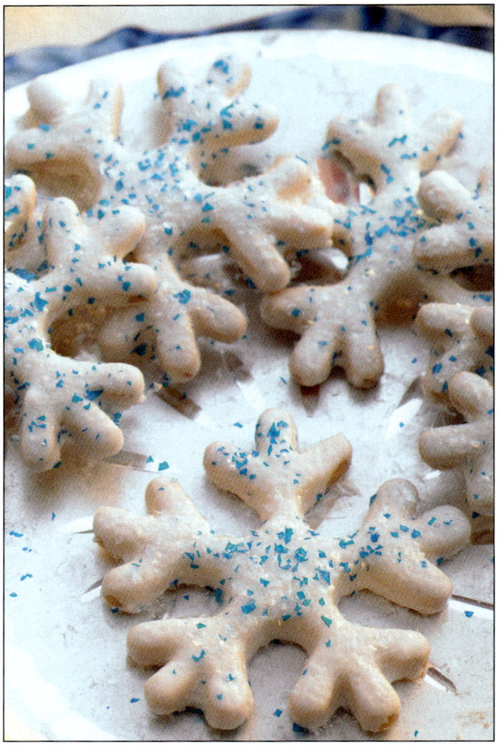

1. Für den Teig Marzipan in Stücke schneiden, mit Zitronenschale und -saft in einer Rührschüssel mit Handrührgerät mit Rührbesen gut verrühren.

2. Mehl mit Puderzucker und Vanillin-Zucker mischen, mit Butter oder Margarine zur Marzipanmasse geben und mit Handrührgerät mit Knethaken zu einem glatten Teig verarbeiten. Den Teig in Frischhaltefolie gewickelt etwa 30 Minuten kalt stellen.

3. Den Backofen vorheizen.
Ober-/Unterhitze: etwa 180 °C
Heißluft: etwa 160 °C

4. Den Teig auf einer leicht bemehlten Arbeitsfläche etwa 1/2 cm dick ausrollen und mit einer Ausstechform z. B. Eissterne (Ø etwa 7 cm) ausstechen. Die Ausstechform zwischendurch in Mehl drücken, damit sich die ausgestochenen Eissterne besser aus der Form lösen. Auch mit einem feinen Pinsel lassen sich die Eissterne gut aus der Form lösen.

5. Die Teigplätzchen auf Backbleche (mit Backpapier belegt) legen. Die Backbleche nacheinander (bei Heißluft zusammen) in den vorgeheizten Backofen schieben. Eissterne **10–12 Minuten je Backblech backen.**

6. Die Eissterne mit dem Backpapier von den Backblechen auf Kuchenroste ziehen, erkalten lassen.

7. Für den Guss Puderzucker mit so viel Zitronensaft verrühren, dass eine streichfähige Masse entsteht. Die Eissterne mithilfe eines Pinsels mit dem Guss bestreichen. Mit Kuchenglitter (Glitterzucker) bestreuen. Guss fest werden lassen.

8. Die Eissterne in einer gut schließenden Dose aufbewahren.

Tipps: Die Eissterne statt mit Kuchenglitter mit etwas grobem Zucker bestreuen. Die Eissterne sind in einer gut schließenden Dose etwa 2 Wochen haltbar.

Elisenlebkuchen, glutenfrei

Beliebt

etwa 30 Stück

Pro Stück:
E: 2 g, F: 7 g, Kh: 9 g, kJ: 462, kcal: 110

Für den Teig:

250 g abgezogene, gemahlene Mandeln
40 g Orangeat
40 g Zitronat (Sukkade)
3 Eiweiß (Größe M)
1 Prise Salz
150 g Zucker
2 TL gemahlener Zimt
1 gestr. TL gemahlener Ingwer
2 Msp. gemahlene Nelken
3 EL Schlagsahne

Für den Guss:

120 g Zartbitter-Kuvertüre
1 TL Speiseöl

Zubereitungszeit: 40 Minuten, ohne Trocken- und Abkühlzeit
Backzeit: etwa 8 Minuten je Backblech

1. Für den Teig Mandeln in einer Pfanne ohne Fett unter Rühren goldbraun rösten. Orangeat und Zitronat sehr fein würfeln.

2. Eiweiß mit Salz und Zucker mit Handrührgerät mit Rührbesen etwa 2 Minuten schaumig schlagen. Zimt mit Ingwer, Nelken, Mandeln, Orangeat und Zitronat mischen. Die Mischung mit der Sahne unter die Eiweißmasse heben.

3. Die Lebkuchenmasse in einen Spritzbeutel mit großer Lochtülle füllen und dicke Tupfen (Ø etwa 5 cm) mit etwas Abstand auf 2 Backbleche (mit Backpapier belegt) setzen. Die Lebkuchenmasse etwa 30 Minuten trocknen lassen.

4. In der Zwischenzeit den Backofen vorheizen.
Ober-/Unterhitze: etwa 180 °C
Heißluft: etwa 160 °C

5. Die Backbleche nacheinander (bei Heißluft zusammen) in den vorgeheizten Backofen schieben. Die Lebkuchen **etwa 8 Minuten je Backblech backen.**

6. Die Backbleche auf einen Kuchenrost stellen. Die Lebkuchen erkalten lassen. Anschließend das Backpapier lösen und entfernen.

7. Für den Guss Kuvertüre in Stücke hacken, mit Speiseöl in einem kleinen Topf im heißen Wasserbad bei schwacher Hitze unter Rühren schmelzen.

8. Die Lebkuchen auf der Unterseite mit dem Guss bestreichen, auf Backpapier setzen. Guss fest werden lassen. Dann die Lebkuchen umdrehen.

9. Restliche Kuvertüre evtl. nochmals kurz erwärmen und in einen kleinen Gefrierbeutel geben. Eine kleine Ecke abschneiden. Auf die Lebkuchen ein Gitter spritzen. Guss fest werden lassen.

Tipp: Die Lebkuchen nach Belieben mit Goldsternen verzieren.

Elisenlebkuchen, kleine

Klassisch

etwa 40 Stück

Pro Stück:
E: 2 g, F: 8 g, Kh: 7 g, kJ: 471, kcal: 113

Für den Lebkuchenteig:

3	*Eier (Größe M)*
120 g	*Zucker*
1 Prise	*Salz*
300 g	*gemahlene Haselnuss- Walnuss- oder Cashewkerne*
1–2 TL	*Lebkuchengewürz*
1 EL	*Kakaopulver*
1/2 gestr. TL	*Hirschhornsalz*
150 g	*Schlagsahne*

Für den Guss:

250 g	*Zartbitter-Kuvertüre*

Zum Verzieren und Garnieren:

etwa 50 g	*weiße Schokolade*
einige	*Schokoperlen*

Außerdem:

etwa 40	*Backoblaten (Ø etwa 5 cm)*

Zubereitungszeit: 60 Minuten, ohne Trocken- und Kühlzeit
Backzeit: etwa 12 Minuten je Backblech

1. Für den Teig Eier, Zucker und Salz mit Handrührgerät mit Rührbesen dickschaumig aufschlagen. Haselnuss-, Walnuss- oder Cashewkerne mit Lebkuchengewürz, Kakao und Hirschhornsalz gut vermischen. Mit einem Teigschaber unter den Eierschaum heben. Nach und nach die flüssige Sahne unterheben.

2. Oblaten auf 2 Backblechen (mit Backpapier belegt) verteilen.

3. Lebkuchenmasse in einen Spritzbeutel mit großer Lochtülle füllen. Dicke Tupfen auf die Oblaten spritzen (man kann die Masse auch mit 2 Teelöffeln auf den Oblaten verteilen). Lebkuchenmasse etwa 1 Stunde bei Zimmertemperatur trocknen lassen.

4. In der Zwischenzeit den Backofen vorheizen.
Ober-/Unterhitze: etwa 180 °C
Heißluft: etwa 160 °C

5. Die Backbleche nacheinander (bei Heißluft zusammen) in den vorgeheizten Backofen schieben. Elisenlebkuchen **etwa 12 Minuten je Backblech backen.**

6. Die Elisenlebkuchen mit dem Backpapier von den Backblechen auf Kuchenroste ziehen. Elisenlebkuchen erkalten lassen.

7. Für den Guss Kuvertüre in kleine Stücke hacken, in einem kleinen Topf im heißen Wasserbad bei schwacher Hitze unter Rühren schmelzen. Die Elisenlebkuchen mit dem Guss bestreichen. Guss fest werden lassen.

8. Zum Verzieren und Garnieren Schokolade in Stücke brechen und wie zuvor beschrieben schmelzen. Die Schokolade in ein Pergamentpapiertütchen füllen und eine kleine Ecke abschneiden.

9. Die Lebkuchen mit Schneeflocken verzieren und mit Schokoperlen garnieren. Schokolade fest werden lassen.

Tipp: Die Elisenlebkuchen sind in einer gut schließenden Dose kühl und trocken gestellt etwa 4 Wochen haltbar.

Englischer Weihnachtskuchen

Klassisch – mit Alkohol – dauert länger

Insgesamt:
E: 131 g, F: 401 g, Kh: 1797 g, kJ: 48336, kcal: 11554

Für den Rührteig:

250 g weiche Butter oder Margarine
250 g brauner Zucker (Kandisfarin)
1 Pck. Dr. Oetker Bourbon-Vanille-Zucker
½ Fl. Zitronen-Aroma
5 EL Rum
abgeriebene Schale von
1 Bio-Zitrone (unbehandelt, ungewachst)
½ TL gemahlener Zimt
1 Msp. geriebene Muskatnuss
5 Eier (Größe M)
250 g Weizenmehl
1 Pck. Dr. Oetker Backin
300 g Rosinen
300 g Korinthen
100 g fein gehacktes Zitronat (Sukkade)
100 g fein gehacktes Orangeat
50 g gehackte Mandeln
150 g rote, in Stücke geschnittene Belegkirschen

Zum Aprikotieren:

4 EL Aprikosenkonfitüre

Für die Marzipandecke und den Marzipanrand:

200 g Marzipan-Rohmasse
100 g gesiebter Puderzucker

Für den Guss:

300 g gesiebter Puderzucker
etwas Wasser

Zum Verzieren:

150 g Marzipan-Rohmasse
50 g gesiebter Puderzucker
etwas rote Speisefarbe
einige Silberperlen

Zubereitungszeit: 60 Minuten, ohne Abkühlzeit
Backzeit: etwa 2 ¾ Stunden

1. Den Backofen vorheizen.
Ober-/Unterhitze: etwa 140 °C
Heißluft: etwa 120 °C

2. Für den Teig die Butter oder Margarine in einer Rührschüssel mit Handrührgerät mit Rührbesen auf höchster Stufe geschmeidig rühren. Nach und nach Zucker, Vanille-Zucker, Aroma, Rum, Zitronenschale, Zimt und Muskat unterrühren. So lange rühren, bis eine gebundene Masse entstanden ist.

3. Die Eier nach und nach unterrühren (jedes Ei etwa ½ Minute). Mehl mit Backpulver mischen, in 2 Portionen auf mittlerer Stufe unterrühren. Dann Rosinen, Korinthen, Zitronat, Orangeat, Mandeln und Belegkirschenstücke vorsichtig unterrühren.

4. Den Teig in eine Springform (Ø 24 cm, gefettet) geben und glatt streichen. Die Form auf dem Rost in den vorgeheizten Backofen schieben. Den Weihnachtskuchen **etwa 2 ¾ Stunden backen.**

5. Den Kuchen aus der Form lösen und auf einen Kuchenrost setzen.

6. Zum Aprikotieren die Aprikosenkonfitüre durch ein Sieb streichen. Den heißen Kuchen damit bestreichen. Kuchen erkalten lassen.

7. Für die Marzipandecke und den -rand Marzipan mit Puderzucker verkneten. In 2 Portionen teilen. Eine Marzipanportion auf einer mit Puderzucker bestäubten Arbeitsfläche zu einer dünnen, runden Platte (Ø etwa 24 cm) ausrollen und auf den Kuchen legen. Aus der restlichen Marzipanmasse einen etwa 72 cm langen Streifen in Höhe des Gebäckrandes ausrollen, um den Kuchen legen und gut andrücken.

8. Für den Guss den Puderzucker mit so viel Wasser verrühren, dass ein dickflüssiger Guss entsteht. Den Kuchen damit überziehen. Guss antrocknen lassen.

9. Zum Verzieren das Marzipan mit Puderzucker und Speisefarbe verkneten, auf einer mit Puderzucker be-

stäubten Arbeitsfläche dünn ausrollen. Mit verschiedenen Ausstechformen Sterne, Rehe und einen Elch ausstechen. Die Tortenoberfläche und den -rand damit belegen. Mit Silberperlen garnieren. Guss fest werden lassen.

Tipps: Einen Teil des Puderzuckergusses mit etwas roter Speisefarbe rosa färben. Die Oberfläche mit dem weißen und rosefarbigen Guss verzieren. Sie können den englischen Weihnachtskuchen auch mit weißem Glitterzucker bestreuen.

Erdnuss-Schnecken | Für Kinder
etwa 60 Stück

Pro Stück:
E: 1 g, F: 4 g, Kh: 6 g, kJ: 264, kcal: 63

Für den Knetteig:
300 g Weizenmehl
½ TL Dr. Oetker Backin
100 g Zucker
1 Pck. Dr. Oetker Bourbon-Vanille-Zucker
1 Ei (Größe M)
1 Eigelb (Größe M)
170 g Butter oder Margarine
1 ½ EL gesiebtes Kakaopulver

Zum Bestreuen und Bestreichen:
150 g fein gesalzene Erdnusskerne oder Honig-Erdnusskerne
1 verschlagenes Eiweiß

Zubereitungszeit: 60 Minuten, ohne Kühl- und Anfrierzeit
Backzeit: 10–12 Minuten je Backblech

1. Für den Teig Mehl mit Backpulver in einer Rührschüssel mischen. Restliche Zutaten (außer Kakao) hinzufügen und mit Handrührgerät mit Knethaken auf höchster Stufe gut durcharbeiten. Den Teig zu einem glatten Teig verkneten und halbieren. Eine Teighälfte mit Kakaopulver verkneten. Die Teighälften getrennt in Frischhaltefolie gewickelt etwa 30 Minuten kalt stellen. Zum Bestreuen Erdnusskerne grob hacken.

2. Den hellen Teig auf einer leicht bemehlten Arbeitsfläche zu einem Quadrat (etwa 30 x 30 cm) ausrollen, aufrollen und zur Seite legen.

3. Den dunklen Teig zu einem Rechteck (etwa 30 x 34 cm) ausrollen und mit dem verschlagenen Eiweiß bestreichen. Die Hälfte der Erdnusskerne darauf verteilen, dabei an der längeren Seite einen etwa 4 cm breiten Rand frei lassen.

4. Den hellen Teig auf dem bestreuten dunklen Teig abrollen, andrücken, mit dem restlichen Eiweiß bestreichen und mit den restlichen Erdnusskernen bestreuen.

5. Die Teigplatte von dem nicht bestreuten Rand beginnend aufrollen, zu einer quadratischen Stange (etwa 5 x 5 cm, etwa 30 cm Länge) formen, zusammendrücken und quer durchschneiden. Die Teigstangen in Frischhaltefolie gewickelt im Gefrierschrank etwa 30 Minuten anfrieren lassen.

6. Den Backofen vorheizen.
Ober-/Unterhitze: etwa 180 °C
Heißluft: etwa 160 °C

7. Die Teigstangen mit einem Allesschneider oder einem Sägemesser in etwa ½ cm dicke Scheiben schneiden. Dabei die Stangen immer wieder drehen, damit die Scheiben gleichmäßig abgeschnitten werden. Teigscheiben auf Backbleche (mit Backpapier belegt) legen. Die Backbleche nacheinander (bei Heißluft zusammen) in den vorgeheizten Backofen schieben. Die Erdnuss-Schnecken **10–12 Minuten je Backblech backen.**

8. Die Backbleche auf Kuchenroste stellen. Das Gebäck etwa 5 Minuten auf den Backblechen abkühlen lassen. Dann das Gebäck mit dem Backpapier von den Backblechen auf Kuchenroste ziehen und erkalten lassen.

Tipp: Die Erdnuss-Schnecken sind in gut schließenden Dosen 3–4 Wochen haltbar.

Flocken-Cookies | Raffiniert

etwa 35 Stück

Insgesamt:
E: 27 g, F: 97 g, Kh: 223 g, kJ: 7936, kcal: 1892

Für den Rührteig:

100 g weiße Schokolade
50 g Rosinen
70 g weiche Butter oder Margarine
30 g Zucker
1 Prise Salz
1 gestr. TL Dr. Oetker Finesse Orangenschalen-Aroma
1 Ei (Größe M)
30 g Weizenmehl
100 g zarte 5-Korn-Getreideflocken (Hafer, Weizen, Roggen, Gerste, Dinkel)

Zubereitungszeit: 20 Minuten
Backzeit: 20–25 Minuten je Backblech

1. Für den Teig weiße Schokolade und Rosinen fein hacken. Butter oder Margarine in einer Rührschüssel mit Handrührgerät mit Rührbesen auf höchster Stufe geschmeidig rühren. Nach und nach Zucker, Salz und Aroma unterrühren. So lange rühren, bis eine gebundene Masse entstanden ist.

2. Das Ei in etwa ½ Minute unterrühren. Schokolade, Rosinen, Mehl und Getreideflocken kurz auf mittlerer Stufe unterrühren.

3. Den Backofen vorheizen.
Ober-/Unterhitze: etwa 160 °C
Heißluft: etwa 140 °C

4. Den Teig mit 2 Teelöffeln in walnussgroßen Häufchen mit etwas Abstand auf 2 Backbleche (gefettet, mit Backpapier belegt) setzen. Die Backbleche nacheinander (bei Heißluft zusammen) in den vorgeheizten Backofen schieben. Die Cookies **20–25 Minuten je Backblech backen.**

5. Die Backbleche auf Kuchenroste stellen. Cookies erkalten lassen und vom Backpapier nehmen.

Tipps: Sie können die Cookies auch mit geschmolzener Zartbitter-Schokolade verzieren und mit Schoko- und Zuckerperlen garnieren. Die Cookies sind in gut schließenden Dosen etwa 2 Wochen haltbar.

Florentiner Plätzchen | Klassisch

etwa 100 Stück

Insgesamt:
E: 66 g, F: 317 g, Kh: 341 g, kJ: 18805, kcal: 4493

Für den Knetteig:
150 g Weizenmehl
50 g Zucker
1 Pck. Dr. Oetker Vanillin-Zucker
1 Ei (Größe M)
75 g weiche Butter oder Margarine

Für den Belag:
50 g Belegkirschen
50 g Butter
50 g Zucker
2 EL flüssiger Honig
125 g Schlagsahne
100 g gehobelte Mandeln
100 g gehobelte Haselnusskerne
2 EL gemahlene Haselnusskerne

Für den Guss:
100 g Zartbitter-Schokolade

Zubereitungszeit: 40 Minuten, ohne Abkühlzeit
Backzeit: 18–20 Minuten

1. Den Backofen vorheizen.
Ober-/Unterhitze: etwa 180 °C
Heißluft: etwa 160 °C

2. Für den Teig Mehl in eine Rührschüssel geben. Restliche Zutaten hinzufügen und mit Handrührgerät mit Knethaken zunächst kurz auf niedrigster, dann auf höchster Stufe gut durcharbeiten. Anschließend den Teig auf einer leicht bemehlten Arbeitsfläche zu einem glatten Teig verkneten, zu einer Kugel formen.

3. Den Teig portionsweise dünn ausrollen und runde Plätzchen (Ø etwa 5 cm) ausstechen. Die Teigtaler auf Backbleche (mit Backpapier belegt) legen. Die Backbleche nacheinander (bei Heißluft zusammen) in den vorgeheizten Backofen schieben. Die Plätzchen **etwa 8 Minuten je Backblech hellbraun vorbacken.**

4. Die vorgebackenen Plätzchen auf den Backblechen auf Kuchenrosten erkalten lassen.

5. Für den Belag Belegkirschen in Stücke schneiden. Butter mit Zucker und Honig in einem kleinen Topf unter Rühren zerlassen und etwas bräunen lassen. Sahne hinzufügen. So lange rühren, bis der Zucker gelöst ist.

6. Mandeln, Haselnusskerne und klein geschnittene Belegkirschen hinzugeben, unter Rühren zum Kochen bringen und so lange unter Rühren bei schwacher Hitze kochen lassen, bis die Masse gebunden ist. Den Topf von der Kochstelle nehmen. Die Masse etwa 10 Minuten abkühlen lassen, dann mit 2 Teelöffeln auf den erkalteten Plätzchen verteilen.

7. Die Backbleche wieder in den vorgeheizten Backofen schieben. Die Plätzchen **bei gleicher Backofentemperatur weitere 10–12 Minuten backen.**

8. Die Plätzchen mit dem Backpapier von den Backblechen auf Kuchenroste ziehen, erkalten lassen.

9. Für den Guss Schokolade in Stücke brechen, in einem kleinen Topf im heißen Wasserbad bei schwacher Hitze unter Rühren schmelzen. Die Plätzchen auf der Unterseite dünn mit der Schokolade bestreichen, auf Backpapier legen. Schokolade fest werden lassen.

Fondant-Tannenbäume | Mit Alkohol

etwa 12 Stück

Pro Stück:
E: 9 g, F: 20 g, Kh: 179 g, kJ: 4008, kcal: 958

Für den Teig:

1 kg gehackte Trockenfrüchte nach Geschmack
50 ml Weinbrand
250 g weiche Butter
1 Prise Salz
1 TL gemahlener Zimt
je ½ TL Muskatnuss, Nelken, Kardamom (alles gemahlen)
300 g brauner Zucker (Kandisfarin)
1 ½ EL Zuckerrübensirup (Rübenkraut)
4 Eier (Größe L)
500 g Weizenmehl
1 ½ gestr. TL Dr. Oetker Backin

Zum Verzieren:

2 Eiweiß (Größe L)
500 g gesiebter Puderzucker
etwas grüne Speisefarbe
300 g Rollfondant
½ Eiweiß (Größe L)
etwas grüner und weißer Zucker

Zubereitungszeit: 50 Minuten, ohne Durchzieh- und Abkühlzeit
Backzeit: etwa 75 Minuten

1. Für den Teig Trockenfrüchte mit Weinbrand in einer großen Schüssel vermischen und zugedeckt mindestens 1 Stunde durchziehen lassen.

2. Einen Backrahmen (etwa 20 x 24 cm) auf ein Backblech (gefettet, mit Backpapier belegt) stellen.

3. Den Backofen vorheizen.
Ober-/Unterhitze: etwa 180 °C

4. Die weiche Butter und Gewürze in eine Rührschüssel geben und mit Handrührgerät mit Rührbesen auf höchster Stufe etwa 4 Minuten sehr schaumig schlagen. Zucker und Zuckerrübensirup unterrühren.

5. Die Eier nach und nach unterrühren (jedes Ei etwa ½ Minute). Mehl mit Backpulver mischen, in 2 Portionen unter den Teig heben. Die marinierten Früchte vorsichtig untermischen.

6. Den Teig in den Backrahmen auf das Backblech geben und glatt streichen. Das Backblech in den vorgeheizten Backofen schieben. **Die Backofentemperatur auf Ober-/Unterhitze: etwa 150 °C herunterschalten.** Den Kuchen **etwa 75 Minuten backen.**

7. Backblech auf einen Kuchenrost stellen. Kuchen etwa 10 Minuten abkühlen lassen, Backrahmen lösen und entfernen. Den Kuchen in etwa 5 x 8 cm große Stücke schneiden. Backpapier entfernen.

8. Zum Verzieren Eiweiß mit Puderzucker zu einer dickflüssigen Masse verrühren. Mit Speisefarbe einfärben. Die Kuchenstücke damit überziehen. Guss trocknen lassen.

9. Rollfondant auf einer leicht mit Puderzucker bestäubten Arbeitsfläche etwa ½ cm dick ausrollen. Mit einer Ausstechform Tannenbäume ausstechen und dünn mit verschlagenem Eiweiß bestreichen. Die Tannenbäume mit grünem und weißem Zucker bestreuen. Die Tannenbäume auf die Kuchenstücke (auf den noch leicht feuchten Guss) legen.

Tipp: Rollfondant erhalten Sie z. B. bei Dr. Oetker Collection/Back-Club oder www. Tortissimo.de.

Frischkäsekekse | Für Gäste

etwa 60 Stück

Pro Stück:
E: 1 g, F: 4 g, Kh: 3 g, kJ: 213, kcal: 51

Für den Rührteig:

200 g Doppelrahm-Frischkäse
50 g weiches Butterschmalz
120 g Zucker
1 Pck. Dr. Oetker Vanillin-Zucker
3 Tropfen Bittermandel-Aroma
1 Eiweiß (Größe M)
50 g Weizenmehl
1 Msp. Dr. Oetker Backin
200 g abgezogene, gemahlene Mandeln
½ Pck. Dr. Oetker Finesse Geriebene Zitronenschale

Zum Bestäuben:

2–3 EL Puderzucker

Zubereitungszeit: 30 Minuten
Backzeit: etwa 12 Minuten je Backblech

1. Für den Rührteig Frischkäse und Butterschmalz in einer Rührschüssel mit Handrührgerät mit Rührbesen auf höchster Stufe geschmeidig rühren. Nach und nach Zucker, Vanillin-Zucker und Aroma unterrühren. So lange rühren, bis eine gebundene Masse entstanden ist. Eiweiß unterrühren.

2. Mehl mit Backpulver, Mandeln und Zitronenschale mischen, in 2 Portionen auf mittlerer Stufe unterrühren.

3. Den Backofen vorheizen.
Ober-/Unterhitze: etwa 200 °C
Heißluft: etwa 180 °C

4. Den Teig mit 2 Teelöffeln in kleinen Häufchen mit etwas Abstand auf 2 Backbleche (gefettet, mit Backpapier belegt) setzen. Die Backbleche nacheinander (bei Heißluft zusammen) in den vorgeheizten Backofen schieben. Die Kekse **etwa 12 Minuten je Backblech backen.**

5. Die heißen Kekse dick mit Puderzucker bestäuben und mit dem Backpapier von den Backblechen auf Kuchenroste ziehen. Kekse erkalten lassen.

Frucht-Bärentatzen

Raffiniert – mit Alkohol

etwa 70 Stück

Insgesamt:
E: 28 g, F: 107 g, Kh: 419 g, kJ: 11584, kcal: 2769

Für den Rührteig:

100 g weiche Butter oder Margarine
50 getrocknete Mangostreifen
50 g Orangeat
50 g Zitronat (Sukkade)
100 g feiner Zucker
1 Pck. Dr. Oetker Vanillin-Zucker
4 Tropfen Zitronen-Aroma
2 Eier (Größe M)
100 g Weizenmehl
1 gestr. TL Dr. Oetker Backin
1 EL Apfel-Mango-Saft oder Orangenlikör

Für den Guss:

125 g gesiebter Puderzucker
2 EL Apfel-Mango-Saft

evtl. einige Gold-Zucker-Perlen

Außerdem:

Bärentatzen- oder Madeleine-Formen (20er Backblech etwa 39 x 13 cm)

Zubereitungszeit: 35 Minuten, ohne Abkühlzeit
Backzeit: 12–15 Minuten je Form

1. Für den Teig Butter oder Margarine in einem Topf zerlassen, in eine Rührschüssel geben und abkühlen, aber nicht fest werden lassen. Mangostreifen in sehr kleine Würfel schneiden. Orangeat und Zitronat ebenfalls klein würfeln.

2. Den Backofen vorheizen.
Ober-/Unterhitze: etwa 180 °C
Heißluft: etwa 160 °C

3. Die Butter oder Margarine mit Handrührgerät mit Rührbesen auf höchster Stufe weiß-schaumig schlagen. Nach und nach Zucker und Vanillin-Zucker unterrühren. So lange rühren, bis eine gebundene Masse entstanden ist. Zitronen-Aroma unterrühren.

4. Die Eier nach und nach unterrühren (jedes Ei etwa ½ Minute). Mehl mit Backpulver mischen, in 2 Portionen auf mittlerer Stufe unterrühren. Saft oder Orangenlikör mit den Fruchtwürfeln unterheben.

5. Jeweils 1 Teelöffel Teig in die Vertiefungen der Tatzen- oder Madeleineformen (gefettet, gemehlt) geben. Die Formen nacheinander (bei Heißluft 2 Formen zusammen) auf dem Rost in den vorgeheizten Backofen schieben. Die Bärentatzen **12–15 Minuten je Form backen.**

6. Die Formen auf mit Backpapier belegte Kuchenroste stürzen.

7. Für den Guss Puderzucker mit Saft zu einer dickflüssigen Masse verrühren. Die Bärentatzen sofort auf der geformten Seite mit dem Guss bestreichen. Nach Belieben mit Gold-Zucker-Perlen garnieren. Die Bärentatzen erkalten, den Guss fest werden lassen.

Früchtekuchen | Klassisch

etwa 15 Stücke

Pro Stück:
E: 4 g, F: 7 g, Kh: 32 g, kJ: 887, kcal: 212

Für den Teig:

100 g Haselnusskerne
100 g getrocknete Feigen
100 g Zitronat (Sukkade)
2 Eier (Größe M)
100 g Zucker
1 Pck. Dr. Oetker Vanillin-Zucker
½ Röhrchen Rum-Aroma
1 Msp. gemahlener Zimt
200 g Rosinen
50 g gehackte Mandeln
100 g Weizenmehl
40 g Speisestärke
1 gestr. TL Dr. Oetker Backin

Zubereitungszeit: 30 Minuten, ohne Abkühlzeit
Backzeit: etwa 75 Minuten

1. Den Backofen vorheizen.
Ober-/Unterhitze: etwa 180 °C
Heißluft: etwa 160 °C

2. Für den Teig Haselnusskerne grob hacken. Von den Feigen die Stiele abschneiden. Zitronat und Feigen in Würfel schneiden. Die Eier in einer Rührschüssel mit Handrührgerät mit Rührbesen auf höchster Stufe schaumig schlagen. Nach und nach den Zucker und Vanillin-Zucker hinzugeben. So lange schlagen, bis eine cremige Masse entstanden ist.

3. Aroma und Zimt unterrühren. Die Haselnusskerne, Zitronat- und Feigenwürfel mit Rosinen und Mandeln kurz unter die Eiercreme rühren.

4. Mehl mit Speisestärke und Backpulver mischen, in 2 Portionen auf mittlerer Stufe unterrühren. Den Teig in eine Kastenform (25 x 11 cm, gefettet, mit Backpapier ausgelegt) füllen und glatt streichen.

5. Die Form auf dem Rost in den vorgeheizten Backofen (unteres Drittel) schieben. Den Kuchen **etwa 75 Minuten backen.**

6. Die Form auf einen Kuchenrost stellen. Den Früchtekuchen etwa 10 Minuten in der Form stehen lassen, dann aus der Form lösen und auf einen Kuchenrost stürzen. Das Backpapier vorsichtig abziehen. Kuchen wieder umdrehen und erkalten lassen.

Tipps: Den Früchtekuchen nach Belieben zusätzlich mit Puderzucker- oder Schokoladenguss (aus 100 g geschmolzener Schokolade mit 1 Teelöffel Speiseöl verrührt) überziehen (Foto). Der Früchtekuchen ist gut verpackt und gekühlt 3–4 Wochen haltbar.

Früchteplätzchen | Einfach

etwa 80 Stück

Pro Stück:
E: 1 g, F: 4 g, Kh: 6 g, kJ: 257, kcal: 61

Für den Rührteig:

250 g weiche Butter oder Margarine
150 g Zucker
1 Pck. Dr. Oetker Vanillin-Zucker
3 Eigelb (Größe M)
300 g Weizenmehl
1 ½ geh. TL Dr. Oetker Backin
3 EL Zitronensaft
100 g gehobelte Haselnusskerne
75 g Korinthen
50 g gehacktes Zitronat (Sukkade)

etwas Puderzucker

Zubereitungszeit: 40 Minuten
Backzeit: etwa 15 Minuten je Backblech

1. Den Backofen vorheizen.
Ober-/Unterhitze: etwa 180 °C
Heißluft: etwa 160 °C

2. Für den Teig Butter oder Margarine mit Handrührgerät mit Rührbesen auf höchster Stufe geschmeidig rühren. Nach und nach Zucker und Vanillin-Zucker unterrühren. So lange rühren, bis eine gebundene Masse entstanden ist.

3. Eigelb nach und nach unterrühren (jedes Eigelb knapp ½ Minute). Das Mehl mit Backpulver mischen, abwechselnd in 2 Portionen mit dem Zitronensaft auf mittlerer Stufe unterrühren. Haselnusskerne, Korinthen und Zitronat unterrühren.

4. Von dem Teig mit 2 Teelöffeln Häufchen mit Abstand auf Backbleche (gefettet, mit Backpapier belegt) setzen.

5. Die Backbleche nacheinander (bei Heißluft zusammen) in den vorgeheizten Backofen schieben. Die Plätzchen **etwa 15 Minuten je Backblech backen.**

6. Die Früchteplätzchen mit dem Backpapier von den Backblechen auf Kuchenroste ziehen. Die heißen Früchteplätzchen sofort mit Puderzucker bestäuben. Früchteplätzchen erkalten lassen.

Tipp: Die Früchteplätzchen sind in gut schließenden Dosen etwa 3 Wochen haltbar.

Früchtestreifen I

Für Gäste – mit Alkohol – ohne zu backen

etwa 50 Stück

Insgesamt:

E: 33 g, F: 116 g, Kh: 262 g, kJ: 9628, kcal: 2300

Für den Teig:

100 g getrocknete, gezuckerte Mango (erhältlich im Reformhaus)
50 g getrocknete Papaya (erhältlich im Reformhaus)
50 g Marzipan-Rohmasse
2 EL Rum
je 100 g Zartbitter-, weiße und Vollmilch-Schokolade

Zubereitungszeit: 40 Minuten, ohne Durchzieh- und Gefrierzeit

1. Für die Konfektmasse Mango, Papaya und Marzipan in sehr kleine Würfel schneiden, in einer Schüssel mischen, mit Rum beträufeln und zugedeckt etwa 30 Minuten durchziehen lassen.

2. Zartbitter-Schokolade in Stücke brechen, in einem kleinen Topf im heißen Wasserbad bei schwacher Hitze unter Rühren schmelzen. Die flüssige Schokolade in eine Kastenform (25 x 11 cm, mit Backpapier ausgelegt) geben und verstreichen. Die Form leicht aufklopfen, bis die Schokolade glatt wird. Die Hälfte der Fruchtmischung vorsichtig mit einer Gabel auf der Schokolade verteilen.

3. Weiße Schokolade ebenfalls schmelzen und mit einem Esslöffel vorsichtig in Streifen auf die Fruchtmischung geben, dabei die Form wieder leicht aufklopfen. Die restliche Fruchtmischung vorsichtig auf die Schokolade geben. Zuletzt Vollmilch-Schokolade schmelzen und vorsichtig mithilfe eines Esslöffels auf der Fruchtmischung verteilen.

4. Die Form etwa 10 Minuten in den Gefrierschrank stellen, bis die Schokolade fest geworden ist. Schokoladenplatte mit dem Backpapier aus der Form heben und das Backpapier entfernen. Die Platte einmal der Länge nach durchschneiden, sodass zwei lange Streifen (etwa 25 x 5,5 cm) entstehen. Die Streifen in etwa 1 cm dicke Scheiben schneiden. Das Konfekt gut verpackt kalt aufbewahren.

Gefüllte Lebkuchen | Mit Alkohol

etwa 25 Stück

Pro Stück:
E: 3 g, F: 4 g, Kh: 60 g, kJ: 1243, kcal: 297

Für den Teig:
3 EL Wasser
70 g Zuckerrübensirup (Rübenkraut)
180 g flüssiger Honig
50 g Zucker
1 Ei (Größe M)
2 TL Lebkuchengewürz
1 gestr. TL Natron
350 g Weizenmehl (Type 550)

Für die Füllung:
160 g getrocknete Apfelscheiben
3 EL Wasser
30 g Sultaninen
3 EL Rum
200 g Aprikosenkonfitüre
200 g Marzipan-Rohmasse
20 g Puderzucker

Für den Guss:
600 g gesiebter Puderzucker
100 ml Glühwein

Zum Garnieren:
100 g Marzipan-Rohmasse
20 g Puderzucker
einige bunte Zuckerstreusel

Zubereitungszeit: 60 Minuten,
ohne Kühl- und Durchziehzeit
Backzeit: etwa 10 Minuten

1. Für den Teig Wasser mit Zuckerrübensirup, Honig und Zucker in einem Topf aufkochen lassen. Den Topf von der Kochstelle nehmen. Honigmasse etwas abkühlen lassen und in eine Rührschüssel geben. Die Honigmasse auf Zimmertemperatur abkühlen lassen. Dann Ei, Lebkuchengewürz und Natron unterrühren. Mehl mit den Händen unter die Honigmasse kneten. Den Teig in Frischhaltefolie gewickelt etwa 2 Stunden in den Kühlschrank stellen.

2. Den Backofen vorheizen.
Ober-/Unterhitze: etwa 180 °C
Heißluft: etwa 160 °C

3. Teig kurz durchkneten, auf einer leicht bemehlten Arbeitsfläche zu einem Rechteck (etwa 20 x 40 cm) ausrollen und auf ein Backblech (mit Backpapier belegt) legen. Die Teigplatte mehrmals mit einer Gabel einstechen. Das Backblech in den vorgeheizten Backofen schieben. Die Gebäckplatte **etwa 10 Minuten backen.**

4. Die Lebkuchenplatte mit dem Backpapier vom Backblech auf einen Kuchenrost ziehen. Lebkuchenplatte erkalten lassen.

5. Für die Füllung die Apfelscheiben fein hacken und in einen Topf geben. 3 Esslöffel Wasser, Sultaninen, Rum und Aprikosenkonfitüre (2 Esslöffel der Konfitüre abnehmen und beiseitestellen) hinzufügen und unter Rühren aufkochen lassen. Den Topf von der Kochstelle nehmen.

6. Die Lebkuchenplatte in der Mitte durchschneiden, sodass ein Quadrat (etwa 20 x 20 cm) entsteht. Auf einer Lebkuchenhälfte die Apfelfüllung gleichmäßig verteilen. Die zweite Lebkuchenhälfte darauflegen und etwas festdrücken. Die Lebkuchenoberfläche mit der beiseitegestellten Aprikosenkonfitüre bestreichen.

7. Marzipan in Stücke schneiden, durchkneten und auf einer mit Puderzucker bestäubten Arbeitsfläche zu einem Quadrat (etwa 20 x 20 cm) ausrollen. Auf den gefüllten Lebkuchen legen. Den gefüllten Lebkuchen zunächst in Backpapier, dann in Frischhaltefolie einschlagen. Mit einem schweren Holzbrett beschweren und 5–6 Stunden durchziehen lassen.

8. Den gefüllten Lebkuchen in etwa 4 x 4 cm große Würfel schneiden.

9. Für den Guss Puderzucker mit Glühwein zu einer dickflüssigen Masse verrühren. Die Lebkuchenwürfel damit überziehen. Dafür die Würfel kopfüber in die Puderzuckerglasur tauchen und mit einer Gabel auf ein Gitter setzen. Abgetropfte Puderzuckerglasur auffangen und wiederverwenden.

10. Zum Garnieren Marzipan in Stücke schneiden, durchkneten und auf einer mit Puderzucker bestäubten Arbeitsfläche dünn ausrollen. Aus der Marzipanplatte mit einem Sternausstecher etwa 25 Sterne ausstechen. Lebkuchenwürfel mit bunten Zuckerstreuseln bestreuen und mit je einem Marzipanstern garnieren.

Tipps: Die gefüllten Lebkuchen sind in einer gut schließenden Dose (nicht stapeln) etwa 1 Woche haltbar. Wenn der Guss etwas kräftiger in der Farbe sein soll, etwas rote Speisefarbe unter den Guss rühren. Sie können das Marzipan auch mit Speisefarbe einfärben und beliebige Motive ausstechen.

Geschenkpäckchen

Zum Verschenken – mit Alkohol

6 Stück

Pro Stück:
E: 4 g, F: 12 g, Kh: 22 g, kJ: 889, kcal: 212

Für den Knetteig:
125 g Weizenmehl
40 g Zucker
75 g Butter oder Margarine
1 EL Wasser

Für den All-in-Teig:
100 g Pinienkerne
100 g Edelbitter-Schokolade

250 g Weizenmehl
3 gestr. TL Dr. Oetker Backin
2 gestr. EL gesiebtes Kakaopulver
1 Pck. Gala Schokoladen-Pudding-Pulver
50 g brauner Zucker (Kandisfarin)
2 Pck. Dr. Oetker Bourbon-Vanille-Zucker
2–3 EL Rum
4 Eier (Größe M)
100 g flüssiger Honig, klar
175 ml Speiseöl
2 EL Milch

Zum Bestreichen und Garnieren:
4 EL Brombeergelee
1 EL Rotwein
200 g Marzipan-Rohmasse
30 g gesiebter Puderzucker

Für den Guss:
75 g gesiebter Puderzucker
etwa 2 EL Zitronensaft

Zubereitungszeit: 40 Minuten, ohne Kühlzeit
Backzeit: etwa 30 Minuten

1. Für den Knetteig Mehl in eine Rührschüssel geben. Restliche Zutaten hinzufügen und mit Handrührgerät mit Knethaken zunächst kurz auf niedrigster, dann auf höchster Stufe gut durcharbeiten. Anschließend auf einer leicht bemehlten Arbeitsfläche zu einem glatten Teig verkneten. Den Teig in Frischhaltefolie gewickelt etwa 30 Minuten kalt stellen.

2. Für den All-in-Teig die Pinienkerne in einer Pfanne ohne Fett unter Rühren hellbraun rösten, herausnehmen und auf einem Teller erkalten lassen. Schokolade in kleine Stücke hacken.

3. Den Backofen vorheizen.
Ober-/Unterhitze: etwa 180 °C
Heißluft: etwa 160 °C

4. Mehl mit Backpulver, Kakao und Pudding-Pulver mischen, in eine Rührschüssel geben. Die restlichen Zutaten hinzufügen und mit Handrührgerät mit Rührbesen auf höchster Stufe in etwa 1 Minute zu einem glatten Teig verarbeiten. Pinienkerne und Schokoladenstücke kurz unterrühren.

5. Den Knetteig auf einem Backblech (gefettet) zu einem Rechteck (etwa 24 x 36 cm) ausrollen. Einen Backrahmen darumstellen und den Knetteigboden mit 1 Esslöffel Brombeergelee bestreichen. Den All-in-Teig daraufgeben und glatt streichen. Das Backblech in den vorgeheizten Backofen schieben. Die Gebäckplatte **etwa 30 Minuten backen.**

6. Das Backblech auf einen Kuchenrost stellen. Die Gebäckplatte erkalten lassen, vom Backblech lösen und 6 Quadrate (jeweils etwa 12 x 12 cm) daraus schneiden.

7. Restliches Gelee mit Rotwein unter Rühren kräftig aufkochen lassen. Die Gebäckoberflächen und -seiten damit bestreichen.

8. Zum Garnieren das Marzipan mit Puderzucker verkneten. Gut drei Viertel des Marzipans zwischen 2 Lagen Frischhaltefolie dünn zu einem Rechteck (etwa 12 x 48 cm) ausrollen und mit einem Teigrädchen in 6 Streifen (je 2 x 48 cm) schneiden. Die Marzipanstreifen um die Gebäckränder legen. Das restliche Marzipan ebenfalls dünn ausrollen und verschiedene Weihnachtsmotive ausstechen. Die Geschenkpäckchen damit garnieren.

9. Für den Guss Puderzucker mit Zitronensaft zu einer dünnflüssigen Masse verrühren. Die Marzipanstreifen und -motive mithilfe eines Backpinsels dünn mit dem Guss bestreichen. Den Guss fest werden lassen.

Tipps: Die Geschenkpäckchen nach Belieben mit Zuckerperlen garnieren. Wer mag, kann die Geschenkpäckchen mit farbigem Dekor-Zucker oder Zuckerschrift verzieren.

Gewürz-Früchtestern mit Datteln

Raffiniert – mit Alkohol

Insgesamt:
E: 164 g, F: 588 g, Kh: 1545 g, kJ: 53211, kcal: 12712

Für den Rührteig:
200 g weiche Butter oder Margarine
250 g Zucker
2 Pck. Dr. Oetker Vanillin-Zucker
2 EL Rum
je 2 Msp. gemahlener Zimt, gemahlene Nelken und Muskatblüte (Macis)
4 Eier (Größe M)
400 g Weizenmehl
100 g Speisestärke
4 gestr. TL Dr. Oetker Backin
250 g Schlagsahne
100 g Belegkirschen
200 g getrocknete Aprikosen
50 g Korinthen
100 g gewürfeltes Zitronat (Sukkade)

Für den Guss:
300 g weiße Kuvertüre
gut 1 EL Speiseöl

Für die gefüllten Datteln:
300 g weiße Kuvertüre
100 g Butter
500 g getrocknete Datteln

Zubereitungszeit: 50 Minuten, ohne Kühlzeit
Backzeit: 25–30 Minuten

1. Für den Teig Butter oder Margarine mit Handrührgerät mit Rührbesen auf höchster Stufe geschmeidig rühren. Nach und nach Zucker, Vanillin-Zucker, Rum und Gewürze hinzufügen. So lange rühren, bis eine gebundene Masse entstanden ist.

2. Die Eier nach und nach unterrühren (jedes Ei etwa 1/2 Minute). Mehl mit Speisestärke und Backpulver mischen, abwechselnd in 2 Portionen mit der Sahne auf mittlerer Stufe unterrühren.

3. Die Belegkirschen und Aprikosen klein schneiden, zusammen mit Korinthen und Zitronat unter den Teig rühren.

4. Den Backofen vorheizen.
Ober-/Unterhitze: etwa 180 °C
Heißluft: etwa 160 °C

5. Den Teig auf ein Backblech (30 x 40 cm, gefettet, mit Backpapier belegt) geben und glatt streichen.

6. Das Backblech in den vorgeheizten Backofen schieben. Die Gebäckplatte **25–30 Minuten backen.**

7. Das Backblech auf einen Kuchenrost stellen. Die Gebäckplatte erkalten lassen.

8. Für den Guss die Kuvertüre in Stücke hacken, mit Speiseöl in einem kleinen Topf im heißen Wasserbad bei schwacher Hitze unter Rühren schmelzen.

9. Die Gebäckplatte mit dem Guss überziehen, fest werden lassen.

10. Anschließend die Hälfte der Gebäckplatten nach Belieben in 8 Dreiecke schneiden und als Stern auf einer Platte anrichten. Restliches Gebäck in beliebig große Stücke schneiden.

11. Für die gefüllten Datteln Kuvertüre in Stücke hacken, in einem kleinen Topf im heißen Wasserbad bei schwacher Hitze unter Rühren schmelzen.

12. Die Kuvertüre in eine Rührschüssel geben. Butter unterrühren und mit Handrührgerät mit Rührbesen zu einer Creme aufschlagen.

13. Die Datteln entsteinen. Die Creme in einen Spritzbeutel mit kleiner Lochtülle füllen und in die Datteln spritzen. Kalt stellen.

14. Den Früchtestern mit den gut gekühlten Datteln garnieren.

Tipps: Der Kuchen ist ohne Datteln gefriergeeignet. Weiße Kuvertüre schmeckt am besten, wenn sie gut gekühlt serviert wird. Sie schmeckt sonst oft zu süß.

Gewürz-Karamell-Kuchen | Raffiniert

Insgesamt:
E: 49 g, F: 161 g, Kh: 502 g, kJ: 15694, kcal: 3749

Für den Schüttelteig:
170 g Butter oder Margarine
250 g Weizenmehl
2 gestr. TL Dr. Oetker Backin
120 g brauner Zucker (Kandisfarin)
1 TL gemahlener Zimt
½ TL gemahlene Muskatblüte (Macis)
½ TL gemahlener Ingwer
2 Eier (Größe M)
2 EL heller Sirup (40 g)
125 ml (⅛ l) Milch

Für den Karamellsirup:
1 Vanilleschote
150 g Zucker
80 ml Zitronensaft
60 ml Wasser
abgeriebene Schale von
1 Bio-Zitrone
(unbehandelt, ungewachst)
4 grüne Kardamomkapseln
1 Stange Zimt

Zubereitungszeit: 50 Minuten, ohne Abkühlzeit
Backzeit: etwa 45 Minuten

1. Den Backofen vorheizen.
Ober-/Unterhitze: etwa 180 °C
Heißluft: etwa 160 °C

2. Für den Teig Butter oder Margarine zerlassen und abkühlen lassen. Mehl mit Backpulver mischen, in eine verschließbare Schüssel (etwa 3-Liter-Inhalt) geben. Mit Zucker, Zimt, Muskat und Ingwer mischen. Eier, Butter oder Margarine, Sirup und Milch hinzufügen. Die Schüssel mit dem Deckel fest verschließen, mehrmals (insgesamt 15–30 Sekunden) kräftig schütteln, sodass alle Zutaten gut vermischt sind.

3. Alles mit einem Schneebesen oder Rührlöffel nochmals sorgfältig durchrühren, damit trockene Zutaten vom Rand mit untergerührt werden. Den Teig in eine Gugelhupfform (Ø 22 cm, gefettet, gemehlt) füllen und glatt streichen. Die Form auf dem Rost in den vorgeheizten Backofen schieben. Den Kuchen **etwa 45 Minuten backen.**

4. Für den Karamellsirup in der Zwischenzeit Vanilleschote längs aufschneiden. Das Mark mit einem Messerrücken herausschaben. Zucker in einem Topf bei mittlerer Hitze goldgelb karamellisieren lassen. Mit Zitronensaft und Wasser ablöschen. So lange rühren, bis sich der Karamell wieder aufgelöst hat. Zitronenschale, Kardamomkapseln, Zimtstange, Vanillemark und -schote hinzufügen. Die Zutaten zum Kochen bringen und etwa 3 Minuten kochen lassen.

5. Die Form auf einen Kuchenrost stellen. Den Kuchen etwa 10 Minuten in der Form stehen lassen, dann aus der Form lösen und auf einen mit Backpapier belegten Kuchenrost stürzen. Den Kuchen mehrmals mit einem Holzstäbchen einstechen. Den Kuchenrost mit dem Kuchen auf eine Platte stellen. Vanilleschote, Kardamomkapseln und Zimtstange aus dem Sirup entfernen. Kuchen mit dem Sirup beträufeln. Abgetropften Sirup wieder über den Kuchen träufeln, bis alles aufgesogen ist. Kuchen erkalten lassen.

Tipp: Vanilleschote in die Gugelhupfform legen. Den Teig in die Form füllen und backen (Foto).

Gewürzkuchen | Beliebt

Insgesamt:
E: 88 g, F: 203 g, Kh: 422 g, kJ: 16783, kcal: 4007

Für den Rührteig:

200 g	*weiche Butter oder Margarine*
150 g	*flüssiger Honig*
1 Prise	*Salz*
1 EL	*gemahlener Zimt*
1 TL	*gemahlener Piment (Nelkenpfeffer)*
1 TL	*Lebkuchengewürz*
1 Msp.	*gemahlene Nelken*
	frisch geriebene Muskatnuss
	abgeriebene Schale von
½	*Bio-Zitrone (unbehandelt, ungewachst)*
3	*Eier (Größe M)*
450 g	*Vollkorn-Weizenmehl*
1 Pck.	*Dr. Oetker Backin*
2 gestr. EL	*gesiebtes Kakaopulver*
125 ml (⅛ l)	*Milch*

Zubereitungszeit: 30 Minuten
Backzeit: etwa 50 Minuten

1. Den Backofen vorheizen.
Ober-/Unterhitze: etwa 180 °C
Heißluft: etwa 160 °C

2. Für den Teig Butter oder Margarine mit Honig in einer Rührschüssel mit Handrührgerät mit Rührbesen auf höchster Stufe geschmeidig rühren. Salz, Gewürze und Zitronenschale unterrühren. So lange rühren, bis eine gebundene Masse entstanden ist.

3. Die Eier nach und nach unterrühren (jedes Ei etwa ½ Minute). Mehl mit Backpulver und Kakao mischen, in 2 Portionen abwechselnd mit der Milch auf mittlerer Stufe unterrühren.

4. Den Teig in eine große Kastenform (35 x 11 cm, gefettet, mit Backpapier ausgelegt) geben und glatt streichen.

5. Die Form auf dem Rost in den vorgeheizten Backofen schieben. Kuchen **etwa 50 Minuten backen.**

6. Die Form auf einen Kuchenrost stellen. Den Kuchen etwa 10 Minuten in der Form stehen lassen, dann aus der Form lösen und auf dem Kuchenrost erkalten lassen.

Gewürz-Muffins | Mit Alkohol

12 Stück

Pro Stück:
E: 4 g, F: 10 g, Kh: 33 g, kJ: 1059, kcal: 253

Zum Vorbereiten:
200 g getrocknete Aprikosen
4 EL Rum

Für den Rührteig:
125 g weiche Butter oder Margarine
125 g Zucker
1 Pck. Dr. Oetker Vanillin-Zucker
1 Prise Salz
2 Eier (Größe M)
200 g Weizenmehl
½ Pck. Dr. Oetker Backin
½ TL gemahlener Zimt
¼ TL gemahlener Kardamom
1 Msp. Lebkuchengewürz
1 kleine Msp. gemahlene Nelken

Zum Garnieren und Bestäuben:
einige hauchdünne Schokoladentäfelchen
etwas Puderzucker

Außerdem:
12 Papierbackförmchen

Zubereitungszeit: 30 Minuten, ohne Durchzieh- und Abkühlzeit
Backzeit: etwa 20 Minuten

1. Zum Vorbereiten Aprikosen in kleine Würfel schneiden und in eine flache Schale geben. Mit Rum beträufeln, gut vermischen und 10–15 Minuten zugedeckt durchziehen lassen.

2. Den Backofen vorheizen.
Ober-/Unterhitze: etwa 200 °C
Heißluft: etwa 180 °C

3. Für den Teig Butter oder Margarine in einer Rührschüssel mit Handrührgerät mit Rührbesen geschmeidig rühren. Nach und nach Zucker, Vanillin-Zucker und Salz unterrühren. So lange rühren, bis eine gebundene Masse entstanden ist.

4. Die Eier nach und nach unterrühren (jedes Ei etwa ½ Minute). Das Mehl mit Backpulver, Zimt, Kardamom, Lebkuchengewürz und Nelken mischen, in 2 Portionen auf mittlerer Stufe unterrühren. Aprikosenwürfel mit der Rumflüssigkeit unterheben.

5. Die Papierbackförmchen in die Vertiefungen einer Muffinform (für 12 Muffins) setzen. Den Teig hineingeben und glatt streichen. Die Form auf dem Rost in den vorgeheizten Backofen schieben. Die Muffins **etwa 20 Minuten backen.**

6. Die Form auf einen Kuchenrost stellen. Die Muffins etwa 10 Minuten in der Form stehen lassen, aus der Form heben und auf dem Kuchenrost erkalten lassen.

7. Zum Garnieren Schokoladentäfelchen vorsichtig mit einem Sternausstecher ausstechen. Die Muffins damit garnieren und mit Puderzucker bestäuben.

Tipps: Den Sternausstecher mit einem Fön oder auf einer warmen Kochstelle anwärmen, dann bricht die Schokolade beim Ausstechen nicht so leicht. Man kann aber auch Schokoladensterne kaufen und in die lauwarmen Muffins stecken.

Gewürzplätzchen | Für Kinder

etwa 60 Stück

Insgesamt:
E: 36 g, F: 182 g, Kh: 320 g, kJ: 12878, kcal: 3078

Für den Knetteig:

250 g	*Weizenmehl*
½ gestr. TL	*Dr. Oetker Backin*
1 Pck.	*Dr. Oetker Finesse Weihnachtsaroma*
120 g	*Zucker*
1 Pck.	*Dr. Oetker Vanillin-Zucker*
170 g	*Butter oder Margarine*
50 g	*abgezogene, gemahlene Mandeln*
3–4 EL	*Schlagsahne*

Zubereitungszeit: 40 Minuten, ohne Kühlzeit
Backzeit: etwa 12 Minuten je Backblech

1. Für den Teig Mehl mit Backpulver in einer Rührschüssel mischen. Aroma, Zucker, Vanillin-Zucker, Butter oder Margarine, Mandeln und Sahne hinzufügen. Die Zutaten mit Handrührgerät mit Knethaken zunächst kurz auf niedrigster, dann auf höchster Stufe gut durcharbeiten.

2. Den Teig auf einer leicht bemehlten Arbeitsfläche zu einem glatten Teig verkneten. Aus dem Teig eine etwa 30 cm lange Rolle formen. Die Teigrolle in Frischhaltefolie gewickelt mindestens 3 Stunden oder über Nacht kalt stellen.

3. Den Backofen vorheizen.
Ober-/Unterhitze: etwa 180 °C
Heißluft: etwa 160 °C

4. Die Teigrolle mit einem Sägemesser in etwa ½ cm dicke Scheiben schneiden. Dabei die Rolle immer wieder drehen, damit die Scheiben gleichmäßig abgeschnitten werden (Rolle zwischendurch evtl. nochmals kalt stellen).

5. Die Teigscheiben auf Backbleche (gefettet, mit Backpapier belegt) legen. Die Backbleche nacheinander (bei Heißluft zusammen) in den vorgeheizten

Backofen schieben. Die Plätzchen **etwa 12 Minuten je Backblech backen.**

6. Die Plätzchen mit dem Backpapier von den Backblechen auf Kuchenroste ziehen. Plätzchen erkalten lassen.

Tipps: Erkaltete Gewürzplätzchen mit geschmolzener, dunkler Kuvertüre besprenkeln. Sie können die Rollen auch etwa 1 Stunde in den Gefrierschrank legen, statt sie mehrere Stunden im Kühlschrank zu kühlen. Ist die Rolle gut durchgekühlt, lässt sie sich auch gut mit einer Aufschnitt- oder Brotschneidemaschine in Scheiben schneiden. Die Gewürzplätzchen sind in gut schließenden Dosen 3–4 Wochen haltbar.

Glühwein-Dreispitze | Mit Alkohol

etwa 60 Stück

Pro Stück:
E: 1 g, F: 6 g, Kh: 12 g, kJ: 436, kcal: 104

Für den Rührteig:
250 g weiche Butter oder Margarine
250 g Zucker
1 Pck. Dr. Oetker Vanillin-Zucker
4 Eier (Größe M)
250 g Weizenmehl
1 Pck. Dr. Oetker Backin
125 ml (1/8 l) kalter Glühwein
100 g gehackte Zartbitter-Schokolade

Zum Bestreuen:
120 g gehackte Mandeln

Für die Glasur:
200 g gesiebter Puderzucker
3–4 EL Glühwein

Zubereitungszeit: 35 Minuten, ohne Abkühlzeit
Backzeit: etwa 25 Minuten

1. Den Backofen vorheizen.
Ober-/Unterhitze: etwa 200 °C
Heißluft: etwa 180 °C

2. Für den Teig die Butter oder Margarine in einer Rührschüssel mit Handrührgerät mit Rührbesen auf höchster Stufe geschmeidig rühren. Nach und nach Zucker und Vanillin-Zucker unterrühren. So lange rühren, bis eine gebundene Masse entstanden ist.

3. Die Eier nach und nach unterrühren (jedes Ei etwa 1/2 Minute). Mehl mit Backpulver mischen, abwechselnd mit dem Glühwein in 2 Portionen auf mittlerer Stufe unterrühren. Die Schokoladenstückchen unterrühren.

4. Den Teig auf ein Backblech (30 x 40 cm, gefettet, mit Backpapier belegt) geben und glatt streichen. Vor den Teig einen mehrfach geknickten Streifen Alufolie legen. Das Backblech in den vorgeheizten Backofen schieben. Gebäckplatte **etwa 25 Minuten backen.**

5. Die Gebäckplatte vom Backblechrand lösen und mit dem Backpapier vom Backblech auf einen Kuchenrost ziehen.

6. Zum Bestreuen Mandeln in einer Pfanne ohne Fett unter Rühren leicht bräunen, herausnehmen und auf einem Teller erkalten lassen.

7. Für die Glasur Puderzucker mit Glühwein zu einer dickflüssigen Masse verrühren. Die noch warme Gebäckplatte damit bestreichen und mit Mandeln bestreuen. Guss fest werden lassen.

8. Die Gebäckplatte mit einem scharfen Messer in Dreiecke schneiden.

Tipps: Das Gebäck hält sich auf dem Backblech, mit Alufolie gut zugedeckt, 2–3 Tage frisch. Die Glühwein-Dreispitze sind in einer gut schließenden Dose 2–3 Wochen haltbar.

Glühweinkuchen | Mit Alkohol

Insgesamt:
E: 96 g, F: 336 g, Kh: 864 g, kJ: 29264, kcal: 6992

Für den Glühwein:
125 ml (1/8 l) Rotwein
3 EL Zitronensaft
abgeriebene Schale von
1/2 Bio-Zitrone (unbehandelt, ungewachst)
1–2 Stangen Zimt
3 Gewürznelken
1 EL Zucker

Für den Rührteig:
150 g Zartbitter-Schokolade
300 g weiche Butter oder Margarine
300 g Zucker
1 Pck. Dr. Oetker Vanillin-Zucker
6 Eier (Größe M)
300 g Weizenmehl
3 gestr. TL Dr. Oetker Backin

Für den Guss:
250 g gesiebter Puderzucker
2–3 EL Zitronensaft

Zubereitungszeit: 40 Minuten, ohne Abkühlzeit
Backzeit: etwa 45 Minuten

1. Für den Glühwein Rotwein mit Zitronensaft, -schale, Zimtstangen, Gewürznelken und Zucker in einem Topf gut aufkochen lassen. Den Topf von der Kochstelle nehmen. Die Flüssigkeit abkühlen lassen und durch ein Sieb gießen.

2. Für den Teig Schokolade auf einer Küchenreibe fein reiben.

3. Den Backofen vorheizen.
Ober-/Unterhitze: etwa 180 °C
Heißluft: etwa 160 °C

4. Butter oder Margarine in einer Rührschüssel mit Handrührgerät mit Rührbesen geschmeidig rühren. Nach und nach den Zucker mit Vanillin-Zucker unterrühren. So lange rühren, bis eine gebundene Masse entstanden ist. Eier nach und nach unterrühren (jedes Ei etwa 1/2 Minute).

5. Das Mehl mit Backpulver mischen, abwechselnd in 2 Portionen mit dem Glühwein auf mittlerer Stufe unterrühren. Geriebene Schokolade unterheben. Den Teig in eine Napfkuchenform (Ø 22 cm, gefettet, gemehlt) geben und glatt streichen. Die Form auf dem Rost in den vorgeheizten Backofen schieben. Den Kuchen **etwa 45 Minuten backen.**

6. Die Form auf einen Kuchenrost stellen. Den Kuchen etwa 10 Minuten in der Form stehen lassen, dann aus der Form lösen und auf einen Kuchenrost stürzen. Kuchen erkalten lassen.

7. Für den Guss Puderzucker mit Zitronensaft zu einer dickflüssigen Masse verrühren. Den Kuchen mit dem Guss überziehen. Guss trocknen lassen.

Tipps: Statt den Glühwein für den Teig selbst zuzubereiten, können Sie auch 125 ml (1/8 l) fertig gekauften Glühwein verwenden. Nach Belieben etwas von dem Guss mit etwas Rotwein verrühren und auf den hellen Guss sprenkeln (Foto). Schokolade für den Teig lässt sich am besten reiben, wenn sie gut gekühlt ist.

Glühwein-Muffins | Mit Alkohol

12 Stück

Pro Stück:
E: 4 g, F: 16 g, Kh: 33 g, kJ: 1243, kcal: 297

Für den Rührteig:

75 g Zartbitter-Kuvertüre oder Zartbitter-Schokolade
175 g weiche Butter oder Margarine
175 g Zucker
1 Pck. Dr. Oetker Bourbon-Vanille-Zucker
1 Pck. Dr. Oetker Finesse Orangenschalen-Aroma
je 1 Msp. Zimt, Nelken und Kardamom (alles gemahlen)
3 Eier (Größe M)
150 g Weizenmehl
30 g Speisestärke
3 gestr. TL Dr. Oetker Backin
100 ml kalter Glühwein

Zum Bestäuben:

etwas Puderzucker

Zubereitungszeit: 25 Minuten, ohne Abkühlzeit
Backzeit: etwa 35 Minuten

1. Den Backofen vorheizen.
Ober-/Unterhitze: etwa 180 °C
Heißluft: etwa 160 °C

2. Für den Teig Kuvertüre oder Schokolade in Stücke hacken oder brechen, in einem kleinen Topf im heißen Wasserbad bei schwacher Hitze unter Rühren schmelzen, leicht abkühlen lassen. Butter oder Margarine in einer Rührschüssel mit Handrührgerät mit Rührbesen geschmeidig rühren. Nach und nach Zucker, Vanille-Zucker, Aroma und Gewürze hinzufügen. So lange rühren, bis eine gebundene Masse entstanden ist.

3. Die Eier nach und nach unterrühren (jedes Ei etwa ½ Minute). Mehl mit Speisestärke und Backpulver mischen, abwechselnd in 2 Portionen mit dem Glühwein auf mittlerer Stufe unterrühren. Zuletzt die flüssige Kuvertüre oder Schokolade unterrühren.

4. Den Teig in einer Muffinform (für 12 Muffins, gefettet, gemehlt) verteilen. Die Form auf dem Rost in den vorgeheizten Backofen schieben. Die Muffins **etwa 35 Minuten backen.**

5. Die Form auf einen Kuchenrost stellen. Muffins etwa 10 Minuten in der Form stehen lassen, dann vorsichtig aus der Form lösen, auf einem Kuchenrost erkalten lassen.

6. Nach Belieben Streifen oder beliebige Schablonen (z. B. Sterne) aus Papier ausschneiden, auf die Muffins legen und mit Puderzucker bestäuben. Streifen oder Schablonen vorsichtig abnehmen.

Abwandlung: Für **Glühwein-Muffins mit Trockenpflaumen** heben Sie zusätzlich 150 g klein geschnittene Trockenpflaumen unter den Teig.

Tipp: Besprenkeln Sie die Muffins mit einem Guss. Dazu 50 g gesiebten Puderzucker mit 1–2 Esslöffeln Glühwein zu einem dickflüssigen Guss verrühren. Die erkalteten Muffins mit einem Teelöffel mit dem Guss besprenkeln (Foto). Servieren Sie die Muffins in bunten Papierbackförmchen.

Granatsplitter | Mit Alkohol

etwa 40 Stück

Insgesamt:
E: 53 g, F: 300 g, Kh: 328 g, kJ: 17623, kcal: 4217

Für den Knetteig:

150 g Weizenmehl
1 gestr. TL Dr. Oetker Backin
50 g Zucker
1 Pck. Dr. Oetker Vanillin-Zucker
½ Fl. Rum-Aroma
2 EL Wasser
75 g Butter

Für den Belag:

125 g Kokosfett
65 g gesiebter Puderzucker
25 g gesiebtes Kakaopulver
1 Pck. Dr. Oetker Vanillin-Zucker
½ Fl. Rum-Aroma
1 Ei (Größe M)
75 g gestiftelte Mandeln

etwa 150 g Zartbitter-Kuvertüre

Zubereitungszeit: 50 Minuten, ohne Abkühlzeit
Backzeit: etwa 10 Minuten je Backblech

1. Für den Teig Mehl mit Backpulver mischen und in eine Rührschüssel geben. Zucker, Vanillin-Zucker, Aroma, Wasser und Butter hinzufügen. Die Zutaten mit Handrührgerät mit Knethaken zunächst kurz auf niedrigster, dann auf höchster Stufe gut durcharbeiten.

2. Anschließend den Teig auf einer leicht bemehlten Arbeitsfläche zu einem glatten Teig verkneten. Sollte er kleben, ihn in Frischhaltefolie gewickelt eine Zeit lang kalt stellen.

3. Den Backofen vorheizen.
Ober-/Unterhitze: etwa 200 °C
Heißluft: etwa 180 °C

4. Den Teig portionsweise auf der leicht bemehlten Arbeitsfläche dünn ausrollen. Mit einer runden Ausstechform (Ø etwa 4 cm) etwa 40 Plätzchen ausstechen. Den Teigrest zu Plätzchen ausrädern. Alle Teigplätzchen auf Backbleche (mit Backpapier belegt) legen. Die Backbleche nacheinander (bei Heißluft zusammen) in den vorgeheizten Backofen schieben. Die Plätzchen **etwa 10 Minuten je Backblech backen.**

5. Die Plätzchen mit dem Backpapier von den Backblechen auf Kuchenroste ziehen, erkalten lassen.

6. Für den Belag Kokosfett zerlassen und abkühlen lassen. Puderzucker und Kakao in einer Rührschüssel mischen. Vanillin-Zucker, Aroma und Ei hinzufügen. Nach und nach Kokosfett mit Handrührgerät mit Rührbesen unterrühren.

7. Die ausgeräderten Plätzchen in kleine Stücke brechen, mit den Mandeln unter die Kakaomasse rühren. Die Kakaomasse bergförmig auf die runden Plätzchen streichen.

8. Die Kuvertüre in Stücke hacken, in einem kleinen Topf im heißen Wasserbad bei schwacher Hitze unter Rühren schmelzen. Granatsplitter mit der Oberseite in die Kuvertüre tauchen, auf Backpapier legen und kalt stellen, damit Belag und Guss fest werden. Die Granatsplitter gekühlt servieren.

Tipp: Granatsplitter sind gut gekühlt in gut schließenden Dosen etwa 3 Wochen haltbar.

Haferflocken-Frucht-Makronen

Vollwert

etwa 40 Stück

Pro Stück:
E: 1 g, F: 1 g, Kh: 6 g, kJ: 148, kcal: 35

Für die Eiweißmasse:
2 Eiweiß (Größe M)
2 EL brauner Zucker (Kandisfarin)
4 EL Hagebuttenkonfitüre (ohne Fruchtstücke)
50 g abgezogene, gemahlene Mandeln
125 g kernige Haferflocken

Für die Füllung:
2 EL Hagebuttenkonfitüre (ohne Fruchtstücke)

Zubereitungszeit: 45 Minuten
Backzeit: etwa 25 Minuten je Backblech

1. Den Backofen vorheizen.
Ober-/Unterhitze: etwa 140 °C
Heißluft: etwa 120 °C

2. Für die Eiweißmasse das Eiweiß mit Handrührgerät mit Rührbesen auf höchster Stufe so steif schlagen, dass ein Messerschnitt sichtbar bleibt. Nach und nach Zucker und Konfitüre kurz unterschlagen. Die Mandeln und Haferflocken vorsichtig unterheben.

3. Von der Eiweißmasse mit 2 Teelöffeln Häufchen mit etwas Abstand auf 2 Backbleche (gefettet, mit Backpapier belegt) setzen. Mit einem Löffelstiel jeweils eine kleine Vertiefung in die Teighäufchen drücken. Dabei den Löffelstiel zwischendurch in Mehl tauchen.

4. Die Backbleche nacheinander (bei Heißluft zusammen) in den vorgeheizten Backofen schieben. Die Makronen **etwa 25 Minuten je Backblech backen.**

5. Die Makronen mit dem Backpapier von den Backblechen auf Kuchenroste ziehen.

6. Für die Füllung Konfitüre gut verrühren. Jeweils etwas Konfitüre in die Vertiefungen der noch heißen Makronen geben. Haferflocken-Frucht-Makronen erkalten lassen.

Tipp: Die Makronen sind in einer gut schließenden Dose etwa 2 Wochen haltbar.

Haferflockentaler | Einfach

etwa 120 Stück

Pro Stück:
E: 1 g, F: 2 g, Kh: 2 g, kJ: 121, kcal: 29

Für den Rührteig:

150 g weiche Butter oder Margarine
150 g brauner Zucker (Farinzucker)
6–8 Tropfen Rum-Aroma (aus dem Röhrchen)
2 Eier (Größe M)
200 g blütenzarte Haferflocken
150 g abgezogene, gemahlene Mandeln
1 gestr. TL Dr. Oetker Backin
1 Pck. Dr. Oetker Finesse Geriebene Zitronenschale

Zubereitungszeit: 30 Minuten, ohne Kühlzeit
Backzeit: etwa 12 Minuten je Backblech

1. Für den Rührteig die Butter oder Margarine in einer Rührschüssel mit Handrührgerät mit Rührbesen auf höchster Stufe geschmeidig rühren. Nach und nach Zucker und Aroma unterrühren. So lange rühren, bis eine gebundene Masse entsteht. Eier nach und nach unterrühren (jedes Ei etwa 1/2 Minute).

2. Haferflocken mit Mandeln, Backpulver und Zitronenschale mischen. Zwei Drittel davon auf mittlerer Stufe unterrühren. Restliches Haferflocken-Mandel-Gemisch mit den Händen auf der leicht bemehlten Arbeitsfläche unterarbeiten.

3. Den Teig zu 2 Rollen (Länge je etwa 30 cm) formen und in Frischhaltefolie gewickelt einige Stunden oder über Nacht in den Kühlschrank legen.

4. Den Backofen vorheizen.
Ober-/Unterhitze: etwa 180 °C
Heißluft: etwa 160 °C

5. Die Teigrollen mit einem Sägemesser in etwa 1/2 cm dicke Scheiben schneiden und auf Backbleche legen, evtl. etwas nachformen. Die Backbleche nacheinander (bei Heißluft zusammen) in den vorgeheizten Backofen schieben. Die Plätzchen **etwa 12 Minuten je Backblech backen.**

6. Die Plätzchen mit dem Backpapier von den Backblechen auf Kuchenroste ziehen. Plätzchen erkalten lassen.

Tipps: Statt Dr. Oetker Finesse Geriebene Zitronenschale können Sie auch Dr. Oetker Finesse Orangenschalen-Aroma verwenden. Die Haferflockenplätzchen mit geschmolzener Kuvertüre besprenkeln. Die Plätzchen müssen auf einem Kuchenrost zunächst gut auskühlen. Erst wenn sie völlig erkaltet sind, können sie zur Aufbewahrung verpackt werden. Bewahren Sie die Plätzchen kühl und trocken auf. Die Plätzchen sind in gut schließenden Dosen etwa 3 Wochen haltbar.

Hafer-Schoko-Plätzchen | Mit Alkohol

etwa 60 Stück

Pro Stück:
E: 1 g, F: 4 g, Kh: 8 g, kJ: 298, kcal: 71

Für den Rührteig:

200 g	*weiche Butter oder Margarine*
200 g	*Zucker*
2 Pck.	*Dr. Oetker Vanillin-Zucker*
1 EL	*Wasser*
2	*Eier (Größe M)*
125 g	*Weizenmehl*
½ gestr. TL	*Dr. Oetker Backin*
2 EL	*gesiebtes Kakaopulver*
250 g	*kernige Haferflocken*
50 g	*gehackte Mandeln*
2–3 EL	*Rum*

Zubereitungszeit: 45 Minuten
Backzeit: etwa 15 Minuten je Backblech

1. Für den Teig die Butter oder Margarine in einer Rührschüssel mit Handrührgerät mit Rührbesen auf höchster Stufe geschmeidig rühren. Nach und nach Zucker, Vanillin-Zucker und Wasser unterrühren. So lange rühren, bis eine gebundene Masse entstanden ist.

2. Die Eier nach und nach unterrühren (jedes Ei etwa ½ Minute). Mehl mit Backpulver und Kakao mischen, auf mittlerer Stufe unterrühren. Die Haferflocken und Mandeln esslöffelweise auf mittlerer Stufe kurz unterrühren. Rum hinzufügen.

3. Den Backofen vorheizen.
Ober-/Unterhitze: etwa 180 °C
Heißluft: etwa 160 °C

4. Den Teig mit 2 Teelöffeln in Häufchen mit etwas Abstand auf Backbleche (gefettet, mit Backpapier belegt) setzen. Teighäufchen mit dem Löffel etwas flach drücken. Die Backbleche nacheinander (bei Heißluft zusammen) in den vorgeheizten Backofen schieben. Plätzchen **etwa 15 Minuten je Backblech backen.**

5. Die Plätzchen mit dem Backpapier von den Backblechen auf Kuchenroste ziehen, erkalten lassen.

Hagebuttenkugeln | Ohne zu backen

etwa 25 Stück

Pro Stück:
E: 1 g, F: 7 g, Kh: 4 g, kJ: 355, kcal: 85

Für die Hagebuttenmasse:

2 EL Hagebuttenmark (Hiffenmark)
1 Pck. Dr. Oetker Finesse Orangenschalen-Aroma
100 g abgezogene, gemahlene Mandeln
100 g gemahlene Pistazienkerne

Zum Überziehen und Wälzen:

100 g Zartbitter-Kuvertüre
1 EL Speiseöl
1 TL abgezogene, gemahlene Mandeln
3 EL gehackte Pistazienkerne

Außerdem:
evtl. etwa 25 Papierpralinenförmchen

Zubereitungszeit: 35 Minuten, ohne Kühlzeit

1. Für die Hagebuttenmasse das Hagebuttenmark mit Orangenschalen-Aroma, Mandeln und Pistazienkernen in einer Schüssel gut verrühren. Aus der Masse kleine Kugeln formen. Die Hagebuttenkugeln kalt stellen und etwas fest werden lassen.

2. Zum Überziehen und Wälzen Kuvertüre in Stücke hacken, mit Speiseöl in einem kleinen Topf im heißen Wasserbad bei schwacher Hitze unter Rühren schmelzen. Die Hagebuttenkugeln mithilfe von 2 Gabeln in die Kuvertüre tauchen, abstreifen und auf einen mit Backpapier belegten Kuchenrost legen. Mandeln mit Pistazienkernen in einem Teller mischen. Die mit Kuvertüre überzogenen, noch feuchten Kugeln darin wälzen.

3. Hagebuttenkugeln auf dem Backpapier oder einem Kuchenrost fest werden lassen. Die Hagebuttenkugeln nach Belieben in kleine Papierpralinenförmchen geben und kalt aufbewahren.

Tipps: Die Kugeln können statt in den Pistazienkernen auch nur in gehackten, leicht gebräunten Mandeln gewälzt werden. Die Hagebuttenkugeln sind zugedeckt und kalt gestellt etwa 8 Tage haltbar.

Halbmonde | Einfach

etwa 65 Stück

Pro Stück:
E: 1 g, F: 4 g, Kh: 6 g, kJ: 261, kcal: 62

Für den Knetteig:
250 g Weizenmehl
½ gestr. TL Dr. Oetker Backin
125 g Zucker
1 Pck. Dr. Oetker Vanillin-Zucker
je 1 Msp. Zimt, Kardamom, Nelken und Muskatblüte (Macis, alles gemahlen)
1 Ei (Größe M)
125 g Butter oder Margarine
100 g gehackte Haselnusskerne

Für den Guss:
150 g Zartbitter-Kuvertüre
1 TL Speiseöl

Zubereitungszeit: 65 Minuten, ohne Abkühlzeit
Backzeit: 10–12 Minuten je Backblech

1. Für den Teig Mehl mit Backpulver in einer Rührschüssel mischen. Zucker, Vanillin-Zucker, Gewürze, Ei, Butter oder Margarine und Haselnusskerne hinzufügen. Die Zutaten mit Handrührgerät mit Knethaken zunächst kurz auf niedrigster, dann auf höchster Stufe gut durcharbeiten.

2. Anschließend den Teig auf einer leicht bemehlten Arbeitsfläche zu einem glatten Teig verkneten. Sollte er kleben, ihn in Frischhaltefolie gewickelt eine Zeit lang kalt stellen.

3. Den Backofen vorheizen.
Ober-/Unterhitze: etwa 180 °C
Heißluft: etwa 160 °C

4. Den Teig portionsweise auf der leicht bemehlten Arbeitsfläche knapp ½ cm dick ausrollen und mit einer Ausstechform Halbmonde ausstechen. Halbmonde auf Backbleche (gefettet, mit Backpapier belegt) legen.

5. Die Backbleche nacheinander (bei Heißluft zusammen) in den vorgeheizten Backofen schieben. Die Halbmonde **10–12 Minuten je Backblech backen.**

6. Die Halbmonde mit dem Backpapier von den Backblechen auf Kuchenroste ziehen. Halbmonde erkalten lassen.

7. Für den Guss Kuvertüre in kleine Stücke hacken, mit Speiseöl in einem kleinen Topf im heißen Wasserbad bei schwacher Hitze unter Rühren schmelzen. Die Halbmonde mit einem Ende in die Kuvertüre tauchen, am Topfrand abstreifen und auf Backpapier legen. (Wenn der Guss anfängt fest zu werden, Halbmonde auf ein anderes Stück Backpapier umsetzen, damit der Rand besonders schön wird.) Den Guss fest werden lassen.

Tipps: Die Halbmonde sind in einer gut schließenden Dose etwa 2 Wochen haltbar. Die Hälfte der Halbmonde mit aufgekochtem Johannisbeergelee oder aufgekochter Aprikosenkonfitüre bestreichen und mit der anderen Hälfte der Halbmonde zusammensetzen. Dann halten sie sich allerdings nur 3–4 Tage. Sie werden schneller weich.

Haselnussbrocken | Beliebt

etwa 50 Stück

Pro Stück:
E: 1 g, F: 7 g, Kh: 4 g, kJ: 335, kcal: 80

Für den Rührteig:
100 g weiche Butter oder Margarine
100 g brauner Zucker (Rohrzucker)
2 Pck. Dr. Oetker Bourbon-Vanille-Zucker
1 Prise Salz
1 Ei (Größe M)
50 g Weizenmehl
½ gestr. TL Dr. Oetker Backin
100 g gemahlene Haselnusskerne
300 g abgezogene, ganze Haselnusskerne

Zum Bestäuben:
evtl. etwas Puderzucker

Zubereitungszeit: 25 Minuten, ohne Abkühlzeit
Backzeit: etwa 20 Minuten je Backblech

1. Den Backofen vorheizen.
Ober-/Unterhitze: etwa 180 °C
Heißluft: etwa 160 °C

2. Für den Teig die Butter oder Margarine in einer Rührschüssel mit Handrührgerät mit Rührbesen auf höchster Stufe geschmeidig rühren. Nach und nach Rohrzucker, Vanille-Zucker und Salz unterrühren. So lange rühren, bis eine gebundene Masse entstanden ist. Das Ei etwa ½ Minute unterrühren.

3. Mehl mit Backpulver und gemahlenen Haselnusskernen mischen, kurz auf mittlerer Stufe unterrühren. Ganze Haselnusskerne kurz mit Handrührgerät mit Knethaken unter den Teig rühren.

4. Walnussgroße Teighäufchen mit 2 Teelöffeln auf Backbleche (gefettet, mit Backpapier belegt) setzen und mit einem Teelöffel etwas flacher drücken. Die Backbleche nacheinander (bei Heißluft zusammen) in den vorgeheizten Backofen schieben. Die Haselnussbrocken **etwa 20 Minuten je Backblech backen.**

5. Die Haselnussbrocken mit dem Backpapier von den Backblechen auf Kuchenroste ziehen. Die Haselnussbrocken erkalten lassen. Nach Belieben mit Puderzucker bestäuben.

Tipps: Wenn Sie keine fertig geschälten Haselnusskerne bekommen, verteilen Sie etwa 400 g Haselnusskerne auf ein Backblech und schieben das Backblech in den vorgeheizten Backofen (Ober-/Unterhitze etwa 160 °C, Heißluft etwa 140 °C). Die Haselnusskerne etwa 20 Minuten rösten, bis die braune Haut aufplatzt. Die Haselnusskerne anschließend auf ein Geschirrtuch geben, etwas abkühlen lassen und die braune Haut mit dem Geschirrtuch abreiben. Nusskerne, die sich nicht abziehen lassen, aussortieren oder nochmals rösten. 300 g der Haselnusskerne für das Rezept abwiegen. Die Haselnussbrocken sind in gut schließenden Dosen etwa 2–3 Wochen haltbar.

Haselnuss-Orangen-Plätzchen, gefüllt | Raffiniert

etwa 30 Stück

Pro Stück:
E: 2 g, F: 7 g, Kh: 13 g, kJ: 507, kcal: 121

Für den Knetteig:
250 g Weizenmehl
40 g Zucker
2 Pck. Dr. Oetker Vanillin-Zucker
1 Prise Salz
150 g Schmand (Sauerrahm)
100 g Butter oder Margarine

Für die Füllung:
75 g abgezogene, gehackte Haselnusskerne
75 g Orangenmarmelade
75 g Marzipan-Rohmasse

Zum Bestreichen und Bestreuen:
1 Eiweiß
1 Eigelb
1 EL Milch
10 g fein gehackte Pistazienkerne
3 EL Hagelzucker

Zubereitungszeit: 60 Minuten, ohne Kühlzeit
Backzeit: etwa 15 Minuten je Backblech

1. Für den Teig das Mehl in eine Rührschüssel geben. Zucker, Vanillin-Zucker, Salz, Schmand und die Butter oder Margarine hinzufügen. Die Zutaten mit Handrührgerät mit Knethaken zunächst kurz auf niedrigster, dann auf höchster Stufe gut durcharbeiten.

2. Anschließend den Teig auf einer leicht bemehlten Arbeitsfläche zu einem glatten Teig verkneten. Sollte er kleben, ihn in Frischhaltefolie gewickelt eine Zeit lang kalt stellen.

3. Für die Füllung Haselnusskerne und Marmelade in eine Schüssel geben. Marzipan-Rohmasse mit der groben Seite einer Küchenreibe reiben und hinzugeben. Die Zutaten gut miteinander vermischen.

4. Den Teig in 2 Portionen teilen. Eine Teigportion kalt stellen. Restlichen Teig auf der leicht bemehlten Arbeitsfläche dünn ausrollen. Mit einer Ausstechform etwa 30 runde Plätzchen (Ø etwa 6 cm) ausstechen.

5. Zum Bestreichen das Eiweiß verschlagen. Die Teigränder der 30 Teigplätzchen mit Eiweiß bestreichen. Jeweils knapp 1 Teelöffel von der Füllung in die Mitte der 30 Teigplätzchen geben. Restlichen Teig ebenso ausrollen und 30 Plätzchen ausstechen. Diese Plätzchen auf die Füllungen legen, vorsichtig andrücken. Die Teigränder mit einer Gabel zusammendrücken.

6. Den Backofen vorheizen.
Ober-/Unterhitze: etwa 180 °C
Heißluft: etwa 160 °C

7. Eigelb mit Milch verschlagen. Die Teigplätzchen damit bestreichen, mit Pistazienkernen und Hagelzucker bestreuen. Die Teigplätzchen auf Backbleche (gefettet, mit Backpapier belegt) legen. Die Backbleche nacheinander (bei Heißluft zusammen) in den vorgeheizten Backofen schieben. Plätzchen **etwa 15 Minuten je Backblech backen.**

8. Die Plätzchen mit dem Backpapier von den Backblechen auf Kuchenroste ziehen, erkalten lassen.

Tipps: Schmand kann durch Crème fraîche ausgetauscht werden. Die Plätzchen sind in einer gut schließenden Dose etwa 1 Woche haltbar.

Haselnuss-Splitter | Vollwert
etwa 60 Stück

Insgesamt:
E: 39 g, F: 256 g, Kh: 234 g, kJ: 14191, kcal: 3393

Für den All-in-Teig:
100 g gemahlene Haselnusskerne
100 g Dinkelmehl (Type 630)
½ TL Dr. Oetker Backin
1 Prise Salz
100 g brauner Zucker (Kandisfarin)
30 g Zuckerrübensirup (Rübenkraut)
1 Pck. Dr. Oetker Vanillin-Zucker
80 g Crème fraîche
120 g weiche Butter

Für den Belag:
100 g gehobelte Haselnusskerne
1 EL Zucker

Zubereitungszeit: 25 Minuten, ohne Abkühlzeit
Backzeit: 15–20 Minuten

1. Für den Teig Haselnusskerne in einer Pfanne ohne Fett unter Rühren goldbraun rösten, herausnehmen und auf einem Teller erkalten lassen.

2. Den Backofen vorheizen.
Ober-/Unterhitze: etwa 200 °C
Heißluft: etwa 180 °C

3. Das Mehl mit den Haselnusskernen und Backpulver in einer Rührschüssel mischen. Salz, Zucker, Zuckerrübensirup, Vanillin-Zucker, Crème fraîche und Butter hinzufügen. Die Zutaten mit Handrührgerät mit Rührbesen zunächst kurz auf niedrigster, dann auf höchster Stufe zu einem glatten Teig verarbeiten.

4. Den Teig auf ein Backblech (30 x 40 cm, gefettet) geben und mit einer Teigkarte glatt streichen.

5. Für den Belag zuerst Haselnusskerne, dann Zucker auf den Teig streuen.

6. Das Backblech in den vorgeheizten Backofen schieben. Die Gebäckplatte **15–20 Minuten backen.**

7. Das Backblech auf einen Kuchenrost stellen. Die Gebäckplatte etwas abkühlen lassen und lauwarm in Rechtecke (etwa 4 x 5 cm) schneiden (das Gebäck splittert, wenn es kalt geschnitten wird).

Tipp: Die Haselnuss-Splitter sind in einer gut schließenden Dose 2–3 Wochen haltbar.

Holsteiner Weihnachtskuchen I

Klassisch

etwa 20 Stücke

Pro Stück:
E: 4 g, F: 16 g, Kh: 31 g, kJ: 1198, kcal: 287

Für den Hefeteig:

500 g	Weizenmehl
1 Pck.	Dr. Oetker Trockenbackhefe
100 ml	lauwarme Milch
etwa 50 g	Zucker
250 g	zerlassene, abgekühlte Butter oder Margarine
	abgeriebene Schale von
1/2	Bio-Zitrone (unbehandelt, ungewachst)
1 Prise	Salz
2	Eier (Größe M)
je 2 Msp.	gemahlener Kardamom und Ingwer
100 g	Rosinen
100 g	Korinthen
100 g	Butter
50 g	Zimt-Zucker

Zubereitungszeit: 25 Minuten, ohne Teiggehzeit
Backzeit: 15–20 Minuten

1. Für den Hefeteig Mehl in einer Rührschüssel mit Trockenbackhefe sorgfältig vermischen. Milch, Zucker, Butter oder Margarine, Zitronenschale, Salz, Eier, Kardamom und Ingwer hinzufügen. Die Zutaten mit Handrührgerät mit Knethaken zunächst kurz auf niedrigster, dann auf höchster Stufe in etwa 5 Minuten zu einem glatten Teig verarbeiten. Den Teig zugedeckt so lange an einem warmen Ort gehen lassen, bis er sich sichtbar vergrößert hat (etwa 15 Minuten).

2. Den Backofen vorheizen.
Ober-/Unterhitze: etwa 200 °C
Heißluft: etwa 180 °C

3. Den Teig leicht mit Mehl bestäuben, aus der Schüssel nehmen, auf einer leicht bemehlten Arbeitsfläche nochmals kurz durchkneten. Danach die Rosinen und Korinthen unterkneten. Den Teig auf einem Backblech (30 x 40 cm, gefettet) ausrollen. Nochmals zugedeckt so lange an einem warmen Ort gehen lassen, bis er sich sichtbar vergrößert hat (etwa 25 Minuten).

4. Die Butter in Flöckchen auf dem Teig verteilen. Mit Zimt-Zucker bestreuen. Das Backblech in den vorgeheizten Backofen schieben. Den Weihnachtskuchen **15–20 Minuten backen.**

5. Das Backblech auf einen Kuchenrost stellen. Den Kuchen erkalten lassen und in Stücke schneiden.

Honigbrot, klassisch
Einfach

Insgesamt:
E: 51 g, F: 69 g, Kh: 487 g, kJ: 11892, kcal: 2842

Für den All-in-Teig:
300 g Weizenmehl
1 Pck. Dr. Oetker Backin
1 TL gesiebtes Kakaopulver
100 g brauner Zucker (Kandisfarin)
1 Pck. Lebkuchengewürz (15 g)
1 EL Rosenwasser (alkoholfrei)
60 ml Malzbier
125 g flüssiger Honig
2 Eier (Größe M)
50 g gehacktes Zitronat (Sukkade)
60 g zerlassene, abgekühlte Butter

Zum Bestreuen:
2 EL Hagelzucker

Zubereitungszeit: 25 Minuten
Backzeit: etwa 45 Minuten

1. Den Backofen vorheizen.
Ober-/Unterhitze: etwa 180 °C
Heißluft: etwa 160 °C

2. Für den Teig das Mehl mit Backpulver und Kakao in einer Rührschüssel mischen. Zucker, Lebkuchengewürz, Rosenwasser, Malzbier, Honig und Eier hinzufügen. Die Zutaten mit Handrührgerät mit Rührbesen zunächst kurz auf niedrigster, dann auf höchster Stufe in etwa 2 Minuten zu einem glatten Teig verarbeiten. Zitronat und Butter kurz unterrühren.

3. Den Teig in eine Kastenform (25 x 11 cm, gefettet, gemehlt) oder Rehrückenform (gefettet, gemehlt) füllen und glatt streichen.

4. Zum Bestreuen Hagelzucker auf die Teigoberfläche streuen.

5. Die Form auf dem Rost in den vorgeheizten Backofen schieben. Das Honigbrot **etwa 45 Minuten backen.**

6. Die Form auf einen Kuchenrost stellen. Das Honigbrot etwa 10 Minuten in der Form stehen lassen, aus der Form lösen und auf dem Kuchenrost erkalten lassen.

Tipps: Bei Verwendung einer Rehrückenform etwas Hagelzucker in die gefettete, gemehlte Form streuen. Das Honigbrot nach Belieben vor dem Servieren mit Puderzucker bestäuben.

Honigbrot mit Nüssen

Klassisch – gut vorzubereiten

etwa 20 Stücke

Pro Stück:
E: 3 g, F: 7 g, Kh: 36 g, kJ: 946, kcal: 226

Für den Teig:

250 g flüssiger Honig
150 g Zucker
80 g Butter oder Margarine
200 g Roggenmehl (Type 1150)
200 g Weizenmehl (Type 550)
1 Pck. Dr. Oetker Backin
3 gestr. TL Lebkuchengewürz
1 gestr. TL gemahlener Zimt
100 g gehackte Haselnusskerne
100 g Rosinen oder gehackte, kandierte Früchte
300 ml Milch

Zubereitungszeit: 25 Minuten, ohne Abkühlzeit
Backzeit: etwa 60 Minuten

1. Für den Teig Honig mit Zucker und Butter oder Margarine in einem Topf unter Rühren zerlassen und etwa 2 Minuten kochen lassen. Honig-Fett-Mischung in eine Rührschüssel geben und lauwarm abkühlen lassen.

2. Den Backofen vorheizen.
Ober-/Unterhitze: etwa 180 °C
Heißluft: etwa 160 °C

3. Roggen-, Weizenmehl und Backpulver mischen, mit Gewürzen, Haselnusskernen, Rosinen oder kandierten Früchten und Milch zu der Honigmasse geben. Die Zutaten mit Handrührgerät mit Rührbesen auf höchster Stufe zu einem glatten Teig verrühren.

4. Den Teig in eine Kastenform (30 x 11 cm, gefettet) geben und glatt streichen. Die Form auf dem Rost in den vorgeheizten Backofen schieben. Das Honigbrot **etwa 60 Minuten backen.**

5. Die Form auf einen Kuchenrost stellen. Das Honigbrot etwa 10 Minuten in der Form stehen lassen, aus der Form lösen. Das Honigbrot auf einem mit Backpapier belegten Kuchenrost erkalten lassen.

Tipp: Sie können den Teig auch in einer Fettpfanne (30 x 40 cm, gefettet) glatt verstreichen, mit 70 g gestiftelten Mandeln bestreuen und bei gleicher Backofentemperatur etwa 25 Minuten backen.

Honigfinger | Einfach – gut vorzubereiten

etwa 75 Stück

Pro Stück:
E: 1 g, F: 1 g, Kh: 6 g, kJ: 152, kcal: 37

Für den Knetteig:

250 g Weizenmehl
2 gestr. TL Dr. Oetker Backin
200 g Zucker
½ TL gemahlene Nelken
2 gestr. TL Lebkuchengewürz
1 gestr. TL gemahlener Zimt
1 Pck. Dr. Oetker Finesse Geriebene Zitronenschale
3 EL flüssiger Honig
2 Eier (Größe M)
100 g fein gehackte Haselnusskerne

Zubereitungszeit: 65 Minuten
Backzeit: 12–15 Minuten je Backblech

1. Für den Teig das Mehl mit Backpulver in einer Rührschüssel mischen. Zucker, Nelken, Lebkuchengewürz, Zimt, Zitronenschale, Honig, Eier und Haselnusskerne hinzufügen. Die Zutaten mit Handrührgerät mit Knethaken zunächst kurz auf niedrigster, dann auf höchster Stufe gut durcharbeiten.

2. Anschließend auf einer leicht bemehlten Arbeitsfläche zu einem glatten Teig verkneten. Sollte der Teig kleben, ihn in Frischhaltefolie gewickelt eine Zeit lang kalt stellen.

3. In der Zwischenzeit den Backofen vorheizen.
Ober-/Unterhitze: etwa 180 °C
Heißluft: etwa 160 °C

4. Aus dem Teig fingerähnliche Rollen formen (etwa 4 cm lang und 1½ cm breit) und mit großem Abstand auf Backbleche (mit Backpapier belegt) legen. Die Backbleche nacheinander (bei Heißluft zusammen) in den Backofen schieben. Honigfinger **12–15 Minuten je Backblech backen.**

5. Die Honigfinger mit dem Backpapier von den Backblechen auf Kuchenroste ziehen. Honigfinger erkalten lassen.

Tipps: Die Honigfinger 2–3 Wochen vor Weihnachten backen, damit die Gewürze gut durchziehen können. Honigfinger in gut schließenden Dosen aufbewahren.

Honigkranz, gefüllt

Raffiniert – mit Alkohol

Insgesamt:
E: 105 g, F: 592 g, Kh: 641 g, kJ: 35106, kcal: 8389

Für den Lebkuchenteig:
250 g flüssiger Honig
150 g Butter oder Margarine
1 Pck. Dr. Oetker Vanillin-Zucker
2 gestr. TL gemahlener Zimt
1 Msp. gemahlene Nelken
1 Msp. gemahlener Kardamom
2 Tropfen Bittermandel-Aroma
2 Eier (Größe M)
375 g Weizenmehl
4 gestr. TL Dr. Oetker Backin
20 g gesiebtes Kakaopulver
2–3 EL Rum

Für die Füllung:
250 g Butter
400 g Sahne-Pudding Vollmilch-Schokolade (aus dem Kühlregal)
100 g Kokosfett

Zum Bestreichen:
3–4 EL Aprikosenkonfitüre

Zum Garnieren:
150 g abgezogene Mandeln
50 g aufgelöste Zartbitter-Schokolade

Zubereitungszeit: 55 Minuten, ohne Kühlzeit
Backzeit: etwa 40 Minuten

1. Für den Teig Honig, Butter oder Margarine und den Vanillin-Zucker in einem Topf unter Rühren erwärmen, bis Fett und Vanillin-Zucker geschmolzen sind. In eine Rührschüssel geben und kurz kalt stellen.

2. Den Backofen vorheizen.
Ober-/Unterhitze: etwa 180 °C
Heißluft: etwa 160 °C

3. Unter die fast erkaltete Masse mit Handrührgerät mit Rührbesen auf höchster Stufe Zimt, Nelken, Kardamom und Aroma rühren. Eier nach und nach unterrühren (jedes Ei etwa 1/2 Minute).

4. Mehl mit Backpulver und Kakao mischen, in 2 Portionen mit dem Rum auf mittlerer Stufe unterrühren.

5. Den Teig in eine Kranzform (Ø 24 cm, gefettet) geben und glatt streichen. Die Form auf dem Rost in den vorgeheizten Backofen schieben. Den Honigkranz **etwa 40 Minuten backen.**

6. Den Honigkranz aus der Form lösen und auf einen mit Backpapier belegten Kuchenrost stürzen. Honigkranz erkalten lassen.

7. Für die Füllung Butter mit Handrührgerät mit Rührbesen geschmeidig rühren. Sahne-Pudding nach und nach unterrühren (dabei darauf achten, dass Butter und Pudding Zimmertemperatur haben, da die Creme sonst gerinnt).

8. Kokosfett zerlassen und unterrühren. Etwas von der Schokoladencreme zum Verzieren in einen Spritzbeutel mit Lochtülle füllen und beiseitelegen.

9. Den Honigkranz zweimal waagerecht durchschneiden. Die beiden unteren Böden zuerst mit der Konfitüre, dann mit der Hälfte der Schokoladencreme bestreichen. Die einzelnen Böden wieder zu einem Kranz zusammensetzen. Den Kranz mit der restlichen Schokoladencreme bestreichen.

10. Zum Garnieren Mandeln zur Hälfte in die aufgelöste Schokolade tauchen und auf Backpapier legen. Schokolade fest werden lassen.

11. Den Honigkranz mit den Schokoladenmandeln garnieren und mit der beiseitegelegten Schokoladencreme aus dem Spritzbeutel verzieren. Mit Kakao bestäuben.

Tipps: 100 g Marzipan-Rohmasse mit 50 g Puderzucker verkneten und ausrollen. Kleine Dreiecke ausrädeln, evtl. mit geschmolzener Schokolade besprenkeln. Die Marzipandreiecke mit den Mandeln auf den Honigkranz legen. Weicher wird der Honigkranz, wenn Sie ihn bei Ober-/Unterhitze backen.

Honigkuchen | Klassisch
etwa 20 Stück

Pro Stück:
E: 6 g, F: 18 g, Kh: 38 g, kJ: 1422, kcal: 340

Für den Teig:
250 g flüssiger Honig
125 g Butter oder Margarine
2 Eier (Größe M)
1 Pck. Lebkuchengewürz (15 g)
1 Pck. Dr. Oetker Finesse Geriebene Zitronenschale
375 g Weizenmehl
1 Pck. Dr. Oetker Backin
2 gestr. TL Kakaopulver
100 g Korinthen
100 g gemahlene Haselnusskerne

etwas Milch
100 g gehobelte Mandeln

Zum Aprikotieren:
5 EL Aprikosenkonfitüre

Für den Guss:
200 g Zartbitter-Schokolade
1 EL Speiseöl

Zum Garnieren:
einige Walnuss- und Haselnusskerne
einige abgezogene Mandeln
einige Schokolocken

Zubereitungszeit: 30 Minuten, ohne Kühlzeit
Backzeit: etwa 20 Minuten

1. Den Backofen vorheizen.
Ober-/Unterhitze: etwa 180 °C
Heißluft: etwa 160 °C

2. Für den Teig Honig mit Butter oder Margarine in einem Topf unter Rühren langsam zerlassen, in eine Rührschüssel geben, abkühlen lassen und kalt stellen.

3. Unter die fast erkaltete Masse mit Handrührgerät mit Rührbesen auf höchster Stufe Eier, Lebkuchengewürz und Zitronenschale rühren. Mehl mit Backpulver und Kakao mischen, esslöffelweise auf mittlerer Stufe unterrühren. Die Korinthen und Haselnusskerne kurz unterrühren.

4. Den Teig auf ein Backblech (30 x 40 cm, gefettet) geben, vorsichtig glatt streichen und mit etwas Milch bestreichen. Den Teig mit Mandeln bestreuen. Das Backblech in den vorgeheizten Backofen schieben. Die Gebäckplatte **etwa 20 Minuten backen.**

5. Das Backblech auf einen Kuchenrost stellen.

6. Zum Aprikotieren Konfitüre durch ein Sieb streichen. Die heiße Gebäckplatte sofort damit bestreichen. Gebäckplatte erkalten lassen.

7. Für den Guss Schokolade in Stücke brechen, mit Speiseöl in einem kleinen Topf im heißen Wasserbad bei schwacher Hitze unter Rühren schmelzen. Die Gebäckplatte mit der Schokolade bestreichen.

8. Die Gebäckplatte nach Belieben mit Nusskernen, Mandeln oder Schokolocken garnieren. Schokolade fest werden lassen.

9. Die Gebäckplatte in Stücke schneiden und in einer gut schließenden Dose aufbewahren.

Tipps: Sie können die Aprikosenkonfitüre zum Aprikotieren auch kurz pürieren, statt durch ein Sieb zu streichen. Honigkuchen am besten gut verpackt einige Tage durchziehen lassen, damit sich das Aroma entfalten kann. Der Honigkuchen ist in einer gut schließenden Dose etwa 10 Tage haltbar.

Honigkuchen-Nikoläuse | Für Kinder

etwa 60 Stück

Insgesamt:
E: 46 g, F: 107 g, Kh: 474 g, kJ: 12857, kcal: 3073

Für den Lebkuchenteig:
100 g flüssiger Honig
50 g brauner Zucker (Rohrzucker)
75 g Butter oder Margarine
1/2 Fl. Butter-Vanille-Aroma
1 gestr. TL gemahlener Zimt
1/2 TL gemahlene Nelken
1 Eiweiß (Größe M)
250 g Weizenmehl
2 gestr. TL Dr. Oetker Backin

Zum Bestreichen:
1 Eigelb
1 EL Milch

Für die Nikolausmützen:
100 g Marzipan-Rohmasse
65 g gesiebter Puderzucker
1 TL Zitronensaft

Für die Gesichter:
etwa 50 g gesiebter Puderzucker
1 EL Zitronensaft
etwas rote Speisefarbe
einige Zuckerperlen

Zubereitungszeit: 90 Minuten, ohne Kühlzeit
Backzeit: etwa 10 Minuten je Backblech

1. Für den Teig den Honig mit Zucker und Butter oder Margarine in einem Topf unter Rühren langsam erwärmen, bis Zucker und Fett gelöst sind. In eine Rührschüssel geben und kalt stellen.

2. Den Backofen vorheizen.
Ober-/Unterhitze: etwa 180 °C
Heißluft: etwa 160 °C

3. Unter die fast erkaltete Masse Aroma, Zimt, Nelken und das Eiweiß mit Handrührgerät mit Rührbesen auf höchster Stufe rühren.

4. Das Mehl mit Backpulver mischen. Zwei Drittel des Mehlgemisches portionsweise auf mittlerer Stufe unterrühren.

5. Den Teigbrei mit restlichem Mehlgemisch auf der leicht bemehlten Arbeitsfläche zu einem glatten Teig verkneten und etwa 1/2 cm dick ausrollen.

6. Mit einer Stern-Ausstechform (5-zackig, Ø etwa 4 1/2 cm) Sterne ausstechen und auf Backbleche (mit Backpapier belegt) legen.

7. Zum Bestreichen Eigelb mit Milch verschlagen. Die Teigsterne damit bestreichen. Die Backbleche nacheinander (bei Heißluft zusammen) in den vorgeheizten Backofen schieben. Die Sterne **etwa 10 Minuten je Backblech backen.**

8. Die Gebäcksterne mit dem Backpapier von den Backblechen auf Kuchenroste ziehen. Gebäcksterne erkalten lassen.

9. Für die Nikolausmützen Marzipan mit 40 g Puderzucker verkneten. Das Marzipan zwischen Frischhaltefolie so dünn ausrollen, dass 15 Kreise (Ø etwa 7 cm) ausgestochen werden können. Die Marzipankreise jeweils vierteln.

10. Restlichen Puderzucker mit Zitronensaft zu einer dickflüssigen Masse verrühren. Jeweils eine Sternspitze mit dem Guss bestreichen, mit je einem Marzipanviertel (die runde Seite nach unten) einschlagen und etwas andrücken. Die Marzipanspitze leicht seitwärts biegen.

11. Für die Gesichter Puderzucker mit Zitronensaft zu einem dünnflüssigen Guss verrühren. Den Guss halbieren. Eine Hälfte mit roter Speisefarbe färben. Den weißen und roten Guss in je ein kleines Pergamentpapiertütchen füllen und je eine Spitze abschneiden. Mit dem weißen und roten Guss Gesichter aufspritzen.

12. Nikoläuse mit dem restlichen Guss verzieren und mit Zuckerperlen garnieren.

Tipp: Honigkuchen-Nikoläuse sind in gut schließenden Dosen 2–3 Wochen haltbar.

Honigkuchen-Pärchen

Für Kinder – zum Verschenken

Insgesamt:
E: 72 g, F: 37 g, Kh: 724 g, kJ: 15132, kcal: 3616

Für den Teig:
250 g flüssiger Honig
100 g Zucker
1 Pck. Dr. Oetker Vanillin-Zucker
1 Ei (Größe M)
1 gestr. EL gemahlener Zimt
1 Msp. gemahlene Nelken
1 Msp. gemahlene Muskatblüte (Macis)
3 Tropfen Zitronen-Aroma
½ Fl. Rum-Aroma
500 g Weizenmehl
1 Pck. Dr. Oetker Backin

Zum Bestreichen:
etwas Kondensmilch

Zum Verzieren:
100 g gesiebter Puderzucker
1–2 EL Zitronensaft oder Wasser
etwas Speisefarbe
einige Liebesperlen in unterschiedlichen Größen
etwas geschmolzene Schokolade

Zubereitungszeit: 60 Minuten
Backzeit: etwa 25 Minuten je Backblech

1. Für den Teig den Honig, Zucker, Vanillin-Zucker, Ei, Zimt, Nelken, Muskatblüte und Aromen in einer Rührschüssel mit Handrührgerät mit Rührbesen geschmeidig rühren. Mehl mit Backpulver mischen. Zwei Drittel des Mehlgemisches auf mittlerer Stufe unterrühren. Restliches Mehlgemisch unterkneten.

2. Den Teig auf einer leicht bemehlten Arbeitsfläche zu einem glatten Teig verkneten. Sollte er kleben, ihn in Frischhaltefolie gewickelt eine Zeit lang kalt stellen.

3. Den Backofen vorheizen.
Ober-/Unterhitze: etwa 180 °C
Heißluft: etwa 160 °C

4. Teig auf leicht bemehltem Backpapier in Backblechgröße gut 1 cm dick ausrollen. Figuren ausschneiden (am besten nach Papierschablonen). Je 1 Teigfigur mit dem Backpapier auf ein Backblech ziehen. Mit Kondensmilch bestreichen. Die Backbleche nacheinander (bei Heißluft zusammen) in den vorgeheizten Backofen schieben. Das Honigkuchen-Pärchen **etwa 25 Minuten je Figur backen.**

5. Honigkuchen-Pärchen mit dem Backpapier von den Backblechen auf Kuchenroste ziehen, erkalten lassen.

6. Zum Verzieren Puderzucker mit Zitronensaft oder Wasser zu einer dickflüssigen Masse verrühren. Den Guss nach Belieben bunt einfärben. Den Guss getrennt in Pergamentpapiertütchen füllen und jeweils eine kleine Spitze abschneiden. Das Honigkuchen-Pärchen mit dem Guss, den Liebesperlen und Schokolade verzieren. Schokolade und Guss trocknen lassen.

Tipp: Das Honigkuchen-Pärchen ist in einer gut schließenden Dose 2–3 Wochen haltbar.

Honig-Nuss-Lebkuchen | Klassisch

etwa 30 Stück

Pro Stück:
E: 2 g, F: 3 g, Kh: 19 g, kJ: 470, kcal: 112

Für den Lebkuchenteig:

200 g flüssiger Honig
100 g Zucker
80 ml Wasser
150 g gemahlene Haselnusskerne
300 g Roggenmehl (Type 1150)
je 1 gestr. TL Hirschhornsalz, Zimt, Piment (alles gemahlen)
1 Msp. gemahlener Ingwer

Zum Glasieren:

100 g Zucker
80 ml Wasser

Zubereitungszeit: 40 Minuten, ohne Abkühl- und Ruhezeit
Backzeit: etwa 13 Minuten

1. Für den Teig Honig, Zucker und Wasser in einem Topf unter Rühren erwärmen, bis sich der Zucker gelöst hat. Die Honigmasse in eine Rührschüssel geben und erkalten lassen.

2. Haselnusskerne in einer Pfanne ohne Fett unter Rühren goldbraun rösten. Haselnusskerne herausnehmen, in eine Schüssel geben und erkalten lassen.

3. Roggenmehl, Hirschhornsalz, Zimt, Piment, Ingwer und Haselnusskerne auf die Honigmasse geben. Die Zutaten mit Handrührgerät mit Knethaken zunächst kurz auf niedrigster, dann auf höchster Stufe zu einem glatten Teig verkneten. Den Teig in Frischhaltefolie gewickelt mindestens 12 Stunden ruhen lassen.

4. Den Backofen vorheizen.
Ober-/Unterhitze: etwa 180 °C
Heißluft: etwa 160 °C

5. Den Teig auf einer leicht bemehlten Arbeitsfläche nochmals durchkneten (wenn er noch klebrig ist, etwas Mehl hinzufügen) und zu einem Rechteck (etwa 25 x 30 cm) ausrollen.

6. Teigrechteck auf ein Backblech (30 x 40 cm, mit Backpapier belegt) legen, evtl. einen Backrahmen darumstellen. Das Backblech in den vorgeheizten Backofen schieben. Den Lebkuchen **etwa 13 Minuten backen.**

7. Das Backblech auf einen Kuchenrost stellen. Den Lebkuchen etwas abkühlen lassen.

8. Zum Glasieren Zucker und Wasser in einem Topf zum Kochen bringen. 1–2 Minuten bei starker Hitze sprudelnd kochen lassen. Zuckerwasser mit einem Pinsel auf dem lauwarmen Lebkuchen verstreichen. Dabei schnell hin und her streichen, bis die Glasur weißlich wird. Den Backrahmen lösen und entfernen. Den Lebkuchen in etwa 5 x 5 cm große Quadrate schneiden. Glasur gut trocknen lassen.

Tipps: Der Teig kann luftdicht verpackt 1–2 Wochen bei Zimmertemperatur gelagert werden. Der Lebkuchen hält sich in einer gut schließenden Dose kühl und trocken gelagert etwa 6 Wochen.

Hutzelbrote, kleine | Gut vorzubereiten

3 Stück

Pro Stück:
E: 31 g, F: 56 g, Kh: 242 g, kJ: 6772, kcal: 1618

Zum Vorbereiten:

250 g Backobst (Trockenobst)
250 ml (1/4 l) Wasser
125 g entsteinte Dörrpflaumen
125 g getrocknete Feigen
50 g Sultaninen
25 g Orangeat
25 g Zitronat (Sukkade)
75 g Macadamia-Nusskerne oder Paranusskerne

Für den Quark-Öl-Teig:

400 g Weizenmehl
1 Pck. Dr. Oetker Backin
200 g Magerquark
100 ml Backobstflüssigkeit
100 ml Speiseöl
75 g Zucker
gut 1 Msp. gemahlener Zimt
gut 1 Msp. gemahlener Anis
1 EL Rosenwasser (alkoholfrei)

Zubereitungszeit: 60 Minuten, ohne Einweichzeit
Backzeit: etwa 50 Minuten

1. Zum Vorbereiten das Backobst in kaltem Wasser über Nacht einweichen. Backobst in einem Sieb abtropfen lassen. Die Flüssigkeit auffangen und 100 ml abmessen. Backobst würfeln. Die Dörrpflaumen und Feigen (Stiele entfernen) in grobe Würfel schneiden. Orangeat und Zitronat fein hacken. Nusskerne grob hacken.

2. Für den Teig Mehl mit Backpulver mischen und in eine Rührschüssel geben. Quark, Backobstflüssigkeit, Speiseöl und Zucker hinzufügen. Die Zutaten mit Handrührgerät mit Knethaken zunächst kurz auf niedrigster, dann auf höchster Stufe in etwa 1 Minute zu einem glatten Teig verarbeiten (nicht zu lange, Teig klebt sonst).

3. Den Backofen vorheizen.
Ober-/Unterhitze: etwa 180 °C
Heißluft: etwa 160 °C

4. Knapp die Hälfte des Teiges mit Dörrpflaumen-, Feigen-, Backobstwürfeln, Orangeat, Zitronat, Nusskernen, Sultaninen, Zimt, Anis und Rosenwasser verkneten. Aus dem Teig 3 kleine, ovale Laibe formen.

5. Restlichen Teig auf einer leicht bemehlten Arbeitsfläche ausrollen und in 3 Portionen teilen. Aus den Teigportionen jeweils ein Rechteck ausrollen (etwa 20 x 25 cm) und mit Wasser bestreichen. Die kleinen Teiglaibe jeweils in einem Teigrechteck einschlagen.

6. Die Teigbrote mit der Nahtseite nach unten auf ein Backblech (mit Backpapier belegt) legen und mit Wasser bestreichen. In die Oberfläche der Teigbrote mit einem Holzspieß einige Löcher einstechen. Das Backblech in den vorgeheizten Backofen schieben. Die Hutzelbrote **etwa 50 Minuten backen.**

7. Die Hutzelbrote **evtl. gegen Ende der Backzeit** mit Backpapier abdecken, damit Sie nicht zu dunkel werden. Die Brote mit dem Backpapier vom Backblech auf einen Kuchenrost ziehen. Hutzelbrote erkalten lassen und in Scheiben schneiden.

Ingwerlebkuchen | Raffiniert

etwa 45 Stück

Insgesamt:
E: 62 g, F: 84 g, Kh: 771 g, kJ: 17284, kcal: 4132

Für den Lebkuchenteig:
200 g flüssiger Honig
50 g brauner Zucker (Kandisfarin)
80 g frischer Ingwer
80 g Butter (Zimmertemperatur)
2 Eier (Größe M)
450 g Weizenmehl
1 gestr. TL Dr. Oetker Backin

Für den Guss und zum Bestreuen:
6 EL Zitronensaft
200 g gesiebter Puderzucker
3 EL Nonpareilles (kleine Zuckerperlen, einfarbig oder bunt)
einige große Perlen (Dessertschmuck)

Zubereitungszeit: 45 Minuten, ohne Kühlzeit
Backzeit: etwa 10 Minuten je Backblech

1. Für den Teig Honig, braunen Zucker und 3 Esslöffel Wasser in einem Topf unter Rühren erwärmen, bis der Zucker gelöst ist. Die Honigmasse in eine Rührschüssel geben und kalt stellen.

2. Den Ingwer schälen und fein reiben. Unter die fast erkaltete Honigmasse Ingwer, Butter und die Eier mit Handrührgerät mit Rührbesen auf höchster Stufe rühren. Mehl mit Backpulver mischen und esslöffelweise mit Handrührgerät mit Knethaken auf mittlerer Stufe unterarbeiten. Den Teig in Frischhaltefolie gewickelt mindestens 4 Stunden kalt stellen.

3. Den Backofen vorheizen.
Ober-/Unterhitze: etwa 180 °C
Heißluft: etwa 160 °C

4. Den Teig kurz durchkneten und auf einer leicht bemehlten Arbeitsfläche etwa 8 mm dick ausrollen. Mit einem Ausstecher Tannenbäume (etwa 8 cm hoch) ausstechen und mit etwas Abstand auf Backbleche (mit Backpapier belegt) setzen. Die Backbleche nacheinander (bei Heißluft zusammen) in den vorgeheizten Backofen schieben. Tannenbäume **etwa 10 Minuten je Backblech backen.**

5. Die Tannenbäume mit dem Backpapier von den Backblechen auf Kuchenroste ziehen. Tannenbäume erkalten lassen.

6. Für den Guss den Zitronensaft mit Puderzucker zu einem dickflüssigen Guss verrühren. Die Tannenbäume mit dem Guss bestreichen. Mit Zuckerperlen (bunt oder einfarbig) und großen Perlen bestreuen. Guss trocknen lassen.

Tipp: Ingwerlebkuchen halten in einer gut schließenden Dose kühl und trocken gelagert gut 4 Wochen.

Italienisches Weihnachtsbrot I

Klassisch – mit Alkohol

Insgesamt:
E: 82 g, F: 156 g, Kh: 643 g, kJ: 20158, kcal: 4815

Zum Vorbereiten:
200 g entsteinte Trockenpflaumen
100 g Rosinen
100 ml Anislikör

Für den Hefeteig:
375 g Weizenmehl
1 Pck. Dr. Oetker Trockenbackhefe
75 g Zucker
1 Pck. Dr. Oetker Vanillin-Zucker
1 Prise Salz
½ TL Fenchelsamen
½ TL gemahlener Zimt
1 Ei (Größe M)
125 ml (⅛ l) lauwarme Milch
75 g zerlassene, abgekühlte Butter oder Margarine

etwas Weizenmehl

Für die Füllung:
125 g gehackte Haselnusskerne

Zum Bestreichen:
100 ml Weißwein oder Apfelsaft
50 g Zucker

Zum Bestäuben:
etwas Puderzucker

Zubereitungszeit: 60 Minuten, ohne Einweich-, Teiggeh- und Abkühlzeit
Backzeit: 30–40 Minuten

1. Zum Vorbereiten Trockenpflaumen klein schneiden, mit den Rosinen in einer Schale vermengen. Den Likör untermischen. Trockenfrüchte zugedeckt über Nacht einweichen.

2. Für den Teig das Mehl in eine Rührschüssel geben, mit Trockenbackhefe sorgfältig vermischen. Zucker, Vanillin-Zucker, Salz, Fenchelsamen, Zimt, Ei, Milch und Butter oder Margarine hinzufügen. Die Zutaten mit Handrührgerät mit Knethaken zunächst kurz auf niedrigster, dann auf höchster Stufe in etwa 5 Minuten zu einem glatten Teig verarbeiten.

3. Den Teig zugedeckt so lange an einem warmen Ort stehen lassen, bis er sich sichtbar vergrößert hat (etwa 25 Minuten).

4. Den gegangenen Teig leicht mit Mehl bestäuben, aus der Schüssel nehmen, auf einer leicht bemehlten Arbeitsfläche nochmals kurz durchkneten und zu einer Rolle formen. Die Teigrolle zu einem Rechteck (etwa 30 x 40 cm) ausrollen.

5. Für die Füllung die eingeweichten Früchte und Haselnusskerne auf der Teigplatte verteilen, dabei einen etwa 1 cm breiten Rand frei lassen.

6. Den Teig von der längeren Seite aus aufrollen. Die Enden der Rolle zusammendrücken und als Schlinge übereinanderlegen.

7. Den Backofen vorheizen.
Ober-/Unterhitze: etwa 180 °C
Heißluft: etwa 160 °C

8. Den Brotlaib auf ein Backblech (mit 2 Lagen Backpapier belegt) legen. Die Teigoberfläche mit einem scharfen Messer längs etwa 1 cm tief einschneiden.

9. Den Brotlaib nochmals zugedeckt so lange an einem warmen Ort gehen lassen, bis er sich sichtbar vergrößert hat (etwa 30 Minuten).

10. Das Backblech in den vorgeheizten Backofen schieben. Weihnachtsbrot **30–40 Minuten backen.**

11. Das Backblech auf einen Kuchenrost stellen.

12. Zum Bestreichen Weißwein oder Apfelsaft mit Zucker in einem kleinen Topf etwas einkochen lassen. Das noch warme Brot damit bestreichen.

13. Das Weihnachtsbrot erkalten lassen und mit Puderzucker bestäuben.

Johannisbeer-Nuss-Quadrate I

Fruchtig

etwa 35 Stück

Pro Stück:
E: 1 g, F: 3 g, Kh: 10 g, kJ: 310, kcal: 74

Für den Knetteig:

170 g Weizenmehl
1 Msp. Dr. Oetker Backin
100 g Zucker
1 Prise Salz
1 Pck. Dr. Oetker Vanillin-Zucker
1 Eigelb (Größe M)
100 g Butter oder Margarine

Für die Füllung:

70 g rotes Johannisbeergelee
50 g gehobelte Haselnusskerne

Zum Beträufeln:

70 g rotes Johannisbeergelee

Zubereitungszeit: 40 Minuten, ohne Kühlzeit
Backzeit: 15–20 Minuten

1. Für den Teig das Mehl mit Backpulver in einer Rührschüssel mischen. Zucker, Salz, Vanillin-Zucker, Eigelb und Butter oder Margarine hinzufügen.

2. Die Zutaten mit Handrührgerät mit Knethaken zunächst kurz auf niedrigster, danach auf höchster Stufe gut durcharbeiten.

3. Anschließend den Teig auf einer leicht bemehlten Arbeitsfläche zu einem glatten Teig verkneten. Sollte der Teig kleben, ihn in Frischhaltefolie gewickelt eine Zeit lang kalt stellen.

4. Den Backofen vorheizen.
Ober-/Unterhitze: etwa 180 °C
Heißluft: etwa 160 °C

5. Den Teig halbieren. Eine Teighälfte auf der leicht bemehlten Arbeitsfläche etwas flach rollen, auf ein Backblech (gefettet, mit Backpapier belegt) legen und zu einem Rechteck (etwa 20 x 28 cm) ausrollen.

6. Für die Füllung Johannisbeergelee in einem Topf gut aufkochen lassen. Gelee sofort mit einem Pinsel auf die Teigplatte streichen und mit den gehobelten Nusskernen bestreuen.

7. Die zweite Teighälfte auf der leicht bemehlten Arbeitsfläche ebenfalls zu einem Rechteck (etwa 20 x 28 cm) ausrollen. Das Teigrechteck vorsichtig auf die Teigrolle wickeln und über der Füllung wieder abrollen. Mit der Teigrolle leicht darüberrollen, damit sich Teig und Füllung verbinden. Mit einem Messer Quadrate (etwa 4 x 4 cm) auf dem Teig markieren, jedoch nicht durchschneiden.

8. Zum Beträufeln Johannisbeergelee gut aufkochen und sofort mit einem Teelöffel auf die Quadrate träufeln. Das Backblech in den vorgeheizten Backofen schieben. Die Teigplatte **15–20 Minuten backen.**

9. Das Backblech auf einen Kuchenrost stellen. Die heiße Gebäckplatte mit einem Messer in die markierten Quadrate schneiden. Quadrate erkalten lassen.

Tipps: Bevor das heiße Gebäck geschnitten wird, die Messerklinge leicht ölen. Dafür einige Tropfen Speiseöl auf Küchenpapier geben und die Klinge damit einreiben. Die Klinge während des Schneidens evtl. nochmals damit einreiben. Die Johannisbeer-Nuss-Quadrate sind in gut schließenden Dosen etwa 2 Wochen haltbar.

Kaffeeherzen, gefüllt | Zum Verschenken

etwa 45 Stück

Pro Stück:
E: 1 g, F: 5 g, Kh: 9 g, kJ: 376, kcal: 90

Für den Knetteig:
- *250 g Weizenmehl*
- *½ gestr. TL Dr. Oetker Backin*
- *130 g Zucker*
- *1 Prise Salz*
- *1 Pck. Dr. Oetker Bourbon-Vanille-Zucker*
- *1 Eigelb (Größe M)*
- *200 g Butter oder Margarine*

Für die Füllung:
- *150 g weiße Schokolade*
- *5 EL Schlagsahne (etwa 60 g)*
- *1 EL Kaffee- oder Espressobohnen (etwa 10 g)*

Zubereitungszeit: 50 Minuten, ohne Kühlzeit
Backzeit: etwa 10 Minuten je Backblech

1. Für den Teig das Mehl mit Backpulver in einer Rührschüssel mischen. Zucker, Salz, Vanille-Zucker, Eigelb und Butter oder Margarine hinzufügen. Die Zutaten mit Handrührgerät mit Knethaken zunächst kurz auf niedrigster, dann auf höchster Stufe gut durcharbeiten.

2. Anschließend den Teig auf einer leicht bemehlten Arbeitsfläche zu einem glatten Teig verkneten. Sollte der Teig kleben, ihn in Frischhaltefolie gewickelt eine Zeit lang kalt stellen.

3. Den Backofen vorheizen.
Ober-/Unterhitze: etwa 180 °C
Heißluft: etwa 160 °C

4. Den Teig portionsweise auf der leicht bemehlten Arbeitsfläche sehr dünn ausrollen. Mit einem Ausstecher etwa 90 Herzen (etwa 5 cm groß) ausstechen. Die Teigherzen auf Backbleche (mit Backpapier belegt) legen. Die Backbleche nacheinander (bei Heißluft zusammen) in den vorgeheizten Backofen schieben. Die Herzen **etwa 10 Minuten je Backblech backen.**

5. Die Herzen mit dem Backpapier von den Backblechen auf Kuchenroste ziehen. Herzen erkalten lassen.

6. Für die Füllung Schokolade in Stücke brechen, mit der Sahne in einem kleinen Topf im heißen Wasserbad bei schwacher Hitze unter Rühren schmelzen. Kaffee- oder Espressobohnen fein hacken und unter die Schokoladenmasse rühren. Die Masse in einen kleinen Gefrierbeutel füllen und eine kleine Ecke abschneiden.

7. Die Hälfte der Herzen mit der Unterseite nach oben auf ein Backblech legen. Die Füllung in Herzform daraufspritzen. Restliche Herzen darauflegen und leicht andrücken. Füllung fest werden lassen. Herzen in einer gut schließenden Dose kühl und trocken aufbewahren.

Tipps: Die Herzen anschließend mit etwas Puderzucker bestäuben. Oder je eine Schoko-Mokkabohne mit etwas von der restlichen Füllung auf die Plätzchen kleben. Die Kaffeeherzen sind in gut schließenden Dosen etwa 1 Woche haltbar.

Kaffeemakronen | Für Gäste

etwa 25 Stück

Insgesamt:
E: 18 g, F: 36 g, Kh: 209 g, kJ: 5181, kcal: 1238

Zum Vorbereiten:
2 EL geröstete Kaffeebohnen (15 g)
1 Pck. Azora-Kekse (zartes Orangengebäck von Bahlsen, 125 g)

Für die Eiweißmasse:
2 Eiweiß (Größe M)
1 TL Zitronensaft
80 g Zucker
1 EL Speisestärke
20 g gesiebter Puderzucker

etwa 25 Schokoladen-Mokkabohnen

Zubereitungszeit: 40 Minuten
Backzeit: etwa 20 Minuten je Backblech

1. Zum Vorbereiten die Kaffeebohnen im Mörser grob zerstoßen oder im Blitzhacker zerkleinern. Kekse in einen Gefrierbeutel geben. Beutel verschließen. Kekse mit einer Teigrolle fein zerbröseln.

2. Den Backofen vorheizen.
Ober-/Unterhitze: etwa 180 °C
Heißluft: etwa 160 °C

3. Für die Eiweißmasse Eiweiß und Zitronensaft mit Handrührgerät mit Rührbesen auf höchster Stufe so steif schlagen, dass ein Messerschnitt sichtbar bleibt. Nach und nach Zucker kurz unterschlagen. Keksbrösel mit Speisestärke, Puderzucker und den zerstoßenen Kaffeebohnen in einer Schüssel mischen und in 2 Portionen kurz auf mittlerer Stufe unter die Eiweißmasse rühren.

4. Den Teig mit 2 Teelöffeln in Häufchen mit etwas Abstand auf Backbleche (gefettet, mit Backpapier belegt) setzen. Die Backbleche nacheinander (bei Heißluft zusammen) in den vorgeheizten Backofen schieben. Die Kaffeemakronen **etwa 20 Minuten je Backblech backen.**

5. Die Kaffeemakronen mit dem Backpapier von den Backblechen auf Kuchenroste ziehen. Jeweils eine Mokkabohne auf die heißen Makronen legen. Die Kaffeemakronen erkalten lassen.

Tipp: Die Kaffeemakronen sind in gut schließenden Dosen 2–3 Wochen haltbar.

Karamellini | Gut vorzubereiten

etwa 100 Stück

Insgesamt:
E: 52 g, F: 123 g, Kh: 382 g, kJ: 11813, kcal: 2824

Für den Rührteig:
125 g weiche Butter oder Margarine
150 g grober Rohrzucker
1 Prise Salz
1 Ei (Größe M)
2 EL Apfeldicksaft (erhältlich im Bioladen)
250 g Dinkel-Vollkornmehl
1 gestr. TL Dr. Oetker Backin

Zum Bestreichen und Wälzen:
1 Ei
2 EL grober Rohrzucker

Zubereitungszeit: 30 Minuten, ohne Kühlzeit
Backzeit: 8–10 Minuten je Backblech

1. Für den Teig die Butter oder Margarine in einer Rührschüssel mit Handrührgerät mit Rührbesen auf höchster Stufe geschmeidig rühren. Nach und nach Zucker und Salz unterrühren. So lange rühren, bis eine gebundene Masse entstanden ist. Ei in etwa ½ Minute unterrühren. Saft hinzufügen.

2. Mehl mit Backpulver mischen. Zwei Drittel davon auf mittlerer Stufe unterrühren. Restliches Mehlgemisch auf der bemehlten Arbeitsfläche unterkneten. Aus dem Teig 2 Rollen (Ø je etwa 3 cm) formen.

3. Zum Bestreichen und Wälzen Ei verschlagen. Die Teigrollen zuerst mit dem verschlagenen Ei bestreichen, dann in Rohrzucker wälzen. Die Teigrollen auf ein Schneidebrett geben, mit Frischhaltefolie zudecken und mindestens 3 Stunden kalt stellen.

4. Den Backofen vorheizen.
Ober-/Unterhitze: etwa 180 °C
Heißluft: etwa 160 °C

5. Die Teigrollen mit einem scharfen Messer in etwa ½ cm dicke Scheiben schneiden und auf Backbleche (mit Backpapier belegt) legen.

6. Die Backbleche nacheinander (bei Heißluft zusammen) in den vorgeheizten Backofen schieben. Die Karamellini **8–10 Minuten je Backblech backen.**

7. Die Karamellini mit dem Backpapier von den Backblechen auf Kuchenroste ziehen. Karamellini erkalten lassen.

Tipp: Karamellini sind in gut schließenden Dosen 2–3 Wochen haltbar.

Karamell-Mandel-Pralinen I

Gut vorzubereiten

etwa 30 Stück

Pro Stück:

E: 2 g, F: 10 g, Kh: 19 g, kJ: 741, kcal: 177

Zum Vorbereiten:

85 g gestiftelte Mandeln
75 g Marzipan-Rohmasse

Für die Karamellmasse:

165 g Zucker
1 EL Butter
1 EL Schlagsahne

Für den Guss:

150 g Vollmilch-Kuvertüre
2 TL Speiseöl

Zum Bestäuben:

etwas Kakaopulver
etwas Puderzucker

Zubereitungszeit: 40 Minuten, ohne Abkühlzeit

1. Zum Vorbereiten Mandeln in einer Pfanne ohne Fett unter Rühren rösten, herausnehmen und auf einen Teller geben. Marzipan in Würfel schneiden.

2. Für die Karamellmasse Zucker in einem Topf unter Rühren hellbraun karamellisieren lassen. Den Topf von der Kochstelle nehmen. Weiche Butter und Sahne unterrühren. Die Masse unter Rühren nochmals leicht erhitzen. Die Marzipanwürfel und Mandeln unter die Karamellmasse rühren.

3. Die Karamellmasse etwa 1 cm dick auf ein Backblech (30 x 40 cm, mit Butter gefettet) streichen und erkalten lassen. Kleine Rechtecke (etwa 1 x 3 cm) mit einem scharfen Messer ausschneiden.

4. Für den Guss die Kuvertüre in Stücke hacken, mit Speiseöl in einem kleinen Topf im heißen Wasserbad bei schwacher Hitze unter Rühren schmelzen. Die Karamell-Mandel-Pralinen mithilfe von 2 Gabeln in die Kuvertüre tauchen und an der Unterseite abstreifen.

5. Die Karamell-Mandel-Pralinen auf Backpapier legen und mit Kakao bestäuben. Kuvertüre fest werden lassen. Nach Belieben mit Puderzucker bestäuben.

Kastanien-Schokoladen-Lebkuchen | Raffiniert

etwa 20 Stück

Pro Stück:
E: 5 g, F: 13 g, Kh: 21 g, kJ: 924, kcal: 221

Zum Vorbereiten:
200 g geschälte, gekochte Kastanien
80 g Zartbitter-Kuvertüre
50 g Orangeat
200 g Marzipan-Rohmasse

Für den Teig:
3 Eier (Größe M)
1 Prise Salz
100 g Zucker
1–2 TL Lebkuchengewürz
1 EL gesiebtes Kakaopulver
1 gestr. TL Haus-Natron
120 g abgezogene, gemahlene Mandeln

etwa 20 Backoblaten (Ø etwa 7 cm)

Für den Guss:
200 g Zartbitter-Kuvertüre
1 TL Speiseöl

Zubereitungszeit: 40 Minuten, ohne Trocken- und Abkühlzeit
Backzeit: etwa 10 Minuten je Backblech

1. Zum Vorbereiten Kastanien in kleine Würfel schneiden. Kuvertüre fein hacken. Orangeat und Marzipan ebenfalls klein würfeln.

2. Für den Teig die Eier mit Salz und Zucker in einer Rührschüssel mit Handrührgerät mit Rührbesen auf höchster Stufe etwa 5 Minuten schaumig schlagen. Kastanienwürfel, Kuvertürestücke, Orangeat-, Marzipanwürfel, Lebkuchengewürz, Kakao, Natron und Mandeln mischen, zum Eierschaum geben und mit Handrührgerät mit Knethaken gut verkneten.

3. Oblaten auf 2 Backbleche (mit Backpapier belegt) setzen. Je 1 gehäuften Esslöffel des Lebkuchenteiges auf die Oblaten geben und mit einem Messer glatt streichen. Den Lebkuchenteig etwa 1 Stunde bei Zimmertemperatur trocknen lassen.

4. Den Backofen vorheizen.
Ober-/Unterhitze: etwa 180 °C
Heißluft: etwa 160 °C

5. Die Backbleche nacheinander (bei Heißluft zusammen) in den vorgeheizten Backofen schieben. Die Lebkuchen **etwa 10 Minuten je Backblech backen.**

6. Die Lebkuchen mit dem Backpapier von den Backblechen auf Kuchenroste ziehen, erkalten lassen.

7. Für den Guss die Kuvertüre fein hacken, mit Speiseöl in einem kleinen Topf im heißen Wasserbad bei schwacher Hitze unter Rühren schmelzen. Die erkalteten Lebkuchen mit der Oberseite in die Kuvertüre tauchen. Mit einem Pinsel die überschüssige Kuvertüre abstreichen. Lebkuchen auf Backpapier setzen. Den Guss fest werden lassen.

Tipp: Sie können die Lebkuchen nach Belieben garnieren.

Kirschkekse mit Rosenblütenwasser | Mit Alkohol

etwa 50 Stück

Insgesamt:
E: 28 g, F: 136 g, Kh: 402 g, kJ: 12443, kcal: 2973

Für den Rührteig:

- *75 g getrocknete Kirschen (entsteint, gesüßt, erhältlich z. B. in Drogeriemärkten oder Bioläden)*
- *1 gestr. TL Dr. Oetker Finesse Geriebene Zitronenschale*
- *1 EL blütenzarte Haferflocken*
- *3–4 EL Rosenblütenwasser (erhältlich in türkischen Geschäften, Bioläden oder Apotheken)*
- *150 g weiche Butter oder Margarine*
- *100 g gesiebter Puderzucker*
- *1 Prise Salz*
- *1 Pck. Dr. Oetker Vanillin-Zucker*
- *1 Eigelb (Größe M)*
- *200 g Weizenmehl*
- *½ TL Dr. Oetker Backin*
- *1 EL Milch*

Für den Guss und zum Garnieren:

- *75 g gesiebter Puderzucker*
- *1–2 EL Rosenblütenwasser*
- *einige bunte Zuckerperlen*

Zubereitungszeit: 30 Minuten, ohne Abkühlzeit
Backzeit: etwa 25 Minuten je Backblech

1. Für den Teig Kirschen fein hacken, mit Zitronenschale und Haferflocken in eine kleine Schüssel geben. Mit Rosenblütenwasser mischen.

2. Den Backofen vorheizen.
Ober-/Unterhitze: etwa 160 °C
Heißluft: etwa 140 °C

3. Butter oder Margarine in einer Rührschüssel mit Handrührgerät mit Rührbesen auf höchster Stufe geschmeidig rühren. Nach und nach Puderzucker, Salz und Vanillin-Zucker unterrühren. Das Eigelb in knapp ½ Minute unterrühren.

4. Mehl mit Backpulver mischen und in 2 Portionen auf mittlerer Stufe unterrühren. Kirsch-Haferflocken-Masse und Milch kurz unterrühren.

5. Teig mit 2 Teelöffeln in walnussgroßen Häufchen mit etwas Abstand auf 2 Backbleche (gefettet, mit Backpapier belegt) setzen. Die Backbleche nacheinander (bei Heißluft zusammen) in den vorgeheizten Backofen schieben. Die Kirschkekse **etwa 25 Minuten je Backblech backen.**

6. Die Kirschkekse mit dem Backpapier auf Kuchenroste ziehen. Kirschkekse erkalten lassen.

7. Für den Guss und zum Garnieren Puderzucker mit so viel Rosenblütenwasser verrühren, dass ein dickflüssiger Guss entsteht. Den Guss in Klecksen auf die Kekse geben und sofort mit Zuckerperlen bestreuen. Guss fest werden lassen.

Tipp: Die Kirschkekse sind in gut schließenden Dosen etwa 3 Wochen haltbar.

Kirsch-Krokant-Quadrate | Raffiniert

etwa 32 Stück

Pro Stück:
E: 2 g, F: 11 g, Kh: 13 g, kJ: 672, kcal: 161

Für den Knetteig:

100 g Weizenmehl
½ TL Dr. Oetker Backin
75 g Butter oder Margarine
75 g Zucker
1 gestr. TL Spekulatiusgewürz
100 g abgezogene, gemahlene Mandeln
2 EL Milch

Zum Bestreichen:

3 EL Kirschgelee

Für den Krokantbelag:

100 g getrocknete Kirschen (entsteint, gesüßt)
100 g Butter
100 g Zucker
40 g flüssiger Honig
100 g Schlagsahne
200 g gestiftelte Mandeln

Zubereitungszeit: 40 Minuten, ohne Kühlzeit
Backzeit: Gebäckplatte 10–15 Minuten
Backzeit: Krokant etwa 10 Minuten

1. Für den Teig das Mehl mit Backpulver mischen und in eine Rührschüssel geben. Butter oder Margarine, Zucker, Gewürz, Mandeln und Milch hinzufügen. Die Zutaten mit Handrührgerät mit Knethaken zunächst kurz auf niedrigster, danach auf höchster Stufe gut durcharbeiten. Anschließend den Teig auf einer leicht bemehlten Arbeitsfläche zu einem glatten Teig verkneten. Den Teig in Frischhaltefolie gewickelt etwa 30 Minuten kalt stellen.

2. Den Backofen vorheizen.
Ober-/Unterhitze: etwa 180 °C
Heißluft: etwa 160 °C

3. Den Knetteig auf einem Backblech (gefettet) in der Größe von etwa 20 x 40 cm ausrollen. Den Teigboden mehrmals mit einer Gabel einstechen. Das Backblech in den vorgeheizten Backofen schieben. Die Gebäckplatte **10–15 Minuten backen.**

4. Das Backblech auf einen Kuchenrost stellen. Die Gebäckplatte sofort vom Backblech lösen, aber darauf erkalten lassen.

5. Zum Bestreichen Gelee in einem kleinen Topf erhitzen. Die Gebäckplatte damit bestreichen.

6. Für den Krokantbelag Kirschen grob hacken. Butter, Zucker und Honig in einer Pfanne so lange unter Rühren erhitzen, bis die Masse leicht gebräunt ist. Sahne hinzugießen. So lange rühren, bis der Zucker wieder gelöst ist.

7. Mandeln und Kirschstückchen hinzugeben, unter Rühren kurz aufkochen lassen, bis eine gebundene Masse entstanden ist.

8. Einen Backrahmen (etwa 20 x 40 cm) auf ein Backblech (mit Backpapier belegt) stellen. Die Krokantmasse hineingeben und gleichmäßig verstreichen. Das Backblech in den vorgeheizten Backofen schieben. Die Krokantmasse **bei gleicher Backofentemperatur in etwa 10 Minuten goldbraun backen.**

9. Das Backblech auf einen Kuchenrost stellen. Die Krokantmasse auf dem Backblech erkalten lassen. Backrahmen lösen und entfernen.

10. Die Gebäckplatte und Krokantplatte jeweils in etwa 5 x 5 cm große Quadrate schneiden. Die Krokantquadrate auf die mit Gelee bestrichenen Gebäckquadrate legen, etwas andrücken.

11. Kirsch-Krokant-Quadrate in einer gut schließenden Dose aufbewahren.

Tipps: Die Kirsch-Krokant-Quadrate nochmals halbieren. Eine Spitze des Gebäcks in geschmolzene Schokolade (100 g Edelbitter-Schokolade und 1 Teelöffel Speiseöl) tauchen und auf Backpapier legen. Schokolade fest werden lassen. Die Kirsch-Krokant-Quadrate sind in einer gut schließenden Dose etwa 1 Woche haltbar.

Kirschwassertrüffel | Mit Alkohol

etwa 20 Stück

Pro Stück:
E: 1 g, F: 8 g, Kh: 11 g, kJ: 528, kcal: 126

Für die Trüffelmasse:
200 g Vollmilch-Schokolade
50 g Crème double
35 g feinkörniger Zucker
3 EL Kirschwasser

Für den Guss:
150 g Zartbitter-Kuvertüre
1 EL Speiseöl

Außerdem:
etwa 20 Papierpralinenförmchen

Zubereitungszeit: 45 Minuten, ohne Abkühl- und Kühlzeit

1. Für die Trüffelmasse die Schokolade in Stücke brechen, in einem kleinen Topf im heißen Wasserbad bei schwacher Hitze unter Rühren schmelzen. Die Crème double und Zucker unterrühren.

2. Die Schokoladenmasse in eine Rührschüssel geben. Kirschwasser hinzufügen und mit Handrührgerät mit Rührbesen unterrühren, etwas abkühlen lassen. Wenn die Masse anfängt dicklich zu werden, sie zu kleinen Kugeln formen. Kugeln nebeneinander auf Backpapier legen und fest werden lassen (evtl. zwischendurch kalt stellen).

3. Für den Guss die Kuvertüre in Stücke hacken, mit Speiseöl in einem kleinen Topf im heißen Wasserbad bei schwacher Hitze unter Rühren schmelzen. Die Trüffelkugeln mithilfe von 2 Gabeln in die Kuvertüre tauchen, auf einen Kuchenrost legen und fest werden lassen.

4. Die Trüffel vorsichtig lösen, evtl. mit einem kleinen Küchenmesser abschneiden und in kleine Papierpralinenförmchen setzen. Die Trüffel kühl aufbewahren.

Tipps: Statt die Trüffel mit Guss zu überziehen, können Sie auch in mit Puderzucker gemischtem Kakaopulver gewälzt werden. Crème double kann auch durch Schlagsahne ersetzt werden. Die Trüffel nach Belieben mit Liebesperlen garnieren. Dann Liebesperlen auf den noch feuchten Guss streuen und fest werden lassen.

Kirsch-Zimt-Schnecken | Für Kinder

etwa 50 Stück

Insgesamt:
E: 41 g, F: 178 g, Kh: 422 g, kJ: 14513, kcal: 3469

Für den Knetteig:

100 g getrocknete Kirschen (entsteint, gesüßt)
270 g Weizenmehl
1/2 gestr. TL Dr. Oetker Backin
130 g Zucker
1 Prise Salz
1 Pck. Dr. Oetker Vanillin-Zucker
1 Ei (Größe M)
200 g Butter oder Margarine
1 gestr. EL gesiebtes Kakaopulver
1 gestr. TL gemahlener Zimt

Zubereitungszeit: 40 Minuten, ohne Kühlzeit
Backzeit: etwa 15 Minuten je Backblech

1. Für den Teig die Kirschen sehr fein hacken. Mehl mit Backpulver mischen und in eine Rührschüssel geben. Zucker, Salz, Vanillin-Zucker, Ei und Butter oder Margarine hinzufügen. Die Zutaten mit Handrührgerät mit Knethaken zunächst kurz auf niedrigster, dann auf höchster Stufe gut durcharbeiten.

2. Anschließend den Teig auf einer leicht bemehlten Arbeitsfläche zu einem glatten Teig verkneten. Den Teig halbieren. Unter eine Teighälfte die gehackten Kirschen kneten. Kakao mit Zimt mischen und unter die zweite Teighälfte kneten. Sollten die Teige kleben, in Frischhaltefolie gewickelt eine Zeit lang kalt stellen.

3. Die beiden Teige nacheinander auf einer leicht bemehlten Arbeitsfläche ausrollen. Kakao-Zimt-Teig zu einem Rechteck (etwa 24 x 34 cm) und den Kirschteig zu einem Rechteck (etwa 20 x 34 cm) ausrollen. Den Kirschteig so auf den Kakao-Zimt-Teig legen, dass an den Längsseiten jeweils ein Streifen frei bleibt, leicht andrücken.

4. Die Teigplatte von der längeren Seite aus aufrollen. Teigrolle quer halbieren, jeweils in Frischhaltefolie wickeln und mindestens 3 Stunden kalt stellen.

5. Den Backofen vorheizen.
Ober-/Unterhitze: etwa 180 °C
Heißluft: etwa 160 °C

6. Die Teigrollen mit einem Sägemesser in etwa 1/2 cm dünne Scheiben schneiden. Dabei die Rollen immer wieder drehen, damit die Scheiben gleichmäßig abgeschnitten werden. Die Teigscheiben auf Backbleche (mit Backpapier belegt) legen. Die Backbleche nacheinander (bei Heißluft zusammen) in den vorgeheizten Backofen schieben. Die Kirsch-Zimt-Schnecken **etwa 15 Minuten je Backblech backen.**

7. Die Kirsch-Zimt-Schnecken mit dem Backpapier auf Kuchenroste ziehen und erkalten lassen.

Tipp: Die Kirsch-Zimt-Schnecken sind in gut schließenden Dosen 2–3 Wochen haltbar.

Knusperhaus | Für Kinder

Insgesamt (ohne Garnierung):
E: 60 g, F: 105 g, Kh: 906 g, kJ: 20341, kcal: 4861

Für den Lebkuchenteig:
240 g flüssiger Honig
120 g Butter oder Margarine
375 g Weizenmehl
4 gestr. TL Dr. Oetker Backin
3 gestr. TL gesiebtes Kakaopulver
3 Eier (Größe M)
15 g Lebkuchengewürz
1 Pck. Dr. Oetker Finesse Orangenschalen-Aroma
150 ml Milch

Für den Guss:
4 Blatt weiße Gelatine
500 g Puderzucker
40 g Speisestärke
5–6 EL heißes Wasser

Außerdem:
Süßigkeiten nach Belieben
Puderzucker

Zubereitungszeit: 60 Minuten, ohne Abkühl- und Trockenzeit
Backzeit: etwa 15 Minuten

1. Den Backofen vorheizen.
Ober-/Unterhitze: etwa 180 °C
Heißluft: etwa 160 °C

2. Für den Teig Honig und Butter oder Margarine in einem kleinen Topf unter Rühren zerlassen und einmal aufkochen. Honig-Fett-Mischung in eine Rührschüssel geben und erkalten lassen. Mehl mit Backpulver und Kakao mischen. Mit Eiern, Gewürz, Aroma und Milch zu der Honig-Fett-Mischung geben. Die Zutaten mit Handrührgerät mit Rührbesen zu einem glatten Teig verrühren.

3. Den Teig gleichmäßig auf einem Backblech (30 x 40 cm, gefettet, mit Backpapier belegt) verteilen. Das Backpapier an der schrägen Seite des Backbleches zu einer Falte knicken, sodass ein Rand entsteht. Das Backblech in den vorgeheizten Backofen schieben. Die Gebäckplatte **etwa 15 Minuten backen.**

4. Das Backblech auf einen Kuchenrost stellen. Die Gebäckplatte erkalten lassen.

5. Eine Papierschablone nach Vorlage ausschneiden. Die Einzelteile aus der Gebäckplatte ausschneiden. Gebäckstücke evtl. über Nacht trocknen lassen, damit sie mehr Stabilität bekommen.

6. Dann das Knusperhaus mit einem Puderzuckerguss zusammensetzen. Dafür die Gelatine in kaltem Wasser nach Packungsanleitung einweichen. Puderzucker und Speisestärke mischen, in eine Rührschüssel sieben. Eingeweichte Gelatine ausdrücken, mit 5–6 Esslöffeln Wasser in einem kleinen Topf unter Rühren erwärmen (nicht kochen), bis sie völlig gelöst ist.

7. Die Gelatineflüssigkeit sofort zum Puderzucker-Speisestärke-Gemisch geben und mit Handrührgerät

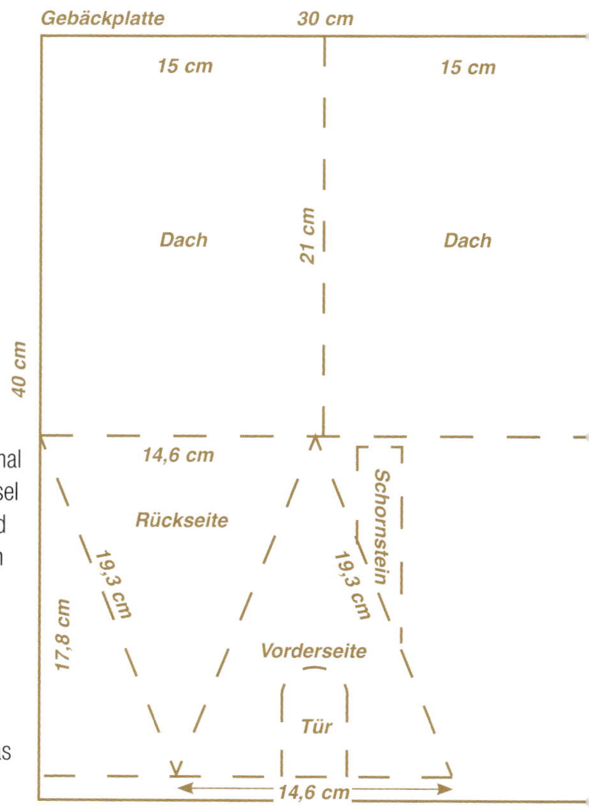

mit Rührbesen zu einer zähen Masse verrühren. Die Masse sofort in einen Spritzbeutel mit Sterntülle (Ø etwa 12 mm) füllen. Das Knusperhaus auf einem Brett oder einer Tortenplatte zusammensetzen.

8. Dazu die Rückwand mit einer Dachhälfte zusammenkleben und dann mit den restlichen Teilen fertig stellen. Anschließend mit der Puderzuckermasse die Tür anbringen. Die Süßigkeiten sofort mit der Puderzuckermasse an das Haus kleben. Das Knusperhaus gut trocknen lassen. Zuletzt das Knusperhaus mit Puderzucker bestäuben.

Tipps: Wenn Sie keinen Spritzbeutel haben, geben Sie den Guss in einen Gefrierbeutel und schneiden eine kleine Ecke ab. Gebäckreste in kleine Dreiecke schneiden und daraus einen Gartenzaun um das Haus setzen.

Knusperhäuschen | Beliebt

Insgesamt:
E: 85 g, F: 63 g, Kh: 1078 g, kJ: 22175, kcal: 5298

Für den Teig:
300 g flüssiger Honig
75 g Zucker
2 Pck. Dr. Oetker Vanillin-Zucker
1 Ei (Größe M)
50 g weiche Butter oder Margarine
4 EL Wasser
600 g Weizenmehl
30 g gesiebtes Kakaopulver
3 gestr. TL Dr. Oetker Backin

Zum Bestreichen:
etwas flüssige Schlagsahne

Für den Guss:
200–300 g gesiebter Puderzucker
1–2 Eiweiß (Größe M)

Zum Garnieren:
verschiedene Nusskerne
verschiedene Süßigkeiten

Zum Bestäuben:
etwas Puderzucker

Außerdem:
Holzstäbchen

Zubereitungszeit: 65 Minuten, ohne Abkühl- und Trockenzeit
Backzeit: etwa 15 Minuten je Backblech

2 x Dachplatte 14 x 12 cm

1. Für den Teig Honig, Zucker, Vanillin-Zucker, Ei, Butter oder Margarine und Wasser in einer Rührschüssel mit Handrührgerät mit Rührbesen auf höchster Stufe geschmeidig rühren. Mehl mit Kakao und Backpulver mischen und mit Handrührgerät mit Knethaken unterarbeiten.

2. Die Hälfte des Teiges auf einer leicht bemehlten Arbeitsfläche zu einem glatten Teig verkneten und knapp $^1/_2$ cm dick ausrollen. Zunächst 2 Seitenteile (etwa 5 x 12 cm) für das Haus ausschneiden (am besten nach Papierschablone). Danach 2 Giebelseiten (Seitenlänge etwa 10 cm, Seitenhöhe etwa 5 cm, Firsthöhe etwa 14 cm) ausschneiden. Danach für das Dach 2 Rechtecke (etwa 14 x 12 cm) ausschneiden. Aus den Seitenteilen (etwa 5 x 12 cm) jeweils 2 Fenster ausschneiden. Aus der vorderen Giebelseite 1 Tür und 1 Fenster ausschneiden. Ausgeschnittene Fensterteile und die Tür unter den restlichen Teig kneten.

3. Den Backofen vorheizen.
Ober-/Unterhitze: etwa 200 °C
Heißluft: etwa 180 °C

4. Die vorbereiteten Teigstücke auf Backbleche (mit Backpapier belegt) legen und mit Sahne bestreichen.

5. Aus einem Teil des restlichen Teiges eine Gebäckplatte (etwa 20 x 30 cm) ausrollen, auf ein Backblech (mit Backpapier belegt) legen und ebenfalls mit Sahne

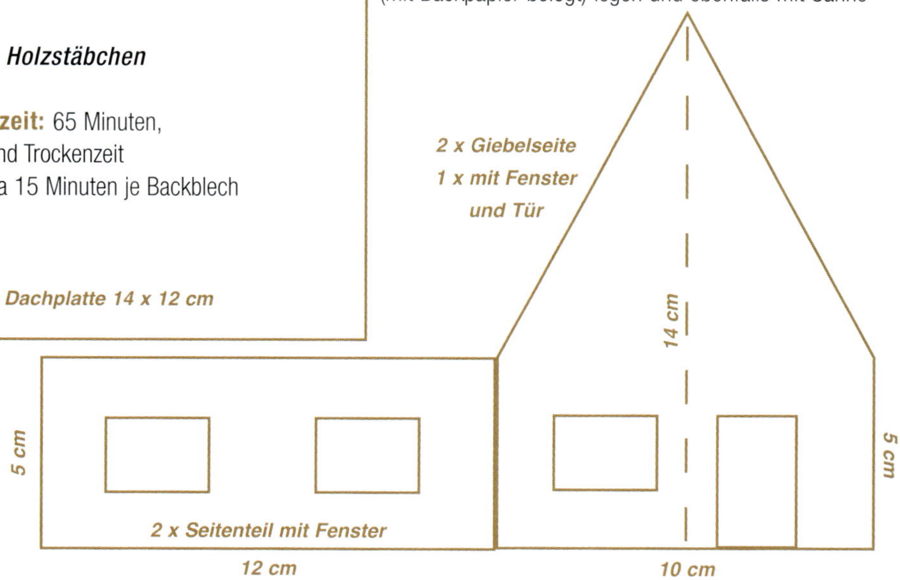

bestreichen. Aus dem restlichen Teig Figuren in verschiedenen Größen, Zaun, Tannenbäume und Platten für den Hauseingang ausschneiden und mit auf die Backbleche legen. Mit Sahne bestreichen. Die Backbleche nacheinander (bei Heißluft zusammen) in den vorgeheizten Backofen schieben. Die Gebäckteile **etwa 15 Minuten je Backblech backen.**

6. Die Gebäckteile mit dem Backpapier von den Backblechen auf Kuchenroste ziehen. Gebäckteile erkalten lassen.

7. Für den Guss den Puderzucker mit Eiweiß zu einer dickflüssigen Masse verrühren. Hausteile mit etwas von dem Guss auf der Gebäckplatte zu einem Haus zusammensetzen. Mit Holzstäbchen fixieren. Guss trocknen lassen. Haus, Tannenbäume und Zaun mit dem restlichem Puderzuckerguss verzieren. Knusperhäuschen mit Nusskernen und Süßigkeiten garnieren. Mit Puderzucker bestäuben.

Hinweis: Nur ganz frisches Eiweiß verwenden, das nicht älter als 5 Tage ist (Legedatum beachten).

Kokosberge mit Cranberries

Einfach

etwa 30 Stück

Insgesamt:
E: 24 g, F: 158 g, Kh: 284 g, kJ: 11127, kcal: 2666

Für den Rührteig:

125 g weiche Butter oder Margarine
70 g Zucker
1/2 Pck. Dr. Oetker Finesse Orangenschalen-Aroma
1 Ei (Größe M)
125 g Weizenmehl
1/2 TL Dr. Oetker Backin
75 g Kokos-Chips
125 g getrocknete Cranberries

Für den Guss und zum Verzieren:

75 g Puderzucker
1–2 EL Zitronensaft
einige bunte Zuckerstreusel

Zubereitungszeit: 30 Minuten, ohne Abkühlzeit
Backzeit: 12–15 Minuten

1. Für den Teig die Butter oder Margarine in einer Rührschüssel mit Handrührgerät mit Rührbesen auf höchster Stufe geschmeidig rühren. Nach und nach Zucker und Aroma unterrühren. So lange rühren, bis eine gebundene Masse entstanden ist. Das Ei etwa 1/2 Minute unterrühren.

2. Mehl mit Backpulver mischen und in 2 Portionen auf mittlerer Stufe unterrühren. Kokos-Chips und Cranberries zuletzt kurz unterrühren.

3. Den Backofen vorheizen.
Ober-/Unterhitze: etwa 200 °C
Heißluft: etwa 180 °C

4. Den Teig mit 2 Teelöffeln in walnussgroßen Häufchen mit etwas Abstand auf ein Backblech (gefettet, mit Backpapier belegt) setzen.

5. Das Backblech in den vorgeheizten Backofen schieben. Kekse **12–15 Minuten backen.**

6. Die Kekse mit dem Backpapier vom Backblech auf einen Kuchenrost ziehen. Kekse erkalten lassen.

7. Für den Guss Puderzucker mit Zitronensaft zu einer dickflüssigen Masse verrühren. Die Kekse mit dem Guss verzieren und sofort mit Zuckerstreuseln bestreuen. Guss fest werden lassen.

Tipps: Die Plätzchen sind in einer gut schließenden Dose 3–4 Wochen haltbar. Sie können die Kokosberge mit Cranberries zusätzlich auch noch mit Kokos-Chips bestreuen (Foto).

Kokostaler | Schnell – einfach

etwa 100 Stück

Insgesamt:
E: 46 g, F: 344 g, Kh: 455 g, kJ: 21415, kcal: 5117

Für den Knetteig:

275 g Weizenmehl
½ gestr. TL Dr. Oetker Backin
250 g Zucker
1 Pck. Dr. Oetker Vanillin-Zucker
5 Tropfen Bittermandel-Aroma
1 Ei (Größe M)
250 g Butter
200 g Kokosraspel

2–3 EL Milch

Zubereitungszeit: 20 Minuten, ohne Kühlzeit
Backzeit: 12–15 Minuten je Backblech

1. Für den Teig das Mehl mit Backpulver in einer Rührschüssel mischen. Zucker, Vanillin-Zucker, Aroma, Ei und Butter hinzufügen. Die Zutaten mit Handrührgerät mit Knethaken zunächst kurz auf niedrigster, dann auf höchster Stufe gut durcharbeiten. Kokosraspel zuletzt unterarbeiten.

2. Den Teig auf einer leicht bemehlten Arbeitsfläche zu einem glatten Teig verkneten. Den Teig zu 3 etwa 25 cm langen Rollen formen. Die Teigrollen in Frischhaltefolie gewickelt mindestens 2 Stunden oder über Nacht kalt stellen.

3. Den Backofen vorheizen.
Ober-/Unterhitze: etwa 180 °C
Heißluft: etwa 160 °C

4. Danach die Teigrollen in knapp ½ cm dicke Scheiben schneiden und auf Backbleche (mit Backpapier belegt) legen. Dabei die Rollen immer wieder drehen, damit die Scheiben gleichmäßig werden.

5. Die Teigplätzchen mit Milch bestreichen. Die Backbleche nacheinander (bei Heißluft zusammen) in den vorgeheizten Backofen schieben und die Kokostaler **12–15 Minuten je Backblech backen.**

6. Die Kokostaler mit dem Backpapier von den Backblechen auf Kuchenroste ziehen. Kokostaler erkalten lassen.

Tipps: Nur die Hälfte der Teigtaler vor dem Backen mit Milch bestreichen. Die restlichen Teigtaler nach dem Backen mit 50 g geschmolzener Zartbitter-Kuvertüre besprenkeln (Foto). Wenn es schneller gehen soll, können Sie die Rollen etwa ½ Stunde in den Gefrierschrank legen, statt sie einige Stunden kalt zu stellen. Die Kokostaler sind in gut schließenden Dosen 3–4 Wochen haltbar.

Lebkuchenbrote mit Pflaumen, kleine | Raffiniert

8 Stück

Pro Stück:
E: 9 g, F: 10 g, Kh: 87 g, kJ: 1995, kcal: 477

Für den Lebkuchenteig:

100 g flüssiger Honig
100 g Zucker
3 EL Wasser
1 Ei (Größe M)
420 g Weizenmehl
1–2 TL Lebkuchengewürz
½ TL schwarzer, gemahlener Pfeffer
1 TL Haus-Natron

Für die Füllung:

350 g getrocknete, entsteinte Pflaumen
100 ml kochendes Wasser
100 g Haselnusskerne
1 TL gemahlener Zimt

Zubereitungszeit: 40 Minuten, ohne Kühlzeit
Backzeit: etwa 15 Minuten je Backblech

1. Für den Teig Honig, Zucker und 3 Esslöffel Wasser in einem Topf unter Rühren erwärmen, bis sich der Zucker gelöst hat. Die Masse in eine Rührschüssel geben und erkalten lassen. Das Ei unterrühren.

2. Mehl mit Lebkuchengewürz, Pfeffer und Natron mischen und hinzufügen. Die Zutaten mit den Händen zu einem glatten Teig verkneten. Den Teig in Frischhaltefolie gewickelt etwa 1 Stunde kalt stellen.

3. Für die Füllung die Pflaumen grob hacken, in eine Schale geben und mit 100 ml kochendem Wasser übergießen. Haselnusskerne grob hacken. 2 Esslöffel davon zum Bestreuen beiseitelegen. Die restlichen Haselnusskerne und Zimt mit den Pflaumenstücken vermischen.

4. Den Backofen vorheizen.
Ober-/Unterhitze: etwa 180 °C
Heißluft: etwa 160 °C

5. Den Lebkuchenteig kurz durchkneten und auf einer leicht bemehlten Arbeitsfläche etwa ½ cm dick ausrollen. Aus der Teigplatte 8 Kreise (Ø etwa 11 cm) ausstechen. Die Pflaumenfüllung gleichmäßig auf den Teigkreisen verteilen. Die Seiten der einzelnen Kreise nach oben einschlagen, sodass die Pflaumenfüllung eingepackt ist.

6. Die Lebkuchenbrote umdrehen und etwas länglich drücken. Die Brote mit einem Messer 3–4-mal schräg eindrücken und mit etwas Wasser bestreichen. Mit den beiseitegelegten Haselnusskernen bestreuen.

7. Die Lebkuchenbrote mit etwas Abstand auf Backbleche (mit Backpapier belegt) setzen. Die Backbleche nacheinander (bei Heißluft zusammen) in den vorgeheizten Backofen schieben. Die Lebkuchenbrote **etwa 15 Minuten je Backblech backen.**

8. Die Lebkuchenbrote mit dem Backpapier von den Backblechen auf Kuchenroste ziehen. Lebkuchenbrote erkalten lassen.

Tipp: Die Lebkuchenbrote mit Pflaumen halten in einer Dose kühl und trocken gelagert etwa 2 Wochen.

Lebkuchenfiguren I

Mit Alkohol

etwa 20 Stück

Insgesamt:
E: 78 g, F: 140 g, Kh: 807 g, kJ: 20815, kcal: 4974

Für den Lebkuchenteig:

250 g flüssiger Honig
100 g Zucker
125 g Butter oder Margarine
1 Ei (Größe M)
2 EL Rum
1 geh. TL gemahlener Zimt
1 Pck. Lebkuchengewürz (15 g)
500 g Weizenmehl
1 Pck. Dr. Oetker Backin
2 schwach geh. EL gesiebtes Kakaopulver

Zum Bestreichen:

etwas Kondensmilch

Zum Garnieren:

abgezogene, halbierte, gehackte oder gestiftelte Mandeln
Rosinen
Korinthen
Sonnenblumenkerne
Schokostreusel
Belegfrüchte

Nach Belieben für den Guss:

100 g gesiebter Puderzucker
2–3 EL Zitronensaft

Zubereitungszeit: 100 Minuten, ohne Abkühlzeit
Backzeit: etwa 10 Minuten je Backblech

1. Für den Teig Honig, Zucker und Butter oder Margarine in einem Topf unter Rühren erwärmen, bis Zucker und Fett geschmolzen sind. Die Masse in eine Rührschüssel geben, abkühlen lassen und kalt stellen.

2. Unter die fast erkaltete Masse Ei, Rum, Zimt und Lebkuchengewürz rühren.

3. Das Mehl mit Backpulver und Kakaopulver mischen. Zwei Drittel des Mehl-Kakao-Gemisches portionsweise unterrühren.

4. Den Teigbrei auf einer bemehlten Arbeitsfläche mit dem restlichen Mehl-Kakao-Gemisch zu einem glatten Teig verkneten. Den Teig etwa 3 mm dick ausrollen.

5. Den Backofen vorheizen.
Ober-/Unterhitze: etwa 200 °C
Heißluft: etwa 180 °C

6. Für die Lebkuchenfiguren aus der Hälfte des Teiges nach Pappschablonen große Sterne, Tannenbäume, Stiefel und Glocken (Größe 4–8 cm) ausschneiden. Die Teigfiguren auf Backbleche (gefettet, mit Backpapier belegt) legen.

7. Für den Baumbehang (Foto) aus dem restlichen Teig mit Ausstechförmchen Plätzchen ausstechen (z. B. Sterne, Herzen). In die Teigplätzchen mit einem Holzstäbchen je ein Loch stechen und mit auf die Backbleche legen.

8. Die Teigfiguren und -plätzchen mit Kondensmilch bestreichen. Nach Belieben mit Mandeln, Rosinen, Korinthen, Sonnenblumenkernen, Schokostreuseln und Belegfrüchten garnieren. Sollen die Figuren und Plätzchen nach dem Backen mit Guss verziert werden, sie nur mit Kondensmilch bestreichen und backen.

9. Die Backbleche nacheinander (bei Heißluft zusammen) in den vorgeheizten Backofen schieben. Das Gebäck **etwa 10 Minuten je Backblech backen.**

10. Das Gebäck mit dem Backpapier von den Backblechen auf Kuchenroste ziehen. Gebäck erkalten lassen. Nach Belieben für den Guss Puderzucker mit so viel Zitronensaft verrühren, dass eine dickflüssige Masse entsteht. Den Guss in ein Pergamentpapiertütchen füllen und eine Spitze abschneiden. Die Figuren und Plätzchen damit verzieren. Guss trocknen lassen.

Tipps: Durch die Plätzchen mit dem Loch jeweils ein Band zum Aufhängen ziehen. Lebkuchenfiguren sind in gut schließenden Dosen 2–3 Wochen haltbar.

Lebkuchenhaus | Für Kinder

Insgesamt:
E: 59 g, F: 141 g, Kh: 1025 g, kJ: 23623, kcal: 6548

Für den Teig:
80 ml Wasser
50 g Zuckerrübensirup (Rübenkraut)
100 g flüssiger Honig
160 g Zucker
1–2 TL Lebkuchengewürz
180 g Butter
1 TL Haus-Natron
1 Prise Salz
520 g Weizenmehl
1 TL gesiebtes Kakaopulver

Für den Zuckerguss:
2 Eiweiß (Größe M)
300 g gesiebter Puderzucker

Zum Verzieren:
2 EL bunte Nonpareilles (kleine Zuckerperlen, einfarbig oder bunt)
etwa 15 rote Zuckerhimbeeren
4 Lakritzschnecken
1 EL Puderzucker

Außerdem Schablonen:
1 Bodenplatte (Ø etwa 20 cm)
2 Seitenteile (je etwa 9 x 9 cm)
2 Dächer (je etwa 13 x 15 cm)
je 1 Vorder- und Rückseite (Breite etwa 14 cm breit, Höhe etwa 9 cm, Mitte 16,6 cm)

2 x Dachplatte 13 x 15 cm

Zubereitungszeit: 60 Minuten, ohne Kühl- und Trockenzeit
Backzeit: etwa 15 Minuten je Backblech

1. Zum Vorbereiten Schablonen anfertigen.

2. Für den Teig Wasser, Zuckerrübensirup, Honig und Zucker in einem Topf aufkochen. Den Topf von der Kochstelle nehmen. Lebkuchengewürz und in Würfel geschnittene Butter mit einem Schneebesen unter die heiße Zucker-Honig-Masse rühren. Natron und Salz unterrühren. Die Masse auf Zimmertemperatur abkühlen lassen.

3. Mehl mit Kakao mischen und portionsweise mit den Händen unter die kalte Zucker-Butter-Masse kneten. Teig in Frischhaltefolie gewickelt etwa 4 Stunden (am besten über Nacht) in den Kühlschrank stellen.

4. Den Backofen vorheizen.
Ober-/Unterhitze: etwa 180 °C
Heißluft: etwa 160 °C

5. Den Teig kurz durchkneten und portionsweise auf einer leicht bemehlten Arbeitsfläche etwa 6 mm dick ausrollen. 2 Dächer, 2 Seiten, 1 Vorder- und Rückseite nach Schablonen ausschneiden. Die Hausteile auf Backbleche (mit Backpapier belegt) legen. Aus der Haus-Vorderseite runde Fenster (Ø etwa 3 ½ cm)

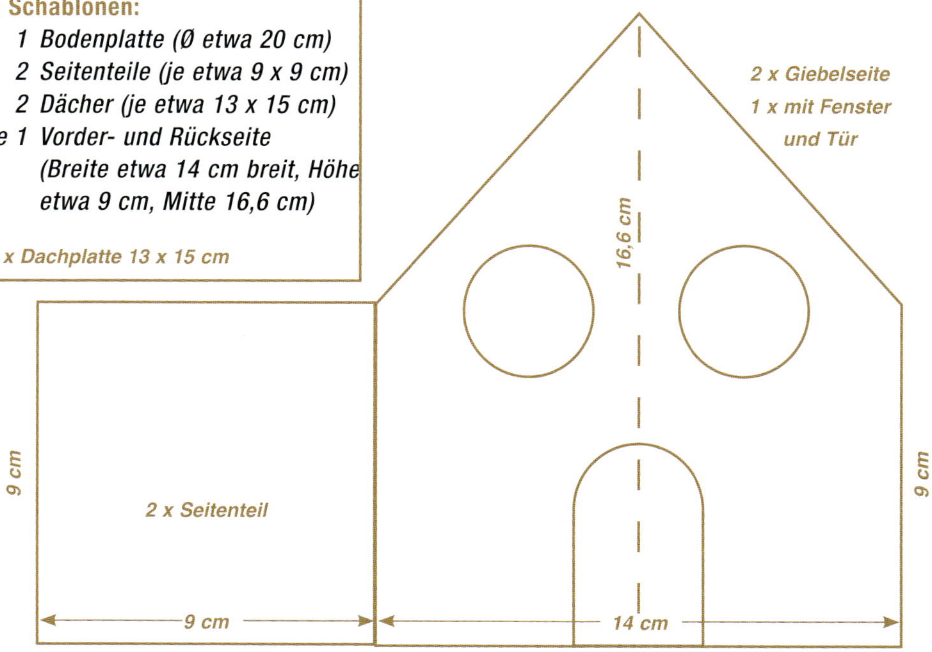

und eine Tür ausschneiden. Restlichen Teig erneut ausrollen und eine runde Bodenplatte (Ø etwa 20 cm) ausschneiden.

6. Die ausgeschnittenen Teigteile dünn mit Wasser bestreichen. Die Backbleche nacheinander (bei Heißluft zusammen) in den vorgeheizten Backofen schieben. Die Gebäckteile **etwa 15 Minuten je Backblech backen.**

7. Gebäckteile mit dem Backpapier von den Backblechen auf Kuchenroste ziehen. Vorder- und Rückseite des Hauses anhand der Schablone noch einmal nachschneiden. Gebäckteile erkalten lassen.

8. Für den Guss Eiweiß mit Handrührgerät mit Rührbesen sehr steif schlagen. Nach und nach kurz Puderzucker unterschlagen.

9. Gebäck-Bodenplatte etwa 3 mm dick mit dem Guss bestreichen und mit Zuckerperlen bestreuen. Restlichen Guss in einen Spritzbeutel mit kleiner Lochtülle füllen. Zuerst den Hausrahmen auf der Bodenplatte mit Zuckerguss zusammensetzen, evtl. mit Holzstäbchen fixieren. Guss etwa 1 Stunde trocknen lassen. Dann das Dach mit dem Guss ankleben und etwas antrocknen lassen. Das Dach mit dem Guss verzieren. Zuckerperlen in den noch feuchten Guss streuen. Den Dachfirst mit Zuckerhimbeeren verzieren. Die Lakritzschnecken halbieren und mit dem Guss als Zaun auf die Bodenplatte kleben. Guss trocknen lassen.

10. Das Lebkuchenhaus mit Puderzucker bestäuben.

Hinweis: Für den Guss nur ganz frisches Eiweiß verwenden, das nicht älter als 5 Tage ist (Legedatum beachten).

Lebkuchen-Muffins | Für Kinder – einfach

12 Stück

Pro Stück:
E: 4 g, F: 10 g, Kh: 24 g, kJ: 860, kcal: 205

Zum Vorbereiten:
100 g Zartbitter-Kuvertüre

Für den Rührteig:
100 g weiche Butter oder Margarine
2 1/2 EL flüssiger Honig
75 g gesiebter Puderzucker
3 Eier (Größe M)
150 g Weizenmehl
1/2 Pck. Lebkuchengewürz (7,5 g)
1 1/2 gestr. TL Dr. Oetker Backin

Für den Guss:
50 g Zartbitter-Kuvertüre

Zum Garnieren:
einige abgezogene, halbierte Mandeln
etwas Zucker
einige Belegkirschen

Zubereitungszeit: 30 Minuten, ohne Abkühlzeit
Backzeit: etwa 25 Minuten

1. Zum Vorbereiten die Kuvertüre in Stücke hacken und in einem kleinen Topf im heißen Wasserbad bei schwacher Hitze unter Rühren schmelzen, abkühlen lassen.

2. Den Backofen vorheizen.
Ober-/Unterhitze: etwa 180 °C
Heißluft: etwa 160 °C

3. Für den Teig Butter oder Margarine mit Handrührgerät mit Rührbesen auf höchster Stufe geschmeidig rühren. Nach und nach Honig und Puderzucker unterrühren. So lange rühren, bis eine gebundene Masse entstanden ist.

4. Die Eier nach und nach unterrühren (jedes Ei etwa 1/2 Minute). Mehl mit Lebkuchengewürz und Backpulver mischen, in 2 Portionen mit der geschmolzenen Kuvertüre auf mittlerer Stufe unterrühren.

5. Den Teig in eine Muffinform (für 12 Muffins, gefettet) füllen und glatt streichen. Die Form auf dem Rost in den vorgeheizten Backofen schieben. Muffins **etwa 25 Minuten backen.**

6. Die Form auf einen Kuchenrost stellen. Die Muffins etwa 10 Minuten in der Form abkühlen lassen. Die Muffins aus der Form lösen und auf einem Kuchenrost erkalten lassen.

7. Für den Guss Kuvertüre wie unter Punkt 1 schmelzen. Muffinoberfläche mit der Kuvertüre bestreichen, mit Mandelhälften und in Zucker gewälzten Belegkirschen garnieren. Guss fest werden lassen.

Tipp: Anstelle der Muffinform können auch 24 Papierbackförmchen (jeweils 2 Förmchen ineinandergesteckt) auf ein Backblech gesetzt werden.

Lebkuchen-Pekannuss-Quadrate

Einfach

etwa 70 Stück

Insgesamt:
E: 39 g, F: 242 g, Kh: 274 g, kJ: 14386, kcal: 3437

Für den Knetteig:

150 g	*Pekannusskerne*
200 g	*Weizenmehl*
1/2 gestr. TL	*Dr. Oetker Backin*
2–3 gestr. TL	*Lebkuchengewürz*
60 g	*Zucker*
1 Prise	*Salz*
1/2 Pck.	*Dr. Oetker Finesse Geriebene Zitronenschale*
70 g	*flüssiger Honig*
1	*Eigelb (Größe M)*
150 g	*Butter oder Margarine*

Zubereitungszeit: 25 Minuten, ohne Kühlzeit
Backzeit: etwa 15 Minuten je Backblech

1. Für den Teig die Nusskerne klein hacken. Mehl mit Backpulver und Lebkuchengewürz in einer Rührschüssel mischen. Zucker, Salz, Zitronenschale, Honig, Eigelb, Butter oder Margarine und die gehackten Nusskerne hinzufügen.

2. Die Zutaten mit Handrührgerät mit Knethaken zunächst kurz auf niedrigster, dann auf höchster Stufe gut durcharbeiten.

3. Den Teig auf einer leicht bemehlten Arbeitsfläche zu einem glatten Teig verkneten. Dann aus dem Teig 2 quadratische Stangen (je etwa 4 x 4 x 20 cm) formen. Teigstangen in Frischhaltefolie gewickelt etwa 2 Stunden kalt stellen.

4. Den Backofen vorheizen.
Ober-/Unterhitze: etwa 180 °C
Heißluft: etwa 160 °C

5. Die Teigstangen mit einem Sägemesser in knapp 1/2 cm dicke Scheiben schneiden. Dabei die Stangen immer wieder drehen, damit die Scheiben gleichmäßig abgeschnitten werden.

6. Teigscheiben auf 2 Backbleche (mit Backpapier belegt) legen. Backbleche nacheinander (bei Heißluft zusammen) in den vorgeheizten Backofen schieben. Die Kekse **etwa 15 Minuten je Backblech backen.**

7. Die Kekse mit dem Backpapier von den Backblechen auf Kuchenroste ziehen. Kekse erkalten lassen.

Tipps: Die Pekannusskerne können durch Walnuss- oder Haselnusskerne ersetzt werden. Die Lebkuchen-Pekannuss-Quadrate sind in einer gut schließenden Dose 3–4 Wochen haltbar.

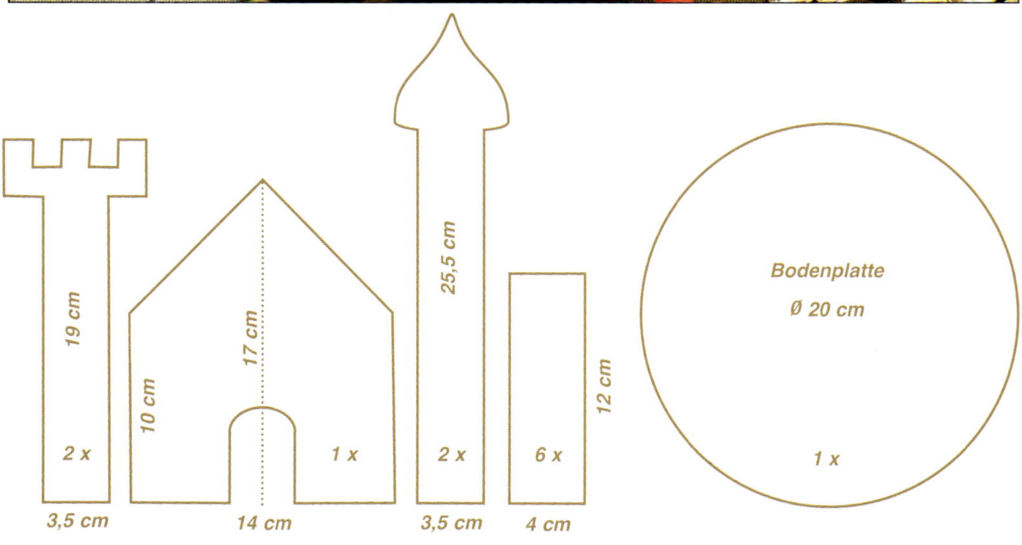
19 cm
2 x
3,5 cm
10 cm
17 cm
1 x
14 cm
25,5 cm
2 x
3,5 cm
12 cm
6 x
4 cm
Bodenplatte
Ø 20 cm
1 x

Lebkuchenschloss

Raffiniert – für Kinder

Insgesamt:
E: 79 g, F: 102 g, Kh: 1225 g, kJ: 25834, kcal: 6173

Für den Lebkuchenteig:
80 ml Wasser
200 g Zucker
200 g flüssiger Honig
100 g Butter
1 Pck. Lebkuchengewürz (15 g)
1 TL Haus-Natron
1 Prise Salz
1 Ei (Größe M)
600 g Weizenmehl (Type 550)

Für den Guss:
2 Eiweiß (Größe M)
350 g gesiebter Puderzucker

Zum Garnieren und Verzieren:
50 g bunte Zuckerdragees
2 EL rosa Dekorzucker
1 EL Silberzuckerperlen
Dekor-Zuckerschrift

Außerdem Schablonen:
1 Bodenplatte (Ø etwa 20 cm)
2 Türme mit Zinnen
2 Türme mit Zwiebelturm
6 Rechtecke (etwa 4 x 12 cm)
1 Vorderseite mit Tor

Zubereitungszeit: 55 Minuten,
ohne Kühl- und Trockenzeit
Backzeit: etwa 15 Minuten je Backblech

1. Zum Vorbereiten Schablonen anfertigen.

2. Für den Teig Wasser und Zucker in einem Topf aufkochen. Den Topf von der Kochstelle nehmen. Honig und in Würfel geschnittene Butter mit einem Schneebesen unter die heiße Zucker-Honig-Masse rühren. Lebkuchengewürz, Natron, Salz und Ei unterrühren. Die Masse in eine Rührschüssel geben und auf Zimmertemperatur abkühlen lassen.

3. Mehl portionsweise unter die kalte Buttermasse kneten. Den Teig in Frischhaltefolie gewickelt etwa 4 Stunden (am besten über Nacht) kühl stellen.

4. Den Backofen vorheizen.
Ober-/Unterhitze: etwa 180 °C
Heißluft: etwa 160 °C

5. Den Teig kurz durchkneten und portionsweise auf einer leicht bemehlten Arbeitsfläche etwa 6 mm dick ausrollen. Jeweils 2 Türme mit Zinnen und Zwiebeltürmen ausschneiden, auf ein Backblech (mit Backpapier belegt) legen. Restlichen Teig erneut ausrollen. 1 Vorderseite mit Tor, 6 Rechtecke (etwa 4 x 12 cm) und 1 runde Bodenplatte (Ø etwa 20 cm) ausschneiden.

6. Die ausgeschnittenen Teile dünn mit Wasser bestreichen und auf Backbleche (mit Backpapier belegt) legen. Die Backbleche nacheinander (bei Heißluft zusammen) in den vorgeheizten Backofen schieben. Die Gebäckteile **etwa 15 Minuten je Backblech backen.** Die Gebäckteile mit dem Backpapier von den Backblechen auf Kuchenroste ziehen, erkalten lassen.

7. Für den Guss Eiweiß mit Handrührgerät mit Rührbesen sehr steif schlagen. Nach und nach kurz Puderzucker unterschlagen. Den Guss in einen Spritzbeutel mit kleiner Lochtülle füllen.

8. Die Gebäckteile vor dem Fertigstellen des Schlosses mit dem Guss verzieren und mit den Zuckerdragees garnieren (Zuckerdragees in den noch feuchten Guss drücken). Mit Dekorzucker und Silberzuckerperlen bestreuen. Das Schloss mit Zuckerschrift verzieren. Guss trocknen lassen.

9. Zuerst die Vorderseite auf der Bodenplatte mit dem Guss festkleben und von hinten mit 2 Gebäckrechtecken stabilisieren. Das Tor separat mit dem Guss befestigen. An jede Turmrückseite 1 Gebäckrechteck mit Zuckerguss ankleben auf die Bodenplatte stellen. Mit dem restlichen Guss festkleben. Das Lebkuchenschloss 2–3 Stunden trocknen lassen.

Hinweis: Für den Guss nur ganz frisches Eiweiß verwenden, das nicht älter als 5 Tage ist (Legedatum beachten).

Lebkuchen-Schmand-Rauten

Fruchtig

etwa 20 Stück

Insgesamt:
E: 101 g, F: 540 g, Kh: 779 g, kJ: 35748, kcal: 8454

Zum Vorbereiten:

2 Dosen Aprikosenhälften (Abtropfgewicht je 480 g)
100 g Edelbitter-Schokolade (70 % Kakaoanteil)

Für den Rührteig:

250 g weiche Butter oder Margarine
175 g Zucker
1 Pck. Dr. Oetker Vanillin-Zucker
5 Eier (Größe M)
1 Pck. Dr. Oetker Finesse Orangenschalen-Aroma
200 g Weizenmehl
2 gestr. TL Dr. Oetker Backin
3 gestr. TL Lebkuchengewürz
5 EL Aprikosensaft (aus den Dosen)

Für den Belag:

2 Pck. Dr. Oetker Pudding-Pulver Vanille-Geschmack
100 g Zucker
200 g Schlagsahne
500 ml (1/2 l) Milch
600 g Schmand (Sauerrahm)
50 g gehackte Pistazienkerne

Zubereitungszeit: 60 Minuten, ohne Abkühlzeit
Backzeit: etwa 35 Minuten

1. Zum Vorbereiten Aprikosenhälften in einem Sieb gut abtropfen lassen. Den Saft dabei auffangen und 5 Esslöffel abmessen. Schokolade in Stücke brechen und in einem kleinen Topf im heißen Wasserbad bei schwacher Hitze unter Rühren schmelzen.

2. Für den Teig Butter oder Margarine mit Handrührgerät mit Rührbesen auf höchster Stufe geschmeidig rühren. Nach und nach Zucker und Vanillin-Zucker unterrühren. So lange rühren, bis eine gebundene Masse entstanden ist. Eier nach und nach unterrühren (jedes Ei etwa 1/2 Minute). Aroma unterrühren.

3. Mehl mit Backpulver mischen, in 2 Portionen auf mittlerer Stufe unterrühren. Lebkuchengewürz, Aprikosensaft und geschmolzene Schokolade unterrühren. Einen Backrahmen auf ein Backblech (30 x 40 cm, gefettet) stellen. Den Teig in dem Backrahmen verteilen. Die Aprikosenhälften mit der Wölbung nach oben auf den Teig legen.

4. Den Backofen vorheizen.
Ober-/Unterhitze: etwa 180 °C
Heißluft: etwa 160 °C

5. Für den Belag aus Pudding-Pulver, Zucker, Sahne und Milch einen Pudding nach Packungsanleitung zubereiten (aber mit den hier angegebenen Zutaten). Den Topf von der Kochstelle nehmen. Schmand unter den heißen Pudding rühren. Die Pudding-Schmand-Masse auf den Aprikosenhälften verteilen und glatt streichen. Das Backblech in den vorgeheizten Backofen schieben. Kuchen **etwa 35 Minuten backen.**

6. Den Kuchen im ausgeschalteten Backofen bei leicht geöffneter Backofentür noch etwa 15 Minuten stehen lassen. Dann das Backblech aus dem Backofen nehmen und auf einen Kuchenrost stellen. Den Kuchen erkalten lassen.

7. Pistazienkerne auf den Kuchen streuen. Den Backrahmen vorsichtig lösen und entfernen. Den Kuchen in Rauten schneiden.

Tipps: Die Schmand-Rauten können auch ohne Lebkuchengewürz gebacken werden. Ohne Pistazienkerne kann der Kuchen auch eingefroren werden.

Lebkuchenwaffeln | Schnell – raffiniert

etwa 12 Stück

Pro Stück:
E: 7 g, F: 14 g, Kh: 41 g, kJ: 1348, kcal: 322

Für den Rührteig:

150 g	*weiche Butter oder Margarine*
50 g	*flüssiger Honig*
150 g	*Zucker*
1 Pck.	*Dr. Oetker Vanillin-Zucker*
3 gestr. TL	*Lebkuchengewürz*
1 Prise	*Salz*
4	*Eier (Größe M)*
350 g	*Weizenmehl*
4 gestr. TL	*Dr. Oetker Backin*
250 ml (1/4 l)	*Milch*
etwas	*Puderzucker*

Zubereitungszeit: 15 Minuten

1. Das Waffeleisen auf höchster Stufe vorheizen (dabei die Gebrauchsanleitung des Herstellers beachten).

2. Für den Rührteig die Butter oder Margarine in einer Rührschüssel mit Handrührgerät mit Rührbesen auf höchster Stufe geschmeidig rühren.

3. Nach und nach Honig, Zucker, Vanillin-Zucker, Lebkuchengewürz und Salz unterrühren. Die Eier nach und nach unterrühren (jedes Ei etwa 1/2 Minute).

4. Das Mehl mit Backpulver mischen, in 2 Portionen abwechselnd mit der Milch auf mittlerer Stufe unterrühren.

5. Das Waffeleisen auf mittlere Temperatur zurückschalten und mithilfe eines Backpinsels fetten.

6. Für jede Waffel etwa 2 Esslöffel des Teiges in das Waffeleisen geben und mit dem Esslöffel verstreichen. Die Waffeln goldbraun backen.

7. Die Waffeln herausnehmen, auf einen Kuchenrost legen und mit Puderzucker bestäuben.

Tipp: Die noch warmen Waffeln mit einer Kugel Walnusseis und warmen Zimtpflaumen servieren.

Leipziger Lerchen, weihnachtlich I

Gut vorzubereiten – mit Alkohol

12 Stück

Pro Stück:
E: 6 g, F: 20 g, Kh: 41 g, kJ: 1547, kcal: 370

Für den Knetteig:

200 g Weizenmehl
1/2 gestr. TL Dr. Oetker Backin
75 g Zucker
1 Pck. Dr. Oetker Vanillin-Zucker
1/2 gestr. TL gemahlener Zimt
2 EL Wasser
100 g Butter oder Margarine

100 g Aprikosenkonfitüre

Für die Füllung:

80 g weiche Butter
125 g Zucker
1 Prise Salz
1 Ei (Größe M)
1 Eiweiß (Größe M)
100 g Weizenmehl
125 g abgezogene, gemahlene Mandeln
2 Tropfen Bittermandel-Aroma
5 EL Milch
2 EL Rum

Zum Bestreichen:

1 Eigelb
1 TL Milch

Außerdem:

12 Förmchen (Ø unten etwa 4 cm, oben etwa 8 cm, Höhe 3–4 cm)

Zubereitungszeit: 30 Minuten
Backzeit: etwa 25 Minuten

1. Den Backofen vorheizen.
Ober-/Unterhitze: etwa 180 °C
Heißluft: etwa 160 °C

2. Für den Teig Mehl mit Backpulver mischen und in eine Rührschüssel geben. Zucker, Vanillin-Zucker, Zimt, Wasser und Butter oder Margarine hinzufügen. Die Zutaten mit Handrührgerät mit Knethaken zunächst kurz auf niedrigster, dann auf höchster Stufe zu einem Teig verarbeiten. Anschließend auf einer leicht bemehlten Arbeitsfläche zu einem glatten Teig verkneten. Den Teig dünn ausrollen.

3. Aus der Teigplatte 12 Kreise (Ø etwa 10 cm) ausstechen und 12 Förmchen (Ø unten etwa 4 cm, oben etwa 8 cm, Höhe 3–4 cm) damit auslegen. Aus dem restlichen Teig 12 kleine Sterne ausstechen und beiseitelegen. Je 1 Teelöffel der Konfitüre auf den Teig in die Förmchen geben.

4. Für die Füllung Butter in einer Rührschüssel mit Handrührgerät mit Rührbesen geschmeidig rühren. Zucker, Salz, Ei und Eiweiß unterrühren. Das Mehl mit Mandeln mischen, mit Bittermandel-Aroma, Milch und Rum auf mittlerer Stufe unterrühren. Die Masse in die Förmchen füllen und mit den beiseitegelegten Teigsternen belegen.

5. Zum Bestreichen Eigelb mit Milch verschlagen. Die Teigsterne damit bestreichen. Die Förmchen auf dem Rost in den vorgeheizten Backofen schieben. Das Gebäck **etwa 25 Minuten backen.** Die Förmchen auf einen Kuchenrost stellen. Das Gebäck etwa 10 Minuten darin stehen lassen, aus den Förmchen lösen und auf einem Kuchenrost erkalten lassen.

Lumumba-Schnitten

Mit Alkohol

etwa 20 Stück

Pro Stück:
E: 7 g, F: 24 g, Kh: 32 g, kJ: 1607, kcal: 384

Für den Rührteig:

200 g weiche Butter oder Margarine
150 g Zucker
1 Pck. Dr. Oetker Vanillin-Zucker
1 Prise Salz
4 Eier (Größe M)
300 g Weizenmehl
25 g gesiebtes Kakaopulver
4 gestr. TL Dr. Oetker Backin
300 g Schoko-Sahne-Pudding (aus dem Kühlregal)
100 g Zartbitter-Raspelschokolade

Zum Bestreichen:

2 EL Rum

Für den Belag:

8 Blatt weiße Gelatine
75 g Zucker
30 g gesiebtes Kakaopulver
400 ml Milch
75 ml Rum
500 g Schlagsahne

Zum Bestreuen:

100 g Edelbitter-Schokolade

Zubereitungszeit: 35 Minuten, ohne Kühlzeit
Backzeit: etwa 25 Minuten

1. Den Backofen vorheizen.
Ober-/Unterhitze: etwa 180 °C
Heißluft: etwa 160 °C

2. Für den Teig Butter oder Margarine mit Handrührgerät mit Rührbesen auf höchster Stufe geschmeidig rühren. Nach und nach Zucker, Vanillin-Zucker und Salz unterrühren. So lange rühren, bis eine gebundene Masse entstanden ist.

3. Die Eier nach und nach unterrühren (jedes Ei etwa ½ Minute). Mehl mit Kakao und Backpulver mischen, in 2 Portionen auf mittlerer Stufe unterrühren. Zuletzt Schoko-Sahne-Pudding und Raspelschokolade kurz unterrühren.

4. Den Teig auf einem Backblech (30 x 40 cm, gefettet, gemehlt) verteilen und glatt streichen. Das Backblech in den vorgeheizten Backofen schieben. Die Gebäckplatte **etwa 25 Minuten backen.**

5. Das Backblech auf einen Kuchenrost stellen. Die Gebäckplatte erkalten lassen und einen Backrahmen darumlegen. Die Gebäckplatte mit Rum bestreichen.

6. Für den Belag die Gelatine in kaltem Wasser nach Packungsanleitung einweichen. Zucker mit Kakao in einem Topf mischen. Nach und nach die Milch mit einem Schneebesen unterrühren. Die Kakaomilch zum Kochen bringen und in eine Rührschüssel geben.

7. Eingeweichte Gelatine leicht ausdrücken und in der Kakaomilch unter Rühren auflösen. Kakaomilch abkühlen lassen, Rum unterrühren und die Kakaomilch kalt stellen.

8. Die Sahne steif schlagen. Wenn die Kakaomilch anfängt zu gelieren, Sahne unterheben. Schokosahne auf den Gebäckboden geben und glatt streichen.

9. Zum Bestreuen Schokolade mit einem Sparschäler oder einer Küchenreibe grob raspeln. Die Kuchenoberfläche dick damit bestreuen. Den Kuchen 2–3 Stunden kalt stellen. Backrahmen lösen und entfernen.

Tipps: Zum Bestreuen können Sie statt Edelbitter-Schokolade auch fertige Zartbitter-Raspelschokolade verwenden. Wer es fruchtiger mag, kann eine Dose gut abgetropfte Aprikosenhälften (Abtropfgewicht 480 g) in kleine Stücke schneiden und vor der Schokosahne auf dem Boden verteilen. Noch raffinierter sieht die Dekoration aus, wenn Sie Schokoladenlocken zubereiten. Dazu Schokolade schmelzen, dünn auf Backpapier streichen und fest werden lassen, aber nicht kalt stellen. Dann mit einem Spachtel breite Schokolocken schaben und diese vorsichtig mithilfe von Gabeln auf die Schnitten legen (Foto).

Makronentorte I

Dauert länger – mit Alkohol

Insgesamt:
E: 124 g, F: 297 g, Kh: 919 g, kJ: 29280, kcal: 6998

Für den Teig:
5 Eier (Größe M)
125 g Zucker
1 Pck. Dr. Oetker Finesse Geriebene Zitronenschale
1 Prise Salz
75 g Weizenmehl
75 g Speisestärke
50 g zerlassene, abgekühlte Butter

Für die Füllung:
400 g Marzipan-Rohmasse
100 g gesiebter Puderzucker
250 g Aprikosenkonfitüre
4 EL Rum

Für den Belag:
200 g Marzipan-Rohmasse
2 Eigelb (Größe M)
50 g gesiebter Puderzucker
1 EL Rum

Zum Aprikotieren:
200 g Aprikosenkonfitüre
3 EL Wasser

Zubereitungszeit: 60 Minuten, ohne Abkühl- und Wartezeit
Backzeit: etwa 40 Minuten

1. Für den Teig Eier, Zucker, Zitronenschale und Salz in einer Edelstahlschüssel im heißen Wasserbad mit Handrührgerät mit Rührbesen auf höchster Stufe so lange schlagen, bis eine cremige Masse entstanden ist (etwa 4 Minuten).

2. Den Backofen vorheizen.
Ober-/Unterhitze: etwa 180 °C
Heißluft: etwa 160 °C

3. Die Schüssel aus dem Wasserbad nehmen. Die Masse so lange weiterschlagen, bis sie kalt ist. Mehl mit Speisestärke mischen und unterheben. Butter vorsichtig unterrühren.

4. Den Teig in eine Springform (Ø 28 cm, Boden gefettet, mit Backpapier belegt) geben und vorsichtig glatt streichen. Die Form auf dem Rost in den vorgeheizten Backofen schieben. Den Tortenboden **etwa 40 Minuten backen.**

5. Den Tortenboden aus der Form lösen und auf einen Kuchenrost stürzen. Mitgebackenes Backpapier entfernen. Tortenboden erkalten lassen und zweimal waagerecht durchschneiden.

6. Für die Füllung Marzipan in Stücke schneiden, mit Puderzucker, Konfitüre und Rum zu einer geschmeidigen Masse verrühren.

7. Jeweils ein Drittel der Marzipanmasse auf den unteren und mittleren Boden streichen und zu einer Torte zusammensetzen. Tortenoberfläche und -rand mit der restlichen Marzipanmasse bestreichen.

8. Für den Belag Marzipan in Stücke schneiden, mit Eigelb, Puderzucker und Rum zu einer spritzfähigen Masse verrühren, in einen Spritzbeutel mit Sterntülle füllen. Die Torte damit verzieren.

9. Die Torte bei Zimmertemperatur etwa 30 Minuten stehen lassen, damit die Marzipanmasse antrocknen kann.

10. In der Zwischenzeit den Backofengrill vorheizen.

11. Die Torte in den Backofen unter den vorgeheizten Grill schieben und die Marzipanverzierung goldbraun werden lassen.

12. Zum Aprikotieren Konfitüre durch ein Sieb streichen, mit Wasser in einem kleinen Topf unter Rühren etwas einkochen lassen. Die etwas abgekühlte Torte mit der Konfitüre bestreichen.

Hinweis: Nur ganz frisches Eigelb verwenden, das nicht älter als 5 Tage ist (Legedatum beachten).

Malzkekse mit Whisky | Mit Alkohol

etwa 45 Stück

Insgesamt:
E: 34 g, F: 111 g, Kh: 236 g, kJ: 9272, kcal: 2215

Für den All-in-Teig:

150 g Vollkorn-Weizenmehl
50 g Weizenmehl
1 gestr. TL Dr. Oetker Backin
50 g Zucker
1 Prise Salz
1 Pck. Dr. Oetker Vanillin-Zucker
1 Ei (Größe M)
70 g Gerstenmalz (erhältlich im Bioladen oder Reformhaus)
120 g weiche Butter oder Margarine
4 EL Whisky

Zubereitungszeit: 20 Minuten
Backzeit: 15–20 Minuten je Backblech

1. Für den Teig beide Mehle mit Backpulver in einer Rührschüssel mischen. Zucker, Salz, Vanillin-Zucker, Ei, Gerstenmalz, Butter oder Margarine und Whisky hinzufügen. Zutaten mit Handrührgerät mit Rührbesen zunächst kurz auf niedrigster, dann auf höchster Stufe in etwa 1 Minute zu einem glatten Teig verarbeiten.

2. Den Backofen vorheizen.
Ober-/Unterhitze: etwa 180 °C
Heißluft: etwa 160 °C

3. Den Teig mit 2 Teelöffeln in walnussgroßen Häufchen mit etwas Abstand auf 2 Backbleche (gefettet, mit Backpapier belegt) setzen. Die Backbleche nacheinander (bei Heißluft zusammen) in den vorgeheizten Backofen schieben. Malzkekse mit Whisky **15–20 Minuten backen.**

4. Die Malzkekse mit dem Backpapier von den Backblechen auf Kuchenroste ziehen. Malzkekse erkalten lassen.

Tipps: Bereiten Sie aus 75 g gesiebtem Puderzucker und 1–2 Esslöffeln Whisky einen dickflüssigen Guss zu und füllen Sie ihn in einen kleinen Gefrierbeutel. Schneiden Sie eine kleine Ecke ab und schreiben Sie auf jeden Keks ein „M" (Foto). Die Malzkekse sind in einer gut schließenden Dose 3–4 Wochen haltbar.

Mandel-Curry-Kekse | Raffiniert

etwa 80 Stück

Insgesamt:
E: 44 g, F: 145 g, Kh: 268 g, kJ: 10729, kcal: 2564

Für den Knetteig:

30 g kandierter Ingwer
1–2 gestr. TL Currypulver
100 g abgezogene, gemahlene Mandeln
170 g Weizenmehl
½ gestr. TL Dr. Oetker Backin
120 g brauner Zucker (Kandisfarin)
1 Prise Salz
1 Ei (Größe M)
100 g Butter oder Margarine

Zubereitungszeit: 25 Minuten, ohne Kühlzeit
Backzeit: etwa 15 Minuten je Backblech

1. Für den Teig den Ingwer fein hacken, mit Curry und Mandeln mischen. Das Mehl mit Backpulver in einer Rührschüssel mischen. Die Mandel-Curry-Mischung, Zucker, Salz, Ei und Butter oder Margarine hinzufügen. Die Zutaten mit Handrührgerät mit Knethaken zunächst kurz auf niedrigster, dann auf höchster Stufe gut durcharbeiten.

2. Anschließend den Teig auf einer leicht bemehlten Arbeitsfläche zu einem glatten Teig verkneten. Aus dem Teig 2 quadratische Stangen (Länge jeweils etwa 23 cm) formen. Die Teigstangen in Frischhaltefolie gewickelt etwa 2 Stunden kalt stellen.

3. Den Backofen vorheizen.
Ober-/Unterhitze: etwa 180 °C
Heißluft: etwa 160 °C

4. Teigstangen mit einem Sägemesser in gut ½ cm dicke Scheiben schneiden. Dabei die Stangen immer wieder drehen, damit die Scheiben gleichmäßig abgeschnitten werden.

5. Die Teigscheiben auf Backbleche (mit Backpapier belegt) legen. Die Backbleche nacheinander (bei Heißluft zusammen) in den vorgeheizten Backofen schieben. Die Mandel-Curry-Kekse **etwa 15 Minuten je Backblech backen.**

6. Die Kekse mit dem Backpapier von den Backblechen auf Kuchenroste ziehen. Mandel-Curry-Kekse erkalten lassen.

Tipp: Die Mandel-Curry-Kekse sind in einer gut schließenden Dose 3–4 Wochen haltbar.

Mandel-Ingwer-Krokant I

Gut vorzubereiten

etwa 25 Stück

Pro Stück:
E: 2 g, F: 10 g, Kh: 19 g, kJ: 831, kcal: 199

Für die Krokantmasse:

250 g Zucker
200 g flüssiger Honig
100 g weiche Butter
250 g gehobelte Mandeln
75–100 g fein gewürfelter, kandierter Ingwer

Für den Guss:

100 g Zartbitter-Kuvertüre
2 TL Speiseöl

Zubereitungszeit: 45 Minuten, ohne Abkühlzeit

1. Für die Krokantmasse Zucker in einem Topf unter Rühren schmelzen lassen. Honig und Butter unter Rühren hinzufügen. So lange rühren, bis eine einheitliche Masse entstanden ist.

2. Mandeln und Ingwer unterrühren. Die Masse unter Rühren zum Kochen bringen und unter ständigem Rühren einige Minuten kochen lassen.

3. Die Krokantmasse etwa 1 ½ cm dick auf ein Backblech (30 x 40 cm, gut mit Speiseöl bestrichen) streichen und etwas abkühlen lassen.

4. Die Krokantmasse in kleine Rauten, Dreiecke oder Rechtecke schneiden und erkalten lassen.

5. Für den Guss die Kuvertüre in Stücke hacken, mit Speiseöl in einem kleinen Topf im heißen Wasserbad bei schwacher Hitze unter Rühren schmelzen.

6. Die Krokantstücke jeweils mit einer Ecke oder Seite in die Kuvertüre tauchen. Die Unterseite abstreifen.

7. Krokantstücke auf Backpapier setzen. Kuvertüre fest werden lassen.

Tipps: Anstelle von fein gewürfeltem Ingwer kann auch fein gewürfelte, kandierte Ananas verwendet werden. Mandel-Ingwer-Krokant ist kalt gestellt in gut schließenden Dosen etwa 1 Woche haltbar.

Mandelmakronen mit Preiselbeeren | Raffiniert

etwa 45 Stück

Pro Stück:
E: 1 g, F: 3 g, Kh: 5 g, kJ: 222, kcal: 53

100 g abgezogene, gemahlene Mandeln

Für die Eiweißmasse:
3 Eiweiß (Größe M)
1 TL Zitronensaft
170 g Zucker
150 g abgezogene, gemahlene Mandeln
1 Pck. Dr. Oetker Finesse Geriebene Zitronenschale

etwa 120 g Wild-Preiselbeeren (aus dem Glas)

Zubereitungszeit: 50 Minuten, ohne Abkühlzeit
Backzeit: etwa 20 Minuten je Backblech

1. Mandeln in einer Pfanne ohne Fett unter Rühren goldbraun rösten, herausnehmen und auf einem Teller erkalten lassen.

2. Für die Eiweißmasse Eiweiß und Zitronensaft mit Handrührgerät mit Rührbesen auf höchster Stufe so steif schlagen, dass ein Messerschnitt sichtbar bleibt. Nach und nach Zucker unterschlagen. Mandeln mit den gerösteten Mandeln und der Zitronenschale mischen, in 2 Portionen kurz unterrühren.

3. Die Masse mit 2 Teelöffeln in Häufchen mit etwas Abstand auf Backbleche (gefettet, mit Backpapier belegt) setzen.

4. Den Backofen vorheizen.
Ober-/Unterhitze: etwa 180 °C
Heißluft: etwa 160 °C

5. Mit einem feuchten Kochlöffelstiel in jedes Teighäufchen kreisförmig eine kleine Vertiefung drücken. Die Vertiefungen mit Preiselbeeren füllen. Die Backbleche nacheinander (bei Heißluft zusammen) in den vorgeheizten Backofen schieben. Mandelmakronen **etwa 20 Minuten je Backblech backen.**

6. Die Mandelmakronen mit dem Backpapier von den Backblechen auf Kuchenroste ziehen. Die Mandelmakronen erkalten lassen.

Tipps: Die Mandelmakronen können auch mit Orangenmarmelade oder einer anderen herben Konfitüre gefüllt werden (Foto). Tauchen Sie den Kochlöffelstiel immer wieder in kaltes Wasser. Mandelmakronen sind in gut schließenden Dosen 2–3 Wochen haltbar.

Mandelsplitter, weihnachtlich

Raffiniert

etwa 25 Stück

Insgesamt:
E: 30 g, F: 103 g, Kh: 91 g, kJ: 5882, kcal: 1404

100 g gestiftelte Mandeln
25 g Orangeat
150 g Zartbitter-Schokolade
½ Pck. Dr. Oetker Finesse Orangenschalen-Aroma
1–2 Msp. Lebkuchengewürz

Zubereitungszeit: 30 Minuten, ohne Kühlzeit

1. Mandeln in einer Pfanne ohne Fett unter Rühren goldgelb rösten, herausnehmen und auf einem Teller erkalten lassen. Orangeat fein hacken.

2. Schokolade in Stücke brechen, in einem Topf im heißen Wasserbad bei schwacher Hitze unter Rühren schmelzen. Orangenschalen-Aroma und Lebkuchengewürz unterrühren. Mandeln und Orangeat unterheben.

3. Schokoladen-Mandel-Masse mithilfe von 2 Teelöffeln in kleinen Häufchen auf ein Backblech (mit Backpapier belegt) setzen.

4. Die Mandelsplitter auf dem Backblech kalt stellen, bis die Schokolade fest geworden ist.

Tipps: Nach Belieben fein gehacktes Orangeat auf die noch nicht fest gewordenen Mandelsplitter geben. Statt eines Backblechs können Sie auch ein Tablett oder ein großes Brett verwenden. Bereiten Sie verschiedene Varianten des Rezepts zu (Foto). Verwenden Sie zum Beispiel 50 g Cornflakes statt der gestiftelten, gebräunten Mandeln oder tauschen Sie die Zartbitter-Schokolade mit Lebkuchengewürz durch weiße Schokolade mit Zimt oder Vollmilch-Schokolade mit Spekulatiusgewürz aus. Statt Orangeat schmecken auch Zitronat (Sukkade) oder getrocknete Apfelscheiben. Die Mandelsplitter sind kalt gestellt in gut schließenden Dosen 10–14 Tage haltbar.

Mandelsplittertrüffel | Mit Alkohol

etwa 25 Stück

Pro Stück:
E: 2 g, F: 12 g, Kh: 11 g, kJ: 712, kcal: 170

Zum Vorbereiten:
50–75 g gestiftelte Mandeln
250 g Zartbitter-Kuvertüre

125 g weiche Butter
2 EL gesiebter Puderzucker
5 EL Mandellikör

Für den Guss:
150 g Vollmilch-Kuvertüre
2 TL Speiseöl

Zum Bestreuen:
30 g geraspelte, weiße Schokolade

Zubereitungszeit: 60 Minuten, ohne Abkühlzeit

1. Zum Vorbereiten Mandeln in einer Pfanne ohne Fett unter Rühren hellbraun rösten, herausnehmen und auf einem Teller erkalten lassen. Die Kuvertüre in Stücke hacken, in einem kleinen Topf im heißen Wasserbad bei schwacher Hitze unter Rühren schmelzen. Kuvertüre abkühlen lassen (die Kuvertüre sollte noch flüssig, jedoch nicht mehr warm sein).

2. Butter und Puderzucker mit Handrührgerät mit Rührbesen auf höchster Stufe cremig schlagen. Likör und die flüssige Kuvertüre unterrühren. Die Masse in einen Spritzbeutel mit Lochtülle füllen und walnussgroße Häufchen auf Backpapier spritzen (oder mithilfe von 2 Teelöffeln walnussgroße Häufchen daraufsetzen). In jedes Schokoladenhäufchen einige Mandelstifte drücken. Die Trüffel fest werden lassen.

3. Für den Guss die Kuvertüre in Stücke hacken, mit Speiseöl in einem kleinen Topf im heißen Wasserbad bei schwacher Hitze unter Rühren schmelzen. Die Trüffel mithilfe eines Pinsels mit der Kuvertüre überziehen. Oder die Trüffel in die Kuvertüre tauchen, an der Unterseite abstreifen und auf Backpapier legen. Trüffel mit Schokoladenraspeln bestreuen. Guss fest werden lassen. Die Mandelsplittertrüffel gut gekühlt servieren.

Tipp: Gekühlt aufbewahrt sind die Mandelsplittertrüffel 3–4 Wochen haltbar.

Mandelstäbchen | Einfach

etwa 30 Stück

Pro Stück:
E: 1 g, F: 3 g, Kh: 6 g, kJ: 228, kcal: 54

100 g gewürfeltes Orangeat
100 g abgezogene, gemahlene Mandeln
50 g gesiebter Puderzucker
1 Eiweiß (Größe M)
2 Tropfen Bittermandel-Aroma

Für den Guss:
75 g Zartbitter-Kuvertüre
1 TL Speiseöl

Zubereitungszeit: 50 Minuten, ohne Abkühlzeit

1. Orangeat fein hacken. Orangeatstückchen, Mandeln, Puderzucker, Eiweiß und Aroma in einen Topf geben. Die Zutaten unter Rühren so lange erhitzen, bis die Masse glänzt, abkühlen lassen.

2. Die Masse auf einer mit Puderzucker bestäubten Arbeitsfläche zu 2–3 Rollen formen. Von den Rollen gleichmäßige Stücke abschneiden und zu etwa 5 cm langen, bleistiftdünnen Stäbchen formen.

3. Für den Guss Kuvertüre in kleine Stücke hacken, mit Speiseöl in einem kleinen Topf im heißen Wasserbad bei schwacher Hitze unter Rühren schmelzen.

4. Die Enden der Stäbchen in die Kuvertüre tauchen, auf der Unterseite etwas abstreifen und auf Backpapier legen. Mandelstäbchen trocknen lassen.

Tipps: Die Mandelstäbchen sind kalt gestellt in einer gut schließenden Dose 1–2 Wochen haltbar. Nur ganz frisches Eiweiß verwenden, das nicht älter als 5 Tage ist (Legedatum beachten).

Mandelsterne | Einfach – dauert länger

etwa 100 Stück

Pro Stück:
E: 1 g, F: 3 g, Kh: 4 g, kJ: 183, kcal: 44

Für den Knetteig:
300 g Weizenmehl
20 g gesiebtes Kakaopulver
1 gestr. TL Dr. Oetker Backin
75 g Zucker
1 Pck. Dr. Oetker Vanillin-Zucker
3 Tropfen Bittermandel-Aroma
3 EL Milch
175 g Butter oder Margarine

Zum Bestreichen und Bestreuen:
etwas Kondensmilch
50 g Zucker
200 g gehobelte Mandeln

Zubereitungszeit: 70 Minuten, ohne Kühlzeit
Backzeit: etwa 10 Minuten je Backblech

1. Für den Teig Mehl mit Kakao und Backpulver in einer Rührschüssel mischen. Zucker, Vanillin-Zucker, Aroma, Milch und Butter oder Margarine hinzufügen. Die Zutaten mit Handrührgerät mit Knethaken zunächst kurz auf niedrigster, dann auf höchster Stufe gut durcharbeiten.

2. Den Backofen vorheizen.
Ober-/Unterhitze: etwa 180 °C
Heißluft: etwa 160 °C

3. Teig auf einer leicht bemehlten Arbeitsfläche zu einem glatten Teig verkneten. Sollte er kleben, ihn in Frischhaltefolie gewickelt eine Zeit lang kalt stellen. Den Teig portionsweise auf der leicht bemehlten Arbeitsfläche knapp ½ cm dick ausrollen und mit einer Ausstechform Sterne ausstechen. Die Teigsterne auf Backbleche (mit Backpapier belegt) legen. Die Teigsterne mit Kondensmilch bestreichen, mit Zucker und Mandeln bestreuen.

4. Die Backbleche nacheinander (bei Heißluft zusammen) in den vorgeheizten Backofen schieben. Mandelsterne **etwa 10 Minuten je Backblech backen.**

5. Die Mandelsterne mit dem Backpapier auf Kuchenroste ziehen. Mandelsterne erkalten lassen.

Tipp: Die Mandelsterne sind in gut schließenden Dosen 2–3 Wochen haltbar.

Marzipan-Früchte-Stern

Gut vorzubereiten – mit Alkohol
etwa 20 Stücke

Insgesamt:
E: 110 g, F: 330 g, Kh: 761 g, kJ: 28314, kcal: 6767

Zum Vorbereiten:
250 g Rosinen
100 g gehacktes Orangeat
100 g getrocknete, gewürfelte Aprikosen
100 ml Rum

Für den Hefeteig:
350 g Weizenmehl
1 Pck. Dr. Oetker Trockenbackhefe
75 g Zucker
1 Pck. Dr. Oetker Vanillin-Zucker
1 Pck. Dr. Oetker Finesse Orangenschalen-Aroma
2 gestr. TL Christstollengewürz
1 Prise Salz
100 ml lauwarme Milch
125 g zerlassene, abgekühlte Butter oder Margarine
125 g Magerquark
100 g gehobelte Haselnusskerne

Für die Füllung:
200 g Marzipan-Rohmasse

Zum Bestreichen und Bestäuben:
100 g zerlassene Butter
25 g gesiebter Puderzucker

Zubereitungszeit: 45 Minuten, ohne Einweich- und Teiggehzeit
Backzeit: etwa 40 Minuten

1. Zum Vorbereiten Rosinen, Orangeat und Aprikosen mit Rum in einer Schüssel mischen und zugedeckt einige Stunden (am besten über Nacht) einweichen.

2. Für den Teig Mehl in eine Rührschüssel geben, mit der Trockenbackhefe sorgfältig vermischen. Zucker, Vanillin-Zucker, Orangenschalen-Aroma, Christstollengewürz, Salz, Milch, Butter oder Margarine und Quark hinzufügen. Die Zutaten mit Handrührgerät mit Knethaken zunächst kurz auf niedrigster, dann auf höchster Stufe in etwa 5 Minuten zu einem glatten Teig verarbeiten. Dann den Teig zugedeckt so lange an einem warmen Ort stehen lassen, bis er sich sichtbar vergrößert hat (etwa 30 Minuten).

3. Teig leicht mit Mehl bestäuben, aus der Schüssel nehmen und auf einer leicht bemehlten Arbeitsfläche nochmals kurz durchkneten. Die vorbereitete Früchtemischung und Haselnusskerne unterarbeiten.

4. Den Teig in 6 Portionen teilen. Jeweils 1 Teigportion zu 1 Rolle (etwa 20 cm Länge) formen und der Länge nach in die Mitte eine Vertiefung drücken.

5. Für die Füllung Marzipan in 6 Portionen teilen und ebenfalls zu je 1 Rolle (etwa 20 cm Länge) formen. Die Marzipanrollen jeweils in die eingedrückten Teigmulden legen und mit dem Teig umschließen.

6. Jede Teigrolle zu einer Sternspitze formen und als Stern auf einem Backblech (gefettet, mit Backpapier belegt) aneinanderlegen. Die Nahtstellen fest andrücken. Den Stern nochmals zugedeckt so lange an einem warmen Ort stehen lassen, bis er sich sichtbar vergrößert hat (etwa 25 Minuten).

7. Den Backofen vorheizen.
Ober-/Unterhitze: etwa 250 °C
Heißluft: etwa 230 °C

8. Das Backblech in den vorgeheizten Backofen (untere Schiene) schieben. Gleichzeitig die **Backofentemperatur auf Ober-/Unterhitze etwa 160 °C, Heißluft etwa 140 °C herunterschalten.** Stern **etwa 40 Minuten backen.**

9. Den Stern vorsichtig mit dem Backpapier vom Backblech auf einen Kuchenrost ziehen. Den noch heißen Stern mit Butter bestreichen und mit Puderzucker bestäuben, erkalten lassen. Marzipan-Früchte-Stern vor dem Verzehr gut durchziehen lassen.

Tipp: Der Marzipan-Früchte-Stern ist gut verpackt 2–3 Wochen haltbar.

Marzipan-Muffins, geflämmt

Raffiniert

12 Stück

Pro Stück:
E: 8 g, F: 23 g, Kh: 36 g, kJ: 1598, kcal: 382

Für den Rührteig:

50 g	*weiße Schokolade*
125 g	*weiche Butter*
125 g	*Zucker*
5 Tropfen	*Bittermandel-Aroma*
½ gestr. TL	*gemahlener Zimt*
4	*Eier (Größe M)*
175 g	*Weizenmehl*
1 ½ gestr. TL	*Dr. Oetker Backin*
75 g	*abgezogene, gemahlene Mandeln*

Zum Bestreichen:

2 EL	*Aprikosenkonfitüre*

Außerdem:

250 g	*Marzipan-Rohmasse*

Zubereitungszeit: 45 Minuten, ohne Abkühlzeit
Backzeit: etwa 25 Minuten

1. Den Backofen vorheizen.
Ober-/Unterhitze: etwa 180 °C
Heißluft: etwa 160 °C

2. Für den Teig Schokolade in kleine Stücke hacken. Die Butter in einer Rührschüssel mit Handrührgerät mit Rührbesen auf höchster Stufe geschmeidig rühren. Nach und nach Zucker unterrühren. So lange rühren, bis eine gebundene Masse entstanden ist.

3. Bittermandel-Aroma und Zimt hinzugeben. Die Eier nach und nach unterrühren (jedes Ei etwa ½ Minute).

4. Das Mehl mit Backpulver und Mandeln mischen, in 2 Portionen auf mittlerer Stufe unterrühren. Die gehackte Schokolade unterheben.

5. Den Teig in einer Muffinform (für 12 Muffins, mit Papierbackförmchen ausgelegt) verteilen. Die Form auf dem Rost in den vorgeheizten Backofen schieben. Die Muffins **etwa 25 Minuten backen.**

6. Die Form auf einen Kuchenrost stellen. Die Muffins etwa 5 Minuten in der Form stehen lassen. Dann die Muffins aus der Form nehmen und noch heiß mit glatt gerührter Konfitüre bestreichen. Muffins auf einem Kuchenrost erkalten lassen.

7. Marzipan auf einer mit Puderzucker bestäubten Arbeitsfläche etwa ½ cm dick ausrollen. Mit einem Blütenstempel (z.B. einem Margeritenausstecher) 12 Abdrücke aufdrücken. Etwa 9 cm große Kreise darum ausstechen.

8. Aus dem restlichen Marzipan 12 kleine Blüten oder andere Formen ausstechen und jeweils in die Mitte der Blüten legen. Das Marzipan mit einem Flämmgerät oder unter dem vorgeheizten Backofengrill kurz grillen, bis die Oberfläche leicht bräunt. Die Blüten abkühlen lassen und vorsichtig auf die Muffins legen.

Marzipan-Nougat-Würfel I

Mit Alkohol

etwa 30 Stück

Pro Stück:
E: 2 g, F: 5 g, Kh: 9 g, kJ: 400, kcal: 95

200 g Marzipan-Rohmasse
50 g gesiebter Puderzucker
50 g abgezogene, gemahlene Mandeln
2 EL Amaretto (Mandellikör)

Für die Füllung:
200 g Nuss-Nougat

Zum Bestreichen und Bestreuen:
30 g Zartbitter-Kuvertüre
etwa 1 TL grob gehackte Pistazienkerne

Zubereitungszeit: 40 Minuten, ohne Kühlzeit

1. Marzipan in Stücke schneiden, mit Puderzucker, Mandeln und Likör verkneten. Die Marzipanmasse in 4 Portionen teilen. Die Marzipanportionen jeweils auf einer leicht mit Puderzucker bestäubten Arbeitsfläche zu einem Rechteck (etwa 12,5 x 15 cm) ausrollen.

2. Für die Füllung den Nuss-Nougat in einem kleinen Topf im heißen Wasserbad bei schwacher Hitze unter Rühren schmelzen.

3. Ein Drittel der Nougatmasse auf ein Marzipanrechteck streichen und mit dem zweiten Marzipanrechteck belegen. Die Hälfte der restlichen Nougatmasse darauf verteilen. Das dritte Marzipanrechteck darauflegen und mit der restlichen Nougatmasse bestreichen. Mit dem letzten Marzipanrechteck belegen, vorsichtig andrücken und etwa 2 Stunden kalt stellen.

4. Zum Bestreichen und Bestreuen die Kuvertüre in Stücke hacken, in einem kleinen Topf im heißen Wasserbad bei schwacher Hitze unter Rühren schmelzen. Die Oberfläche des Marzipan-Nougat-Päckchens mit der Kuvertüre bestreichen und mit Pistazienkernen bestreuen. Kuvertüre fest werden lassen.

5. Marzipan-Nougat-Päckchen mit einem scharfen Messer in etwa 2,5 x 2,5 cm große Würfel schneiden. Das Konfekt gut verpackt in Frischhaltefolie oder in einer gut schließenden Dose kühl aufbewahren.

Tipps: Gut verpackt und kühl aufbewahrt sind die Marzipan-Nougat-Würfel etwa 14 Tage haltbar.
Statt Pistazienkerne zum Bestreuen können auch gehackte, gebräunte Mandeln verwendet werden.

Marzipan-Ravioli I

Mit Alkohol – ohne zu backen

etwa 60 Stück

Insgesamt:
E: 107 g, F: 368 g, Kh: 887 g, kJ: 31215, kcal: 7449

Für Füllung I:

100 g getrocknete, entkernte Datteln
20 g gehackte Mandeln
2 EL Amaretto (Mandellikör)

Für Füllung II:

100 g getrocknete, entsteinte Pflaumen
10 g fein gehacktes Orangeat
20 g fein gehackte Walnusskerne
2 EL Zwetschengeist
½ TL gemahlener Zimt

Für Füllung III:

100 g getrocknete, weiche Feigen
20 g fein gehackte Haselnusskerne
2 EL brauner Rum

Außerdem:

100 g Zucker
150 ml Wasser
500 g Marzipan-Rohmasse
200 g gesiebter Puderzucker
2 EL Wasser
50 g gesiebtes Kakaopulver
200 g Zartbitter-Kuvertüre
1 EL Speiseöl
150 g Haselnussglasur

Zubereitungszeit: 90 Minuten

1. Für die **Füllung I** Datteln fein hacken. Mit Mandeln und Likör vermischen.

2. Für die **Füllung II** die Pflaumen fein hacken. Mit Orangeat, Walnusskernen, Zwetschengeist und Zimt vermischen.

3. Für die **Füllung III** Feigen fein hacken. Mit Haselnusskernen und Rum vermischen.

4. Die Füllungen zugedeckt beiseitestellen. Zucker mit Wasser in einem kleinen Topf zum Kochen bringen, bis der Zucker gelöst ist.

5. Marzipan mit Puderzucker und Wasser verkneten. Die Marzipanmasse in 6 gleich große Portionen teilen. 4 Marzipanportionen in Frischhaltefolie wickeln.

6. Zwei Marzipanportionen jeweils auf einer leicht mit Puderzucker bestäubten Arbeitsfläche zu einem Quadrat (etwa 20 x 20 cm) ausrollen.

7. Eine Marzipanplatte mit der Zuckerlösung bestreichen. Eine der Füllungen in Häufchen darauf verteilen, mit der zweiten Marzipanplatte belegen und leicht andrücken.

8. Runde Ravioli (Ø 3–4 cm) ausstechen oder ausschneiden. Die Ränder mit einer Gabel leicht zusammendrücken.

9. Restliche Marzipanportionen und restliche Füllungen auf die gleiche Weise verarbeiten (aus jeder Füllung etwa 20 Ravioli zubereiten).

10. Ravioli mit der Dattelfüllung mit Kakao bestäuben. Die Kuvertüre in Stücke hacken und mit Speiseöl in einem kleinen Topf im heißen Wasserbad bei schwacher Hitze unter Rühren schmelzen. Die Ravioli mit der Pflaumenfüllung zur Hälfte mit geschmolzener Kuvertüre überziehen.

11. Haselnussglasur nach Packungsanleitung schmelzen. Die Ravioli mit der Feigenfüllung zur Hälfte darin eintauchen.

12. Die Ravioli auf Backpapier legen und die Kuvertüre, bzw. Glasur fest werden lassen.

13. Die Ravioli in einer gut schließenden Dose an einem kühlen Ort aufbewahren.

Tipps: Ravioli sind kalt gestellt in einer gut schließenden Dose etwa 1 Woche haltbar. Weiche Feigen sind als sogenannte Softfeigen im Handel. Sollten die Feigen trotzdem zu trocken sein, geben Sie etwas Rum dazu und lassen ihn etwas einziehen.

Marzipan-Sesam-Streifen I

Schnell – für Kinder

etwa 80 Stück

Insgesamt:
E: 69 g, F: 303 g, Kh: 323 g, kJ: 18023, kcal: 4307

Für den Rührteig:

200 g Marzipan-Rohmasse
200 g weiche Butter
50 g Zucker
1 Prise Salz
1 Pck. Dr. Oetker Bourbon-Vanille-Zucker
1 Eigelb (Größe M)
200 g Weizenmehl
½ TL Dr. Oetker Backin

Für den Belag:

1 Eiweiß (Größe M)
100 g geschälte Sesamsamen
40 g brauner Zucker (Kandisfarin)

Zubereitungszeit: 20 Minuten
Backzeit: 12–15 Minuten

1. Für den Teig das Marzipan auf der Haushaltsreibe raspeln oder fein schneiden.

2. Den Backofen vorheizen.
Ober-/Unterhitze: etwa 200 °C
Heißluft: etwa 180 °C

3. Die Butter und das Marzipan in einer Rührschüssel mit Handrührgerät mit Rührbesen auf höchster Stufe geschmeidig rühren. Nach und nach Zucker, Salz und Vanille-Zucker unterrühren. So lange rühren, bis eine gebundene Masse entstanden ist. Das Eigelb in knapp ½ Minute unterrühren.

4. Das Mehl mit Backpulver mischen, in 2 Portionen auf mittlerer Stufe unterrühren. Den Teig auf einem Backblech (30 x 40 cm, gefettet) verteilen und gleichmäßig mit einer Teigkarte verstreichen.

5. Für den Belag Eiweiß verschlagen und auf den Teig streichen. Erst Sesamsamen, dann Zucker auf den Teig streuen. Das Backblech in den vorgeheizten Backofen schieben. Gebäckplatte **12–15 Minuten backen.**

6. Die heiße Gebäckplatte sofort nach dem Backen in Streifen (etwa 3 x 5 cm) schneiden. Das Backblech auf einen Kuchenrost stellen. Die Marzipan-Sesam-Streifen auf dem Backblech erkalten lassen.

Tipp: Die Marzipan-Sesam-Streifen sind in gut schließenden Dosen 2–3 Wochen haltbar.

Marzipanstangen, gefüllt

Für Geübte – dauert länger

etwa 35 Stück

Pro Stück:
E: 2 g, F: 8 g, Kh: 15 g, kJ: 594, kcal: 142

Für den Rührteig:
200 g Marzipan-Rohmasse
175 g weiche Butter oder Margarine
100 g Zucker
1 Pck. Dr. Oetker Vanillin-Zucker
1 Ei (Größe M)
3 Tropfen Zitronen-Aroma
200 g Weizenmehl
50 g Speisestärke

Zum Bestreichen:
etwa 4 EL Sauerkirschkonfitüre

Für den Guss:
150 g Zartbitter-Kuvertüre
1 TL Speiseöl

Zubereitungszeit: 90 Minuten, ohne Abkühlzeit
Backzeit: 10–12 Minuten je Backblech

1. Den Backofen vorheizen.
Ober-/Unterhitze: etwa 180 °C
Heißluft: etwa 160 °C

2. Für den Teig Marzipan in kleine Würfel schneiden. Marzipanwürfel und Butter oder Margarine in einer Rührschüssel mit Handrührgerät mit Rührbesen auf höchster Stufe geschmeidig rühren. Zucker, Vanillin-Zucker, Ei und Aroma unterrühren.

3. Mehl mit Speisestärke mischen, in 2 Portionen auf mittlerer Stufe unterrühren. Den Teig in kleinen Portionen in einen Spritzbeutel mit Sterntülle füllen und etwa 5 cm lange, nach Belieben leicht gewellte Stangen auf Backbleche (gefettet, mit Backpapier belegt) spritzen. Die Backbleche nacheinander (bei Heißluft zusammen) in den vorgeheizten Backofen schieben. Die Marzipanstangen **10–12 Minuten je Backblech backen.**

4. Die Marzipanstangen mit dem Backpapier von den Backblechen auf Kuchenroste ziehen. Marzipanstangen erkalten lassen.

5. Zum Bestreichen Konfitüre evtl. pürieren. Die Hälfte der Marzipanstangen auf der Unterseite damit bestreichen. Restliche Stangen daraufsetzen und andrücken.

6. Für den Guss Kuvertüre in kleine Stücke hacken, mit Speiseöl in einem kleinen Topf im heißen Wasserbad bei schwacher Hitze unter Rühren schmelzen. Die Marzipanstangen mit den Enden hineintauchen und auf Backpapier legen. Guss fest werden lassen.

Tipps: Anstelle der Sauerkirschkonfitüre kann auch Aprikosenkonfitüre oder Orangenmarmelade verwendet werden. Das gefüllte Gebäck ist in gut schließenden Dosen etwa 2 Wochen haltbar (es wird mit der Zeit immer weicher). Ohne Füllung halten die Marzipanstangen etwa 4 Wochen.

Marzipanwürfel | Für Gäste
etwa 25 Stück

Pro Stück:
E: 2 g, F: 8 g, Kh: 21 g, kJ: 711, kcal: 170

Für den Knetteig:
150 g Weizenmehl
1/2 gestr. TL Dr. Oetker Backin
65 g Zucker
1 Pck. Dr. Oetker Vanillin-Zucker
1 Ei (Größe M)
65 g Butter oder Margarine

Zum Bestreichen:
etwa 100 g Aprikosenkonfitüre

Für den Belag:
200 g Marzipan-Rohmasse
100 g gesiebter Puderzucker

Für den Guss:
200 g Zartbitter-Kuvertüre

Zubereitungszeit: 55 Minuten, ohne Abkühlzeit
Backzeit: 15–20 Minuten

1. Den Backofen vorheizen.
Ober-/Unterhitze: etwa 180 °C
Heißluft: etwa 160 °C

2. Für den Teig Mehl mit Backpulver mischen und in eine Rührschüssel geben. Zucker, Vanillin-Zucker, Ei (die Hälfte des Eiweißes abnehmen und beiseitestellen) und Butter oder Margarine hinzufügen. Die Zutaten mit Handrührgerät mit Knethaken zunächst kurz auf niedrigster, dann auf höchster Stufe gut durcharbeiten.

3. Auf einer leicht bemehlten Arbeitsfläche zu einem glatten Teig verkneten. Sollte der Teig kleben, ihn in Frischhaltefolie gewickelt eine Zeit lang kalt stellen.

4. Den Teig auf einem Backblech (gefettet) zu einem Quadrat (etwa 25 x 25 cm) ausrollen und evtl. einen Backrahmen darumstellen. Den Teigboden mehrmals mit einer Gabel einstechen. Das Backblech in den vorgeheizten Backofen schieben. Die Gebäckplatte **10–15 Minuten vorbacken.** Backblech auf einen Kuchenrost stellen. Gebäckplatte erkalten lassen.

5. **Die Backofentemperatur auf Ober-/Unterhitze: etwa 240 °C, Heißluft: etwa 220 °C heraufschalten.** Zum Bestreichen die Aprikosenkonfitüre durch ein Sieb streichen. Die Gebäckplatte damit bestreichen.

6. Für den Belag Marzipan mit Puderzucker verkneten und auf einer mit Puderzucker bestäubten Arbeitsfläche zu einem Quadrat (etwa 25 x 25 cm) ausrollen. Die Marzipanplatte auf die Gebäckplatte legen und gut andrücken. Nach Belieben mit einem Messerrücken oder kleinen Förmchen Verzierungen eindrücken. Die Marzipanplatte mit dem beiseitegestellten, verschlagenen Eiweiß bestreichen. Das Backblech wieder in den vorgeheizten Backofen schieben. Die Gebäckplatte **etwa 5 Minuten überbacken.**

7. Backblech auf einen Kuchenrost stellen. Gebäckplatte erkalten lassen, in Quadrate (Würfel) schneiden.

8. Für den Guss Kuvertüre in kleine Stücke hacken und in einem kleinen Topf im heißen Wasserbad bei schwacher Hitze unter Rühren schmelzen. Die Marzipanwürfel bis zur Hälfte in den Guss tauchen, am Topfrand abstreifen und auf Backpapier legen. Guss fest werden lassen.

Mascarpone-Zimt-Häufchen

Beliebt

etwa 50 Stück

Insgesamt:
E: 33 g, F: 187 g, Kh: 480 g, kJ: 15917, kcal: 3802

Zum Vorbereiten:
150 g getrocknete Aprikosen

Für den Rührteig:
250 g Mascarpone (ital. Frischkäse, Zimmertemperatur)
80 g weiches Butterschmalz
100 g Zucker
1 Prise Salz
½ Pck. Dr. Oetker Finesse Geriebene Zitronenschale
150 g Weizenmehl
100 g Speisestärke
½ gestr. TL Dr. Oetker Backin
1 TL gemahlener Zimt

Für den Guss:
100 g gesiebter Puderzucker
1 gestr. TL gemahlener Zimt
1–2 TL Zitronensaft

Nach Belieben:
einige getrocknete Aprikosenstückchen

Zubereitungszeit: 40 Minuten, ohne Abkühlzeit
Backzeit: 15–20 Minuten je Backblech

1. Zum Vorbereiten Aprikosen in sehr kleine Stücke schneiden oder mit einem Blitzhacker fein hacken.

2. Den Backofen vorheizen.
Ober-/Unterhitze: etwa 180 °C
Heißluft: etwa 160 °C

3. Für den Teig den Mascarpone mit Butterschmalz, Zucker, Salz und Zitronenschale in einer Rührschüssel mit Handrührgerät mit Rührbesen auf höchster Stufe etwa 1 Minute geschmeidig rühren. Aprikosenstückchen unterrühren.

4. Das Mehl mit Speisestärke, Backpulver und Zimt mischen, in 2 Portionen auf mittlerer Stufe unter die Mascarponecreme rühren.

5. Den Teig mit 2 Teelöffeln in Häufchen auf Backbleche (gefettet, mit Backpapier belegt) setzen. Die Backbleche nacheinander (bei Heißluft zusammen) in den vorgeheizten Backofen schieben. Das Gebäck **15–20 Minuten je Backblech backen.**

6. Das Gebäck mit dem Backpapier von den Backblechen auf Kuchenroste ziehen. Gebäck erkalten lassen.

7. Für den Guss Puderzucker und Zimt mischen, mit Zitronensaft zu einer dickflüssigen Masse verrühren. Den Guss in einen kleinen Gefrierbeutel geben und eine kleine Ecke abschneiden. Das Gebäck mit dem Guss besprenkeln und nach Belieben mit Aprikosenstückchen garnieren. Guss fest werden lassen.

Tipps: Ist der Mascarpone kalt, so wird der Teig zu fest. Dann evtl. die Mehlmischung mit Knethaken unterrühren. Mascarpone-Zimt-Häufchen sind in gut schließenden Dosen 2–3 Wochen haltbar.

TOM
EVA

Mini-Weihnachtsgugelhupfe

Zum Verschenken

12 Stück

Pro Stück:
E: 4 g, F: 19 g, Kh: 53 g, kJ: 1674, kcal: 400

Für den Knetteig:

150 g Weizenmehl
90 g Butter oder Margarine
50 g Zucker
1 Pck. Dr. Oetker Vanillin-Zucker
1 EL kaltes Wasser

Für den Rührteig:

150 g Butter
100 g Zucker
2 Eier (Größe M)
1 Pck. Dr. Oetker Bourbon-Vanille-Aroma
175 g Weizenmehl
25 g Speisestärke
1 gestr. TL Dr. Oetker Backin
1 Apfel (etwa 100 g)
2 EL Zitronensaft

Für den Guss:

150 g gesiebter Puderzucker
2 EL Zitronensaft
etwas Speisefarbe
einige Zuckerperlen
etwas Puderzucker

Außerdem:

1 Mini-Gugelhupfform (für 12 Mini-Gugelhupfe [Ø 7 cm, Höhe 3 ½ cm])
1 großer Sternausstecher
1 Sternschnuppenausstecher

Zubereitungszeit: 45 Minuten, ohne Kühlzeit
Backzeit: etwa 25 Minuten

1. Für den Knetteig Mehl in eine Rührschüssel geben. Butter oder Margarine, Zucker, Vanillin-Zucker und Wasser hinzufügen. Die Zutaten mit Handrührgerät mit Knethaken zunächst kurz auf niedrigster, dann auf höchster Stufe gut durcharbeiten. Anschließend auf einer leicht bemehlten Arbeitsfläche zu einem glatten Teig verkneten. Den Teig in Frischhaltefolie gewickelt etwa 30 Minuten kalt stellen.

2. Für den Rührteig Butter in einem Topf bei mittlerer Hitze unter Rühren goldbraun werden lassen, sofort in eine Rührschüssel geben und erkalten lassen.

3. Den Backofen vorheizen.
Ober-/Unterhitze: etwa 180 °C
Heißluft: etwa 160 °C

4. Nach und nach den Zucker mit Handrührgerät mit Rührbesen unter die erkaltete Butter rühren und etwa 3 Minuten schaumig schlagen, bis eine gebundene Masse entstanden ist. Eier nach und nach unterrühren (jedes Ei etwa ½ Minute). Aroma unterrühren.

5. Mehl mit Speisestärke und Backpulver mischen, in 2 Portionen auf mittlerer Stufe unterrühren.

6. Apfel schälen, vierteln und entkernen. Apfelviertel fein raspeln, mit dem Zitronensaft kurz unterrühren.

7. Jeweils 2 Esslöffel des Teiges in die Vertiefungen einer Mini-Gugelhupfform (für 12 Mini-Gugelhupfe [Ø 7 cm, Höhe 3 ½ cm], gefettet, gemehlt) geben und glatt streichen.

8. Knetteig auf der leicht bemehlten Arbeitsfläche etwa ½ cm dick ausrollen und 12 Sterne (Ø etwa 9 ½ cm) ausstechen. Die Teigsterne so auf den Teig (Förmchen) legen, dass die Spitzen sich nicht berühren. Die Form auf dem Rost in den vorgeheizten Backofen schieben. Die Gugelhupfe **etwa 25 Minuten backen.**

9. Die Form auf einen Kuchenrost stellen. Die Gugelhupfe etwa 5 Minuten in der Form stehen lassen, aus der Form lösen und auf einen mit Backpapier belegten Kuchenrost stürzen. Gugelhupfe erkalten lassen.

10. Für den Guss Puderzucker mit Zitronensaft zu einer dickflüssigen Masse verrühren. Mit Speisefarbe beliebig einfärben. Gugelhupfe jeweils mit 1–2 Esslöffeln Guss verzieren, mit Liebesperlen garnieren und mit Puderzucker bestäuben.

Mohn-Punschtorte I

Raffiniert – mit Alkohol

Insgesamt:
E: 83 g, F: 330 g, Kh: 481 g, kJ: 22439, kcal: 5365

Für den Rührteig:

150 g	*weiche Butter oder Margarine*
125 g	*Zucker*
1 Pck.	*Dr. Oetker Bourbon-Vanille-Zucker*
1 Msp.	*gemahlener Zimt*
4	*Eier (Größe M)*
125 g	*Weizenmehl*
3 gestr. TL	*Dr. Oetker Backin*
50 g	*Mohnsamen*

Für die Füllung:

1 Glas	*Pflaumenhälften (Zwetschen, Abtropfgewicht 385 g)*
250 ml (¹/₄ l)	*Pflaumensaft (aus dem Glas)*
20 g	*Zucker*
1 Pck.	*Tortenguss, klar, ungezuckert*

Für die Punschcreme:

6 Blatt	*weiße Gelatine*
250 ml (¹/₄ l)	*Glühwein (kalt gestellt)*
400 g	*Schlagsahne*
30–50 g	*Zucker (je nach Süße des Glühweins)*
etwas	*gemahlener Zimt*

Zum Garnieren:

100 g	*Zartbitter-Kuvertüre*
1–2 TL	*Speiseöl*

Zubereitungszeit: 60 Minuten, ohne Kühlzeit
Backzeit: etwa 35 Minuten

1. Den Backofen vorheizen.
Ober-/Unterhitze: etwa 180 °C
Heißluft: etwa 160 °C

2. Für den Rührteig die Butter oder Margarine in einer Rührschüssel mit Handrührgerät mit Rührbesen auf höchster Stufe geschmeidig rühren. Nach und nach Zucker, Vanille-Zucker und Zimt unterrühren. So lange rühren, bis eine gebundene Masse entstanden ist. Eier nach und nach unterrühren (jedes Ei etwa ¹/₂ Minute).

3. Mehl mit Backpulver mischen, in 2 Portionen abwechselnd mit dem Mohn auf mittlerer Stufe unterrühren. Den Teig in eine Springform (Ø 26 cm, Boden gefettet, mit Backpapier belegt) geben und glatt streichen. Die Form auf dem Rost in den vorgeheizten Backofen schieben. Den Tortenboden **etwa 35 Minuten backen.**

4. Den Tortenboden aus der Form lösen, auf einen mit Backpapier belegten Kuchenrost stürzen und erkalten lassen. Anschließend mitgebackenes Backpapier abziehen. Tortenboden einmal waagerecht durchschneiden. Den unteren Boden auf eine Tortenplatte legen, einen Tortenring darumlegen.

5. Für die Füllung Pflaumenhälften in einem Sieb abtropfen lassen, den Saft auffangen und 250 ml (¹/₄ l) abmessen. Die Pflaumenhälften auf dem unteren Boden verteilen, dabei einen etwa 1 cm breiten Rand frei lassen. Aus Pflaumensaft, Zucker und Tortengusspulver einen Guss nach Packungsanleitung zubereiten. Den Guss auf den Pflaumenhälften verteilen. Guss fest werden lassen.

6. Für die Punschcreme Gelatine in kaltem Wasser nach Packungsanleitung einweichen. Gelatine ausdrücken und in einem Topf bei schwacher Hitze unter Rühren erwärmen, bis sie völlig gelöst ist. Den Topf von der Kochstelle nehmen. Nach und nach Glühwein unter Rühren hinzufügen. Flüssigkeit kalt stellen.

7. Sahne mit Zucker und Zimt steif schlagen. Sobald die Glühweinflüssigkeit anfängt zu gelieren, Zimtsahne unterheben. Zwei Drittel der Punschcreme auf den Pflaumenbelag geben und glatt streichen. Den oberen Tortenboden darauflegen und leicht andrücken. Restliche Punschcreme daraufgeben und glatt streichen. Die Torte etwa 3 Stunden kalt stellen.

8. Zum Garnieren Kuvertüre grob hacken, mit Speiseöl in einem kleinen Topf im heißen Wasserbad bei schwacher Hitze unter Rühren schmelzen. Kuvertüre dünn auf Backpapier streichen. Kuvertüre fest werden lassen (nicht kalt stellen).

9. Aus der Kuvertürenplatte mit einer Ausstechform Motive (z. B. Sterne) ausstechen. Die Torte aus dem Tortenring lösen. Tortenrand und -oberfläche mit den Schokomotiven garnieren.

Tipps: Die Torte ist ohne die Schokomotive gefriergeeignet. Kräftiger in der Farbe wird die Punschcreme, wenn Sie die Creme mit 1 Päckchen gemahlener, roter Gelatine nach Packungsanleitung zubereiten.

Mokkastangen | Raffiniert

etwa 48 Stück

Insgesamt:
E: 29 g, F: 107 g, Kh: 284 g, kJ: 9349, kcal: 2235

10 g Kaffeebohnen
1–2 TL Instant-Espresso-Pulver
1 EL heißes Wasser

Für den Knetteig:
200 g Weizenmehl
½ gestr. TL Dr. Oetker Backin
100 g Zucker
1 Pck. Dr. Oetker Vanillin-Zucker
1 Prise Salz
1 Eigelb (Größe M)
2 EL Milch
100 g Butter oder Margarine

50 g Schoko-Mokkabohnen

Zubereitungszeit: 30 Minuten, ohne Kühlzeit
Backzeit: 15–20 Minuten je Backblech

1. Die Kaffeebohnen im Zerkleinerer fein hacken. Espresso-Pulver mit Wasser unter Rühren auflösen.

2. Den Backofen vorheizen.
Ober-/Unterhitze: etwa 180 °C
Heißluft: etwa 160 °C

3. Für den Teig Mehl mit Backpulver in einer Rührschüssel mischen. Gehackte Kaffeebohnen, aufgelöstes Espresso-Pulver, Zucker, Vanillin-Zucker, Salz, Eigelb, Milch und Butter oder Margarine hinzufügen. Die Zutaten mit Handrührgerät mit Knethaken zunächst kurz auf niedrigster, dann auf höchster Stufe gut durcharbeiten. Anschließend den Teig auf einer leicht bemehlten Arbeitsfläche zu einem glatten Teig verkneten.

4. Aus dem Teig 8 dünne Rollen (Länge je etwa 30 cm) formen. Die Teigrollen in Frischhaltefolie gewickelt 1–2 Stunden kalt stellen.

5. Teigrollen in je 6 etwa 5 cm lange Stücke schneiden und auf 2 Backbleche (mit Backpapier belegt) legen. Die Backbleche nacheinander (bei Heißluft zusammen) in den vorgeheizten Backofen schieben. Die Mokkastangen **15–20 Minuten je Backblech backen.**

6. Die Backbleche auf Kuchenroste stellen. Die heißen Mokkastangen mit den Mokkabohnen belegen und leicht andrücken. Die Mokkastangen erkalten lassen.

Mokkawürfel | Für Gäste

etwa 42 Stück

Pro Stück:
E: 1 g, F: 4 g, Kh: 5 g, kJ: 247, kcal: 59

200 g Kaffee-Sahne- oder Cappuccino-Sahne-Schokolade
75 ml Wasser
2 TL Instant-Kaffeepulver
50 g Butter
50 g Pinienkerne
25 g Walnusskerne
100 g Butterkekse

Zum Bestäuben:
etwas Kakaopulver
etwas Puderzucker

Zubereitungszeit: 40 Minuten, ohne Kühlzeit

1. Schokolade in Stücke brechen und grob hacken. Wasser in einem Topf zum Kochen bringen. Kaffeepulver unterrühren und auflösen. Butter hinzufügen und unter Rühren zerlassen. Schokoladenstückchen hinzugeben. Die Zutaten unter Rühren bei schwacher Hitze zu einer geschmeidigen Masse verrühren, etwas abkühlen lassen.

2. Die Pinienkerne in einer Pfanne ohne Fett unter Rühren leicht bräunen. Walnusskerne grob hacken. Kekse in einen Gefrierbeutel geben. Beutel fest verschließen. Kekse mit einer Teigrolle grob zerbröseln. Pinienkerne, Walnusskernstücke und Keksbrösel zur Schokoladenmasse geben und gut untermischen.

3. Die Masse auf eine mit Backpapier belegte Tortenplatte geben (Backpapier eventuell mit einigen Tupfen der Schokoladenmasse festkleben) und anschließend mit einem großen, glatten Messer zu einem Rechteck (etwa 15 x 17 1/2 cm) aufstreichen. Die Schokoladen-Brösel-Masse 2–3 Stunden kalt stellen und fest werden lassen. Die Schokoladenmasse in Würfel (etwa 2 1/2 x 2 1/2 cm) schneiden.

4. Zum Bestäuben die Mokkawürfel mit Kakao und Puderzucker bestäuben.

Tipps: Die Mokkawürfel halten sich gut verpackt und kühl gelagert etwa 8 Tage. Statt der Tortenplatte können Sie auch gut ein mit Backpapier belegtes Schneidbrett verwenden.

Nelkenbusserl | Einfach

etwa 50 Stück

Insgesamt:
E: 61 g, F: 18 g, Kh: 583 g, kJ: 11566, kcal: 2756

Für den Teig:

200 g Zuckerrübensirup (Rübenkraut)
100 g Zucker
2 Eier (Größe M)
400 g Weizenmehl
½ Pck. Dr. Oetker Backin
1 gestr. TL gemahlener Zimt
1 ½ gestr. TL gemahlene Nelken

Für die Füllung:

120 g Pflaumenmus (aus dem Glas)

Zubereitungszeit: 40 Minuten, ohne Kühlzeit
Backzeit: etwa 10 Minuten je Backblech

1. Für den Teig Zuckerrübensirup, Zucker und Eier in einer Rührschüssel mit Handrührgerät mit Rührbesen auf mittlerer Stufe cremig schlagen.

2. Mehl mit Backpulver, Zimt und Nelken mischen, auf die Sirupmasse geben und mit Handrührgerät mit Knethaken auf niedriger Stufe zu einem glatten Teig verkneten. Den Teig in Frischhaltefolie gewickelt mindestens 2 Stunden kalt stellen.

3. Den Backofen vorheizen.
Ober-/Unterhitze: etwa 180 °C
Heißluft: etwa 160 °C

4. Von dem Teig mit einem Teelöffel kleine Nelkenbusserl (etwa 15 g) abstechen und mit gemehlten Händen zu Kugeln formen.

5. Die Teigkugeln mit etwas Abstand auf Backbleche (mit Backpapier belegt) setzen. In jede Kugel mit der Rückseite eines Kochlöffelstiels eine Mulde drücken.

6. Für die Füllung Pflaumenmus glatt rühren und in einen Spritzbeutel mit kleiner Lochtülle füllen. Pflaumenmus in die Mulden der Teigkugeln spritzen.

7. Die Backbleche nacheinander (bei Heißluft zusammen) in den vorgeheizten Backofen schieben. Die Nelkenbusserl **etwa 10 Minuten je Backblech backen.**

8. Die Nelkenbusserl mit dem Backpapier von den Backblechen auf Kuchenroste ziehen. Nelkenbusserl erkalten lassen.

Tipps: Die Nelkenbusserl sind in einer gut schließenden Dose kalt und trocken gelagert etwa 3 Wochen haltbar. Man kann die Nelkenbusserl kurz vor dem Servieren noch mit Pflaumenmus „nachfüllen".

Rezeptvariante: Omas Kokosbusserl (etwa 60 Stück). Den Backofen vorheizen. Ober-/Unterhitze: etwa 180 °C, Heißluft: etwa 160 °C. Für den Teig 125 g Weizenmehl mit 1 gestrichenen Teelöffel Dr. Oetker Backin mischen und in eine Rührschüssel geben. 125 g Zucker, 1 Päckchen Dr. Oetker Vanillin-Zucker, 1 Ei (Größe M), 2–3 Esslöffel Rum und 125 g weiche Butter oder Margarine hinzufügen. Die Zutaten mit Handrührgerät mit Rührbesen zunächst kurz auf niedrigster, dann auf höchster Stufe in etwa 3 Minuten zu einem glatten Teig verarbeiten. 125 g Kokosraspel und 125 g Haferflocken (blütenzart) unterrühren. Den Teig mit 2 Teelöffeln in Häufchen auf Backbleche (mit Backpapier belegt) setzen, dabei genügend Abstand zwischen den Teighäufchen lassen. Die Backbleche nacheinander (bei Heißluft zusammen) in den vorgeheizten Backofen schieben. Kokosbusserl 15–20 Minuten je Backblech backen. Die Kokosbusserl mit dem Backpapier von den Backblechen auf Kuchenroste ziehen. Kokosbusserl erkalten lassen. Die Kokosbusserl sind in gut schließenden Dosen 2–3 Wochen haltbar.

Nikolaushäuser am Stiel | Für Kinder

10 Stück

Pro Stück:
E: 4 g, F: 8 g, Kh: 54 g, kJ: 1262, kcal: 301

Für den Teig:
80 g Butter oder Margarine
120 g flüssiger Honig
80 g Zucker
1 Ei (Größe M)
270 g Weizenmehl
1 gestr. TL Dr. Oetker Backin
1 gestr. TL Lebkuchengewürz
1 Pck. Dr. Oetker Finesse Geriebene Zitronenschale

Zum Verzieren und Garnieren:
120 g gesiebter Puderzucker
1–2 EL Zitronensaft
evtl. bunte Speisefarbe
bunte Fruchtgummis

Außerdem:
10 Holzspatel
Pappkarton für eine Schablone

Zubereitungszeit: 70 Minuten, ohne Kühlzeit
Backzeit: 10–15 Minuten je Backblech

1. Für den Teig die Butter oder Margarine mit Honig und Zucker in einem Topf unter Rühren erwärmen, bis Butter oder Margarine zerlassen und der Zucker gelöst ist. Die Honigmasse in eine Rührschüssel geben und abkühlen lassen. Das Ei mit Handrührgerät mit Rührbesen unter die fast erkaltete Masse rühren.

2. Das Mehl mit Backpulver und Lebkuchengewürz mischen, Zitronenschale unterrühren. Das Mehlgemisch in 2 Portionen mit Handrührgerät mit Knethaken unter die Honigmasse kneten. Den Teig in einen Gefrierbeutel geben und den Beutel verschließen. Den Teig mindestens 2 Stunden kalt stellen.

3. Aus einem Pappkarton eine Schablone für das Nikolaushaus ausschneiden (quadratische Grundfläche etwa 7 x 7 cm und ein etwa 5 cm hohes Spitzdach).

4. Den Backofen vorheizen.
Ober-/Unterhitze: etwa 180 °C
Heißluft: etwa 160 °C

5. Den Teig in 2 Portion teilen. Jeweils eine Teigportion auf einer leicht bemehlten Arbeitsfläche kurz durchkneten und etwa 8 mm dick ausrollen. Mithilfe der Schablone und eines Messers oder Pizzarollers jeweils 5 Nikolaushäuser ausschneiden. Die Teighäuser auf 2 Backbleche (gefettet, mit Backpapier belegt) legen.

6. Die Backbleche nacheinander (bei Heißluft zusammen) in den vorgeheizten Backofen schieben. Die Nikolaushäuser **10–15 Minuten je Backblech backen.**

7. Nikolaushäuser mit dem Backpapier auf Kuchenroste ziehen. Die Holzspatel waagerecht, mindestens bis zur Hälfte, in die noch warmen Nikolaushäuser stecken. Die Nikolaushäuser erkalten lassen.

8. Zum Verzieren und Garnieren den Puderzucker mit Zitronensaft zu einer dickflüssigen Masse verrühren und nach Belieben mit Speisefarbe bunt einfärben. Die farbigen Güsse getrennt in je einen kleinen Gefrierbeutel füllen und eine kleine Ecke abschneiden. Die Nikolaushäuser mit dem Guss verzieren. Fruchtgummis auf den feuchten Guss legen und andrücken. Den Guss trocknen lassen.

Nikolausplätzchen | Für Kinder

45–60 Stück

Insgesamt:
E: 54 g, F: 120 g, Kh: 255 g, kJ: 10147, kcal: 2422

Für den Teig:

50 g Butter
3 EL Honig
2 EL Wasser
1 Prise Salz
2 Eigelb (Größe M)
1 TL gemahlener Zimt
1 Pck. Dr. Oetker Finesse Geriebene Zitronenschale
250 g Vollkorn-Weizenmehl
3 gestr. TL Dr. Oetker Backin
100 g gemahlene Haselnusskerne
75 g fein gehackte, getrocknete Aprikosen

Zubereitungszeit: 30 Minuten
Backzeit: etwa 15 Minuten

1. Den Backofen vorheizen.
Ober-/Unterhitze: etwa 180 °C
Heißluft: etwa 160 °C

2. Für den Teig Butter, Honig, Wasser und Salz in einem Topf erwärmen, bis die Butter geschmolzen ist. Masse in eine Rührschüssel geben, erkalten lassen.

3. Eigelb, Zimt, Zitronenschale, Mehl, Backpulver, Haselnusskerne und Aprikosenstückchen hinzufügen. Die Zutaten mit Handrührgerät mit Knethaken zu einem glatten Teig verkneten.

4. Den Teig auf einer leicht bemehlten Arbeitsfläche etwa 1 cm dick ausrollen. Aus der Teigplatte mit verschiedenen Ausstechformen z. B. Nikoläuse ausstechen und auf Backbleche (gefettet) legen. Die Backbleche nacheinander (bei Heißluft zusammen) in den vorgeheizten Backofen schieben. Die Plätzchen **etwa 15 Minuten backen.**

5. Die Plätzchen von den Backblechen nehmen und auf einem Kuchenrost erkalten lassen.

Nikolausstiefel | Für Kinder

Insgesamt:
E: 39 g, F: 69 g, Kh: 448 g, kJ: 11167, kcal: 2668

Für den Teig:
125 g flüssiger Honig
50 g Zucker
1 Pck. Dr. Oetker Vanillin-Zucker
60 g Butter
1 Eigelb (Größe M)
1 Msp. gemahlener Zimt
1 Msp. gemahlene Nelken
250 g Weizenmehl
1 gestr. EL Kakaopulver
2 gestr. TL Dr. Oetker Backin

Für den Guss:
100 g gesiebter Puderzucker
etwas Wasser

Zum Garnieren:
etwas Gebäckschmuck
einige Schokolinsen
einige abgezogene Mandeln

Zubereitungszeit: 50 Minuten, ohne Kühlzeit
Backzeit: etwa 15 Minuten je Backblech

1. Für den Teig Honig mit Zucker, Vanillin-Zucker und Butter in einem Topf langsam erwärmen, bis die Butter zerlassen und der Zucker gelöst ist.

2. Die Honigmasse in eine Rührschüssel geben und kalt stellen.

3. Unter die fast erkaltete Masse mit Handrührgerät mit Rührbesen Eigelb, Zimt und Nelken rühren.

4. Das Mehl mit Kakao und Backpulver mischen. Zwei Drittel davon portionsweise auf mittlerer Stufe unterrühren.

5. Den Teigbrei mit dem restlichen Mehlgemisch auf einer leicht bemehlten Arbeitsfläche zu einem glatten Teig verkneten. Sollte der Teig kleben, ihn in Frischhaltefolie gewickelt eine Zeit lang kalt stellen.

6. Den Backofen vorheizen.
Ober-/Unterhitze: etwa 200 °C
Heißluft: etwa 180 °C

7. Den Teig auf der leicht bemehlten Arbeitsfläche gut 1/2 cm dick ausrollen und auf Backpapier legen. Stiefel von gewünschter Größe (am besten nach einer Papierschablone) ausschneiden und mit dem Backpapier auf Backbleche ziehen.

8. Aus dem restlichen Teig Plätzchen ausstechen und ebenfalls mit auf das Backblech legen.

9. Die Backbleche nacheinander (bei Heißluft zusammen) in den vorgeheizten Backofen schieben. Das Gebäck **etwa 15 Minuten je Backblech backen.**

10. Das Gebäck mit dem Backpapier von den Backblechen auf Kuchenroste ziehen. Gebäck erkalten lassen.

11. Für den Guss Puderzucker mit Wasser zu einer dickflüssigen Masse verrühren. Den Guss in ein Pergamentpapiertütchen füllen und eine kleine Spitze abschneiden. Die Stiefel und Plätzchen mit dem Guss verzieren.

12. Mit Gebäckschmuck, Schokolinsen und Mandeln garnieren. Guss fest werden lassen.

Tipp: Die Nikolausstiefel sind in einer gut schließenden Dose etwa 3 Wochen haltbar.

Nougatbirnen

Mit Alkohol

etwa 30 Stück

Pro Stück:
E: 1 g, F: 7 g, Kh: 10 g, kJ: 476, kcal: 114

Für den Knetteig:

100 g Nusskernmischung, z. B. Cashew-, Haselnuss-, Walnusskerne und Mandeln
120 g Weizenmehl
½ gestr. TL Dr. Oetker Backin
100 g Zucker
1 Prise Salz
1 Eigelb (Größe M)
100 g Butter oder Margarine

Für die Füllung:

100 g Nuss-Nougat
50 g Nusskernmischung
20 g weiche Butter
2–3 TL Birnengeist

Für den Guss:

30 g gesiebter Puderzucker
2–3 TL Birnengeist
evtl. grüne Speisefarbe

Zubereitungszeit: 60 Minuten, ohne Kühlzeit
Backzeit: 10–12 Minuten je Backblech

1. Für den Teig die Nusskernmischung im Zerkleinerer sehr fein hacken. Mehl mit Backpulver in einer Rührschüssel mischen. Zucker, Salz, Eigelb und Butter oder Margarine hinzufügen. Die Zutaten mit Handrührgerät mit Knethaken zunächst kurz auf niedrigster, dann auf höchster Stufe gut durcharbeiten.

2. Anschließend den Teig auf einer leicht bemehlten Arbeitsfläche mit den Nusskernen zu einem glatten Teig verkneten. Sollte er kleben, ihn in Frischhaltefolie gewickelt eine Zeit lang kalt stellen.

3. Den Backofen vorheizen.
Ober-/Unterhitze: etwa 180 °C
Heißluft: etwa 160 °C

4. Den Teig portionsweise auf der leicht bemehlten Arbeitsfläche etwa 2 mm dick ausrollen. Mit einem Birnenausstecher Birnen (etwa 6 cm groß) ausstechen. Die Teigbirnen auf Backbleche (gefettet, mit Backpapier belegt) legen.

5. Die Backbleche nacheinander (bei Heißluft zusammen) in den vorgeheizten Backofen schieben. Die Plätzchen **10–12 Minuten je Backblech backen.**

6. Die Plätzchen mit dem Backpapier von den Backblechen auf Kuchenroste ziehen. Plätzchen erkalten lassen.

7. Für die Füllung Nuss-Nougat in kleine Stücke schneiden und in eine Rührschüssel geben.

8. Die Nusskernmischung im Zerkleinerer sehr fein hacken und in einer Pfanne ohne Fett unter Rühren goldbraun rösten.

9. Die heißen Nusskerne und die weiche Butter zu den Nougatstücken geben und gut unterrühren. Die Nougatmasse mit Birnengeist verrühren und abschmecken.

10. Die Hälfte der Birnen auf der Oberseite mit der Nougatmasse bestreichen (so zeigen die Birnenstiele in die gleiche Richtung). Je eine zweite Birne darauflegen und leicht andrücken.

11. Für den Guss Puderzucker mit Birnengeist glatt rühren und evtl. mit Speisefarbe einfärben. Den Guss in einen kleinen Gefrierbeutel füllen. Den Beutel verschließen und eine kleine Ecke abschneiden.

12. Einen Birnenstiel auf die gefüllten Birnen spritzen. Guss fest werden lassen. Die Nougatbirnen kühl und trocken aufbewahren.

Tipps: Der Alkohol für die Füllung kann ersatzlos gestrichen werden. Für den Guss dann anstelle von Birnengeist einfach Zitronen- oder Apfelsaft verwenden. Die Nusskernmischung lässt sich durch fertig gemahlene Haselnusskerne ersetzen. Die Nougatbirnen sind in gut schließenden Dosen kalt und trocken gelagert etwa 2 Wochen haltbar.

Nougatkaros | Für Gäste

etwa 70 Stück

Pro Stück:
E: 1 g, F: 5 g, Kh: 6 g, kJ: 300, kcal: 72

Zum Vorbereiten:
150 g gemahlene Haselnusskerne

Für den Knetteig:
250 g Weizenmehl
1/2 gestr. TL Dr. Oetker Backin
75 g Zucker
1 Pck. Dr. Oetker Vanillin-Zucker
1 Ei (Größe M)
200 g Butter oder Margarine

Für die Füllung:
200 g Nuss-Nougat

Für den Guss:
50–75 g Zartbitter-Kuvertüre

Zubereitungszeit: 60 Minuten, ohne Kühlzeit
Backzeit: 10–12 Minuten je Backblech

1. Zum Vorbereiten Haselnusskerne in einer Pfanne ohne Fett unter Rühren leicht bräunen, herausnehmen und auf einem Teller erkalten lassen.

2. Für den Knetteig das Mehl mit Backpulver in einer Rührschüssel mischen. Zucker, Vanillin-Zucker, Ei und Butter oder Margarine hinzufügen. Die Zutaten mit Handrührgerät mit Knethaken zunächst kurz auf niedrigster, dann auf höchster Stufe gut durcharbeiten.

3. Anschließend den Teig auf einer bemehlten Arbeitsfläche mit den Haselnusskernen zu einem glatten Teig verkneten. Den Teig in Frischhaltefolie gewickelt etwa 2 Stunden kalt stellen.

4. Den Backofen vorheizen.
Ober-/Unterhitze: etwa 180 °C
Heißluft: etwa 160 °C

5. Den Teig portionsweise auf der bemehlten Arbeitsfläche dünn ausrollen und insgesamt etwa 140 Quadrate (etwa 4 x 4 cm) ausschneiden oder rädern. Die Teigplätzchen auf Backbleche (gefettet, mit Backpapier belegt) legen. Die Backbleche nacheinander (bei Heißluft zusammen) in den vorgeheizten Backofen schieben. Die Plätzchen **10–12 Minuten je Backblech backen.**

6. Die Plätzchen mit dem Backpapier von den Backblechen auf Kuchenroste ziehen, erkalten lassen.

7. Für die Füllung den Nuss-Nougat nach Packungsanleitung schmelzen. Die Hälfte der Plätzchen auf der Unterseite damit bestreichen. Die restlichen Plätzchen mit der Unterseite darauflegen.

8. Für den Guss Kuvertüre in kleine Stücke hacken, in einem kleinen Topf im heißen Wasserbad bei schwacher Hitze unter Rühren schmelzen. Die Plätzchen jeweils mit einer Ecke hineintauchen. Plätzchen etwas abtropfen lassen und auf Backpapier legen. Kuvertüre fest werden lassen.

Tipp: Die Nougatkaros sind in einer gut schließenden Dose etwa 2 Wochen haltbar.

Nougatsand | Für Gäste

etwa 60 Stück

Insgesamt:
E: 37 g, F: 199 g, Kh: 456 g, kJ: 15746, kcal: 3762

Für den All-in-Teig:

150 g Butter
100 g Weizenmehl
170 g Speisestärke
½ TL Dr. Oetker Backin
100 g Zucker
1 Pck. Dr. Oetker Vanillin-Zucker
1 Prise Salz
1 Ei (Größe M)
1 Eigelb (Größe M)
150 g Nuss-Nougat-Creme (Zimmertemperatur)

Zum Garnieren:

75 g gekühlter Schicht-Nougat

Zubereitungszeit: 45 Minuten, ohne Abkühlzeit
Backzeit: 15–20 Minuten je Backblech

1. Für den Teig Butter zerlassen und abkühlen lassen. Mehl mit Speisestärke und Backpulver in einer Rührschüssel mischen. Zucker, Vanillin-Zucker, Salz, Ei, Eigelb, Nougat-Creme und die Butter hinzufügen. Die Zutaten mit Handrührgerät mit Rührbesen zunächst kurz auf niedrigster, dann auf höchster Stufe in etwa 2 Minuten zu einem glatten Teig verarbeiten.

2. Den Backofen vorheizen.
Ober-/Unterhitze: etwa 180 °C
Heißluft: etwa 160 °C

3. Den Teig mit 2 Teelöffeln in kleinen Häufchen auf Backbleche (gefettet, mit Backpapier belegt) setzen. Die Backbleche nacheinander (bei Heißluft zusammen) in den vorgeheizten Backofen schieben. Das Gebäck **15–20 Minuten je Backblech backen.**

4. Das Gebäck mit dem Backpapier von den Backblechen auf Kuchenroste ziehen.

5. Zum Garnieren Schicht-Nougat in dünne, schmale Streifen (= Anzahl der Kekse) schneiden und auf das warme Gebäck legen. Gebäck erkalten lassen.

Nougatstangen | Für Gäste – für Kinder

etwa 35 Stück

Pro Stück:
E: 2 g, F: 11 g, Kh: 11 g, kJ: 633, kcal: 151

Für den Rührteig:
225 g weiche Butter oder Margarine
100 g gesiebter Puderzucker
1 Pck. Dr. Oetker Vanillin-Zucker
2 Msp. gemahlener Zimt
3 Eigelb (Größe M)
200 g Weizenmehl
40 g gesiebtes Kakaopulver
1 gestr. TL Dr. Oetker Backin
125 g gemahlene, geröstete Haselnusskerne

Für die Füllung:
100 g Nuss-Nougat

Für den Guss:
150 g Zartbitter-Schokolade
2 TL Speiseöl

Zubereitungszeit: 60 Minuten, ohne Abkühlzeit
Backzeit: 8–10 Minuten je Backblech

1. Den Backofen vorheizen.
Ober-/Unterhitze: etwa 180 °C
Heißluft: etwa 160 °C

2. Für den Teig die Butter oder Margarine in einer Rührschüssel mit Handrührgerät mit Rührbesen auf höchster Stufe geschmeidig rühren. Nach und nach Puderzucker, Vanillin-Zucker und Zimt unterrühren. So lange rühren, bis eine gebundene Masse entstanden ist.

3. Eigelb nach und nach unterrühren (jedes Eigelb knapp 1/2 Minute). Mehl mit Kakao und Backpulver mischen, in 2 Portionen auf mittlerer Stufe unterrühren. Haselnusskerne unterheben.

4. Den Teig in einen Spritzbeutel mit großer Sterntülle füllen. Etwa 4 cm lange Streifen auf Backbleche (gefettet, mit Backpapier belegt) spritzen. Die Backbleche

nacheinander (bei Heißluft zusammen) in den vorgeheizten Backofen schieben. Die Plätzchen **8–10 Minuten je Backblech backen.**

5. Die Plätzchen mit dem Backpapier von den Backblechen auf Kuchenroste ziehen. Plätzchen erkalten lassen.

6. Für die Füllung den Nuss-Nougat nach Packungsanleitung schmelzen. Die Hälfte der Plätzchen auf der Unterseite damit bestreichen. Die restlichen Plätzchen mit der Unterseite darauflegen und gut andrücken.

7. Für den Guss die Schokolade in kleine Stücke brechen, mit Speiseöl in einem kleinen Topf im heißen Wasserbad bei schwacher Hitze unter Rühren schmelzen. Die Plätzchenenden in die Kuvertüre tauchen, abtropfen lassen und auf Backpapier legen. Schokolade fest werden lassen.

Tipps: Vor dem Servieren Nougatstangen mit Puderzucker bestäuben. Den Teig in den Fleischwolf mit Sternvorsatz geben. Die Nougatstangen sind in gut schließenden Dosen etwa 2 Wochen haltbar.

Nürnberger Lebkuchen

Gut vorzubereiten – mit Alkohol
etwa 40 Stück

Pro Stück:
E: 2 g, F: 4 g, Kh: 9 g, kJ: 345, kcal: 82

Für den Lebkuchenteig:

2 Eier (Größe M)
125 g Zucker
1 Msp. frisch geriebene Muskatnuss
knapp ½ gestr. TL Nelken und Zimt (gemahlen)
2 Tropfen Bittermandel-Aroma
½ Fl. Rum-Aroma
einige Tropfen Zitronen-Aroma
125 g abgezogene, gemahlene Mandeln
125 g gehackte Mandeln
125 g fein gewürfeltes Zitronat (Sukkade)

Für den Guss:

150 g gesiebter Puderzucker
2–3 EL heißes Wasser

Außerdem:

40 Oblaten (Ø etwa 6 cm)

Zubereitungszeit: 60 Minuten
Backzeit: etwa 20 Minuten je Backblech

1. Den Backofen vorheizen.
Ober-/Unterhitze: etwa 180 °C
Heißluft: etwa 160 °C

2. Für den Teig Eier und Zucker mit Handrührgerät mit Rührbesen auf höchster Stufe etwa 2 Minuten schaumig schlagen. Nach und nach Muskat, Nelken, Zimt und Aromen unterrühren.

3. Mandeln und Zitronat unter die Eiercreme rühren. Den Teig fingerdick auf die Oblaten streichen und auf Backbleche (gefettet, mit Backpapier belegt) legen oder als flache Häufchen direkt auf Backbleche (mit Backpapier belegt) setzen. Die Backbleche nacheinander (bei Heißluft zusammen) in den vorgeheizten Backofen schieben. Lebkuchen **etwa 20 Minuten je Backblech backen.**

4. Die Lebkuchen mit dem Backpapier von den Backblechen auf Kuchenroste ziehen.

5. Für den Guss den Puderzucker mit Wasser zu einer dickflüssigen Masse verrühren. Die noch warmen Lebkuchen mit dem Guss bestreichen. Guss fest werden lassen.

Tipps: Statt mit einem Puderzuckerguss können die Lebkuchen auch mit einer Schokoladenglasur überzogen werden. Nach Belieben mit Mandeln garnieren. Die Nürnberger Lebkuchen sind in gut schließenden Dosen 2–3 Wochen haltbar.

Abwandlung: Nürnberger Lebkuchen, etwas anders. Für den Lebkuchenteig: 2 Eier (Größe M), 200 g Farinzucker, ½ Fläschchen Rum-Aroma, 1 Messerspitze gemahlene Nelken, 125 g gemahlene Haselnusskerne, 125 g nicht abgezogene, gemahlene Mandeln, 75 g fein gehacktes Zitronat. Den Teig wie oben beschrieben zubereiten und backen.

Nussprinten | Klassisch
etwa 40 Stück

Pro Stück:
E: 2 g, F: 7 g, Kh: 13 g, kJ: 503, kcal: 120

Für den Belag:
etwa 200 g Haselnusskerne

Für den Teig:
125 g Zuckerrübensirup (Rübenkraut)
50 g Zucker
1 Prise Salz
50 g Butter oder Margarine
2 EL Milch oder Wasser
50 g Grümmel (gestoßener brauner Kandis)
3 Tropfen Zitronen-Aroma (aus dem Röhrchen)
½ TL gemahlener Anis
½ TL gemahlene Nelken
½ TL gemahlener Zimt
250 g Weizenmehl
3 gestr. TL Dr. Oetker Backin

Für den Guss:
250 g Vollmilch-Schokolade
1–2 EL Speiseöl

Zubereitungszeit: 70 Minuten, ohne Kühlzeit
Backzeit: etwa 10 Minuten je Backblech

1. Den Backofen vorheizen.
Ober-/Unterhitze: etwa 200 °C
Heißluft: etwa 180 °C

2. Für den Belag die Haselnusskerne enthäuten. Dafür die Haselnusskerne auf ein trockenes, sauberes Backblech legen und im vorgeheizten Backofen so lange erhitzen, bis sich die braunen Häutchen abziehen lassen. Die heißen Haselnusskerne in ein sauberes Geschirrtuch geben und die Häutchen mit dem Geschirrtuch abreiben. Haselnusskerne abkühlen lassen.

3. Für den Teig den Sirup mit Zucker, Salz, Butter oder Margarine und Milch oder Wasser in einem Topf unter Rühren langsam erwärmen, bis Butter oder Margarine zerlassen und der Zucker gelöst ist. Die Masse in eine Rührschüssel geben und kalt stellen.

4. Unter die fast erkaltete Masse mit Handrührgerät mit Rührbesen auf höchster Stufe Grümmel, Aroma, Anis, Nelken und Zimt rühren. Mehl mit Backpulver mischen. Zwei Drittel davon portionsweise auf mittlerer Stufe unterrühren. Den Teigbrei mit dem restlichen Mehl auf einer leicht bemehlten Arbeitsfläche zu einem glatten Teig verkneten. Teig in Frischhaltefolie gewickelt etwa 30 Minuten in den Kühlschrank legen.

5. Den Backofen vorheizen.
Ober-/Unterhitze: etwa 180 °C
Heißluft: etwa 160 °C

6. Die enthäuteten Haselnusskerne halbieren und beiseitelegen. Anschließend den Teig auf der leicht bemehlten Arbeitsfläche etwa ½ cm dick ausrollen und Rechtecke (etwa 7 x 2 ½ cm) ausschneiden.

7. Die Teigrechtecke auf Backbleche (gefettet, mit Backpapier belegt) legen. Haselnusskernhälften auf die Teigrechtecke legen. Die Backbleche nacheinander (bei Heißluft zusammen) in den vorgeheizten Backofen schieben. Die Printen **etwa 10 Minuten je Backblech backen.**

8. Die Printen mit dem Backpapier von den Backblechen auf Kuchenroste ziehen. Printen erkalten lassen.

9. Für den Guss Schokolade in Stücke brechen, mit Speiseöl in einem kleinen Topf im heißen Wasserbad bei schwacher Hitze unter Rühren schmelzen. Die Printen mit der Schokolade überziehen. Schokolade fest werden lassen.

Tipps: Die Printen sind in gut schließenden Dosen etwa 4 Wochen haltbar. Es empfiehlt sich, die einzelnen Lagen mit Backpapier zu trennen. Nussprinten am besten gut verpackt einige Tage durchziehen lassen, damit sich das Aroma voll entfalten kann. Sie können die Printen auch mit anderen Nusskernen belegen. Oder die Printen nur mit etwas Milch bestreichen und mit Hagelzucker bestreuen.

Nusstaler | Einfach

etwa 60 Stück

Pro Stück:
E: 1 g, F: 3 g, Kh: 6 g, kJ: 233, kcal: 56

Für den Knetteig:

125 g Haselnusskerne
200 g Weizenmehl
50 g Speisestärke
1 gestr. TL Dr. Oetker Backin
125 g Zucker
1 Pck. Dr. Oetker Vanillin-Zucker
2 Tropfen Bittermandel-Aroma
1 Prise Salz
1 Ei (Größe M)
125 g Butter oder Margarine

Zubereitungszeit: 45 Minuten, ohne Kühlzeit
Backzeit: 10–15 Minuten je Backblech

1. Für den Teig Haselnusskerne grob hacken. Mehl mit Speisestärke und Backpulver mischen, in eine Rührschüssel geben. Zucker, Vanillin-Zucker, Aroma, Salz, Ei und Butter oder Margarine hinzufügen. Die Zutaten mit Handrührgerät mit Knethaken zunächst kurz auf niedrigster, dann auf höchster Stufe gut durcharbeiten. Haselnusskerne unterkneten.

2. Den Teig auf einer leicht bemehlten Arbeitsfläche zu einem glatten Teig verkneten. Aus dem Teig 2 Rollen (Ø etwa 3 cm) formen. Die Teigrollen in Frischhaltefolie gewickelt 2–3 Stunden kalt stellen.

3. Den Backofen vorheizen.
Ober-/Unterhitze: etwa 180 °C
Heißluft: etwa 160 °C

4. Die Teigrollen mit einem scharfen Messer in etwa 1/2 cm dicke Scheiben schneiden. Dabei die Rollen immer wieder formen, damit die Scheiben gleichmäßig rund sind. Die Nusstaler auf Backbleche (gefettet, mit Backpapier belegt) legen. Die Backbleche nacheinander (bei Heißluft zusammen) in den vorgeheizten Backofen schieben. Die Nusstaler **10–15 Minuten je Backblech backen.**

5. Die Nusstaler mit dem Backpapier von den Backblechen auf Kuchenroste ziehen, erkalten lassen.

Tipp: Die Nusstaler sind in gut schließenden Dosen etwa 4 Wochen haltbar.

Orangen-Anis-Streuselbrocken

Raffiniert – für Kinder

etwa 48 Stück

Insgesamt:
E: 34 g, F: 153 g, Kh: 421 g, kJ: 13467, kcal: 3218

Für den Streuselteig:

270 g Weizenmehl
½ gestr. TL Dr. Oetker Backin
1 EL Hartweizengrieß (10 g)
100 g Zucker
1 Prise Salz
1 Pck. Dr. Oetker Vanillin-Zucker
2 Pck. Dr. Oetker Finesse Orangenschalen-Aroma
1 Eigelb (Größe M)
150 g Butter oder Margarine
1 EL kaltes Wasser

Für den Karamell:

100 g Zucker
20 g Butter
15 g Anissamen (erhältlich im Bio- oder Asialaden)

Zubereitungszeit: 30 Minuten
Backzeit: etwa 12 Minuten

1. Den Backofen vorheizen.
Ober-/Unterhitze: etwa 200 °C
Heißluft: etwa 180 °C

2. Für den Teig Mehl mit Backpulver und Grieß in einer Rührschüssel mischen. Zucker, Salz, Vanillin-Zucker, Aroma, Eigelb, Butter oder Margarine und Wasser hinzufügen. Die Zutaten mit Handrührgerät mit Rührbesen zunächst kurz auf niedrigster, dann auf höchster Stufe zu feinen Streuseln verarbeiten. Die Teigstreusel gleichmäßig auf einem Backblech (gefettet, mit Backpapier belegt) verteilen.

3. Für den Karamell Zucker in einem Topf langsam hellbraun karamellisieren lassen. Butter und Anis kurz unterrühren. Den Topf von der Kochstelle nehmen. Die Karamellmasse sofort und zügig mit einem Kochlöffel über die Streusel träufeln. Das Backblech in den vorgeheizten Backofen schieben. Die Streuselplatte **etwa 12 Minuten backen.**

4. Das Backblech auf einen Kuchenrost stellen. Die Streuselplatte etwas abkühlen lassen, noch lauwarm mit einem Sägemesser in Quadrate (etwa 5 x 5 cm) schneiden. Streuselbrocken erkalten lassen.

Tipp: Streuselbrocken sind in gut schließenden Dosen 3–4 Wochen haltbar.

Orangenkekse, gefüllt | Raffiniert

etwa 50 Stück

Insgesamt:
E: 40 g, F: 182 g, Kh: 481 g, kJ: 15737, kcal: 3761

Für den Knetteig:

300 g Weizenmehl
30 g Hartweizengrieß
120 g Zucker
1/2 Pck. Dr. Oetker Finesse Orangenschalen-Aroma
2 Eigelb (Größe M)
200 g Butter oder Margarine
2 EL kaltes Wasser

Für die Füllung:

6 EL bittere Orangenmarmelade

Zubereitungszeit: 40 Minuten, ohne Kühlzeit
Backzeit: etwa 10 Minuten je Backblech

1. Für den Teig Mehl in eine Rührschüssel geben. Grieß, Zucker, Aroma, Eigelb, Butter oder Margarine und Wasser hinzufügen. Die Zutaten mit Handrührgerät mit Knethaken zunächst kurz auf niedrigster, dann auf höchster Stufe gut durcharbeiten.

2. Anschließend den Teig auf der leicht bemehlten Arbeitsfläche zu einem glatten Teig verkneten. Aus dem Teig 2 Rollen (je etwa 25 cm Länge) formen. Die Rollen in Frischhaltefolie wickeln und 2–3 Stunden kalt stellen.

3. Den Backofen vorheizen.
Ober-/Unterhitze: etwa 180 °C
Heißluft: etwa 160 °C

4. Die Teigrollen mit einem scharfen Messer in knapp 1/2 cm dicke Scheiben schneiden. Dabei die Rollen immer wieder formen, damit die Scheiben gleichmäßig rund sind. Die Teigscheiben auf Backbleche (gefettet, mit Backpapier belegt) legen. Die Backbleche nacheinander (bei Heißluft zusammen) in den vorgeheizten Backofen schieben. Die Orangenkekse **etwa 10 Minuten je Backblech backen.**

5. Die Kekse mit dem Backpapier von den Backblechen auf Kuchenroste ziehen. Kekse erkalten lassen.

6. Für die Füllung die Marmelade in einem kleinen Topf leicht pürieren oder durch ein Sieb streichen und unter Rühren gut aufkochen. Auf die Hälfte der Kekse jeweils einen Klecks Marmelade geben, mit einem zweiten Keks bedecken, andrücken, erkalten lassen.

Orangen-Schichttorte |

Raffiniert – für Gäste

Insgesamt:
E: 69 g, F: 487 g, Kh: 600 g, kJ: 29640, kcal: 7079

Für den Rührteig:
175 g weiche Butter oder Margarine
175 g Zucker
1 Pck. Dr. Oetker Vanillin-Zucker
1 Prise Salz
3 Eier (Größe M)
150 g Weizenmehl
30 g Speisestärke
1 gestr. TL Dr. Oetker Backin

Für den Guss:
150 g Zartbitter-Kuvertüre
20 g Kokosfett

Für die Füllung:
2 Pck. Galetta Vanille-Geschmack (Pudding-Pulver ohne Kochen)
300 ml Orangensaft
750 g Schlagsahne

16 vorbereitete Orangenfilets

Zubereitungszeit: 80 Minuten, ohne Abkühlzeit
Backzeit: etwa 10 Minuten je Boden

1. Den Backofen vorheizen.
Ober-/Unterhitze: etwa 180 °C
Heißluft: etwa 160 °C

2. Für den Rührteig die Butter oder Margarine in einer Rührschüssel mit Handrührgerät mit Rührbesen auf höchster Stufe geschmeidig rühren. Nach und nach Zucker, Vanillin-Zucker und Salz unterrühren. So lange rühren, bis eine gebundene Masse entstanden ist. Eier nach und nach unterrühren (jedes Ei etwa ½ Minute).

3. Mehl mit Speisestärke und Backpulver mischen, in 2 Portionen auf mittlerer Stufe unterrühren. Aus dem Teig 4 Böden backen. Dazu jeweils ein Viertel des Teiges auf je einen Springformboden (Ø 26 cm, Boden gefettet) streichen. Die Böden ohne Springformrand

backen. Die Springformböden nacheinander (bei Heißluft 2 Böden zusammen) auf dem Rost in den vorgeheizten Backofen schieben. Die Gebäckböden **etwa 10 Minuten je Boden backen.**

4. Die Gebäckböden sofort von den Springformböden lösen und einzeln auf Kuchenrosten erkalten lassen.

5. Für den Guss Kuvertüre in kleine Stücke hacken, mit Kokosfett in einem kleinen Topf im heißen Wasserbad bei schwacher Hitze unter Rühren schmelzen. Die Gebäckböden damit bestreichen. Einen Gebäckboden in 16 Tortenstücke schneiden. Den Guss gut trocknen lassen.

6. Für die Füllung aus Pudding-Pulver, Orangensaft und Sahne einen Pudding nach Packungsanleitung, aber mit 300 ml Orangensaft und 750 g Sahne zubereiten. Die Puddingmasse in einen Spritzbeutel mit großer Sterntülle füllen. 3 Gebäckböden mit der Creme bespritzen und zu einer Torte zusammensetzen.

7. Die 16 Tortenstücke auf den obersten mit Creme bespritzten Gebäckboden legen. Mit Orangenfilets garnieren.

Tipp: Die Tortenoberfläche zusätzlich dick mit Kakaopulver bestäuben. Orangenfilets danach auflegen.

Orangen-Schoko-Sterne | Schnell

8 Stück

Pro Stück:
E: 7 g, F: 17 g, Kh: 41 g, kJ: 1464, kcal: 350

Für den Rührteig:

100 g aufgelöste, abgekühlte Zartbitter-Kuvertüre
5 EL Sonnenblumenöl
75 g Zucker
1 Pck. Dr. Oetker Vanillin-Zucker
1 Pck. Dr. Oetker Finesse Orangenschalen-Aroma
3 Eier (Größe M)
200 g Weizenmehl
2 gestr. TL Dr. Oetker Backin

Für die Füllung:

Orangenfilets von
3 Orangen oder
1 Dose Mandarinen (Abtropfgewicht 175 g)

Zum Bestreuen und Bestäuben:

25 g gehobelte Mandeln
etwas Puderzucker

Außerdem:

8 Sternbackförmchen

Zubereitungszeit: 30 Minuten, ohne Abkühlzeit
Backzeit: etwa 25 Minuten

1. Den Backofen vorheizen.
Ober-/Unterhitze: etwa 180 °C
Heißluft: etwa 160 °C

2. Für den Teig Kuvertüre und Sonnenblumenöl in einer Rührschüssel mit Handrührgerät mit Rührbesen auf höchster Stufe zu einer geschmeidigen Masse verrühren. Nach und nach Zucker, Vanillin-Zucker und Orangenschalen-Aroma unterrühren.

3. Die Eier nach und nach unterrühren (jedes Ei etwa ½ Minute). Mehl mit Backpulver mischen, in 2 Portionen auf mittlerer Stufe unterrühren. Die Hälfte des Teiges in 8 Sternbackförmchen (gefettet, mit Mandeln ausgestreut) verteilen.

4. Für die Füllung Orangenfilets halbieren. Orangenfilets oder die gut abgetropften Mandarinen auf den Teig in die Förmchen legen. Restlichen Teig darauf verteilen und mit Mandeln bestreuen.

5. Die Förmchen auf dem Rost in den vorgeheizten Backofen schieben. Die Gebäcksterne **etwa 25 Minuten backen.**

6. Die Förmchen auf einen Kuchenrost stellen. Die Gebäcksterne in den Förmchen etwas abkühlen lassen, dann vorsichtig vom Rand lösen. Die Gebäcksterne auf den Kuchenrost stürzen und erkalten lassen.

7. Die Orangen-Schoko-Sterne vor dem Servieren mit Puderzucker bestäuben.

Tipps: Die Orangen-Schoko-Sterne sind in gut schließenden Dosen etwa 3 Wochen haltbar. Wenn keine Sternbackförmchen vorhanden sind, den Schokoteig in 12 Papierbackförmchen verteilen. Zur besseren Stabilität jeweils 2 Papierbackförmchen ineinandersetzen und auf ein Backblech setzen. Die Backzeit beträgt dann etwa 20 Minuten. Oder das Gebäck in einer Muffinform (für 12 Muffins, mit Papierbackförmchen ausgelegt) backen. Die Backzeit beträgt dann ebenfalls etwa 20 Minuten.

Orangentrüffel | Zum Verschenken

etwa 30 Stück

Pro Stück:
E: 1 g, F: 8 g, Kh: 11 g, kJ: 491, kcal: 117

Zum Vorbereiten:
200 g Zartbitter-Schokolade
etwa 75 g gehackte Mandeln

Für die Trüffelmasse:
125 g weiche Butter
125 g gesiebter Puderzucker
2–3 EL Orangenmarmelade
1/2 Pck. Dr. Oetker Finesse Orangenschalen-Aroma

100 g Zartbitter-Raspelschokolade

Zubereitungszeit: 60 Minuten, ohne Kühlzeit

1. Zum Vorbereiten die Schokolade in Stücke brechen, in einem kleinen Topf im heißen Wasserbad bei schwacher Hitze unter Rühren schmelzen, abkühlen lassen. Mandeln in einer Pfanne ohne Fett unter Rühren leicht bräunen lassen, herausnehmen und auf einem Teller erkalten lassen.

2. Für die Trüffelmasse Butter in einer Rührschüssel mit Handrührgerät mit Rührbesen auf höchster Stufe geschmeidig rühren. Puderzucker unterrühren. Die geschmolzene Schokolade, Marmelade und Orangenschalen-Aroma hinzufügen. Die Zutaten mit Handrührgerät mit Rührbesen gut verrühren. Die Trüffelmasse zugedeckt einige Stunden kalt stellen.

3. Von der Trüffelmasse mit einem Teelöffel kleine Stücke abstechen und zu Kugeln formen. Eventuell die Masse zwischendurch kalt stellen.

4. Die Hälfte der Orangentrüffel in Mandeln und die restlichen Trüffel in Raspelschokolade wälzen.

5. Die Orangentrüffel gut gekühlt aufbewahren und servieren.

Tipp: Die Orangentrüffel sind in einer gut schließenden Dose und kalt gestellt 10–14 Tage haltbar.

Orientalische Lebkuchen

Raffiniert

etwa 24 Stück

Pro Stück:
E: 3 g, F: 6 g, Kh: 20 g, kJ: 579, kcal: 138

Zum Vorbereiten:

100 g getrocknete Feigen
100 g entsteinte, getrocknete Datteln
200 ml kochendes Wasser
100 g Paranusskerne

Für den Lebkuchenteig:

1 Ei (Größe M)
100 g brauner Zucker (Farinzucker)
150 g flüssiger Honig
1 Prise Salz
100 g abgezogene, gemahlene Mandeln
150 g Weizenmehl
1 TL gemahlener Zimt
1 Msp. gemahlene Nelken
1 Msp. gemahlener Kardamom
1 gestr. TL Dr. Oetker Backin

Zum Bestäuben:

etwas Puderzucker

Außerdem:

Backpapier

Zubereitungszeit: 45 Minuten, ohne Kühlzeit
Backzeit: etwa 18 Minuten je Form

1. Zum Vorbereiten von den getrockneten Feigen die Stiele abschneiden. Datteln und Feigen grob hacken, in eine Schale legen und mit kochendem Wasser übergießen. Mindestens 10 Minuten ziehen lassen. Die Paranusskerne grob hacken.

2. Für den Teig Ei, braunen Zucker, Honig und Salz in einer Rührschüssel mit Handrührgerät mit Rührbesen schaumig schlagen. Mandeln mit Mehl, Zimt, Nelken, Kardamom und Backpulver mischen und mit einem Teigschaber unter die Zucker-Honig-Masse heben.

3. Datteln und Feigen in einem Sieb abtropfen lassen, mit den Paranusskernen zu dem Lebkuchenteig geben und mit dem Teigschaber unterheben.

4. Den Backofen vorheizen.
Ober-/Unterhitze: etwa 180 °C
Heißluft: etwa 160 °C

5. Aus Backpapier 24 etwa 9 x 9 cm große Quadrate ausschneiden. Die Mulden von 2 Muffinformen (für je 12 Muffins) mit den Backpapierstücken auslegen. Je 1 gehäuften Esslöffel des Lebkuchenteiges in die ausgelegten Mulden geben.

6. Die Formen nacheinander (bei Heißluft zusammen) auf dem Rost in den vorgeheizten Backofen schieben. Die orientalischen Lebkuchen **etwa 18 Minuten je Form backen.**

7. Die Formen auf Kuchenroste stellen. Die Lebkuchen etwa 10 Minuten in den Formen abkühlen lassen, aus den Formen heben und auf Kuchenrosten erkalten lassen.

8. Die orientalischen Lebkuchen vor dem Servieren mit Puderzucker bestäuben.

Tipps: Wenn keine Muffinform vorhanden ist, können Sie den Lebkuchenteig in zweifach ineinandergestellte Papierbackförmchen geben, auf Backblechen verteilen und bei gleicher Backofentemperatur etwa 18 Minuten je Backblech backen. Da der Teig schwer ist, gehen die Lebkuchen etwas auseinander. Die orientalischen Lebkuchen sind in gut schließenden Dosen kalt und trocken gelagert etwa 3 Wochen haltbar.

Petits-Fours vom Baumkuchen

Zum Verschenken – mit Alkohol
etwa 48 Stück

Pro Stück:
E: 1 g, F: 7 g, Kh: 9 g, kJ: 429, kcal: 102

Für den Rührteig:
200 g weiche Butter oder Margarine
175 g Zucker
1 Pck. Dr. Oetker Vanillin-Zucker
3 EL Weinbrand
2 Eier (Größe M)
2 Eigelb (Größe M)
100 g Weizenmehl
50 g Speisestärke
2 gestr. TL Dr. Oetker Backin
50 g abgezogene, gemahlene Mandeln
2 Eiweiß (Größe M)

Für den Guss:
100 g Zartbitter-Kuvertüre
100 g weiße Kuvertüre
2 TL Speiseöl

Zum Garnieren:
50 g Marzipan-Rohmasse
1 EL gesiebter Puderzucker

Zubereitungszeit: 75 Minuten, ohne Kühlzeit
Backzeit: je Schicht etwa 2 Minuten

1. Den Backofengrill vorheizen.

2. Für den Teig die Butter oder Margarine in einer Rührschüssel mit Handrührgerät mit Rührbesen auf höchster Stufe geschmeidig rühren. Nach und nach Zucker, Vanillin-Zucker und Weinbrand unterrühren. So lange rühren, bis eine gebundene Masse entstanden ist.

3. Eier und Eigelb nach und nach unterrühren (jedes Ei/Eigelb etwa ½ Minute). Mehl mit Speisestärke und Backpulver mischen, in 2 Portionen mit den Mandeln auf mittlerer Stufe unterrühren. Eiweiß steif schlagen und vorsichtig unter den Teig heben.

4. Einen Backrahmen (etwa 24 x 18 cm) auf ein Backblech (gefettet, mit Backpapier belegt) stellen. 3 Esslöffel des Teiges hineingeben und mit einem breiten Backpinsel verteilen. Das Backblech in den Backofen unter den vorgeheizten Grill schieben (Abstand zwischen Grill und Teigschicht etwa 20 cm). Die Teigschicht **etwa 2 Minuten hellbraun grillen.**

5. Das Backblech aus dem Backofen nehmen, auf einen Kuchenrost stellen und als zweite Schicht wieder 3 Esslöffel des Teiges auf die gegrillte Schicht streichen. Das Backblech wieder unter den heißen Grill schieben und **etwa 2 Minuten grillen.**

6. Auf die gleiche Weise den ganzen Teig verarbeiten, dabei die Einschubhöhe nach Möglichkeit so verändern, dass der Abstand von etwa 20 cm zwischen Grill und Teigschicht bestehen bleibt.

7. Die Gebäckplatte mit dem Backpapier vom Backblech auf einen Kuchenrost ziehen. Die Gebäckplatte erkalten lassen. Mitgebackenes Backpapier entfernen.

8. Die Gebäckplatte in etwa 3 x 3 cm große Würfel schneiden.

9. Für den Guss Kuvertüre in Stücke hacken, getrennt in je einem kleinen Topf mit je 1 Teelöffel Speiseöl im heißen Wasserbad bei schwacher Hitze unter Rühren schmelzen.

10. Die Hälfte der Petits-Fours mit dem dunklen und die restlichen Petits-Fours mit dem hellen Guss überziehen. Petits-Fours auf einen mit Backpapier belegten Kuchenrost setzen.

11. Zum Garnieren Marzipan mit Puderzucker verkneten und zwischen 2 Lagen Frischhaltefolie ausrollen. Aus der Marzipanplatte kleine Ornamente ausstechen.

12. Mit der restlichen dunklen und hellen Kuvertüre verzieren. Die Ornamente auf den noch feuchten Guss legen. Petits-Fours erkalten und Guss fest werden lassen.

Tipp: Die Petits-Fours sind in gut schließenden Dosen etwa 3 Wochen haltbar.

Pfefferkuchenhaus I

Raffiniert

Insgesamt:
E: 96 g, F: 232 g, Kh: 735 g, kJ: 22735, kcal: 5429

Für den Lebkuchenteig:
100 g flüssiger Honig
75 g Zuckerrübensirup (Rübenkraut)
50 g Zucker
50 g Butter oder Margarine
1 Eigelb (Größe M)
1 schwach geh. TL Lebkuchen- oder Pfefferkuchengewürz
2 EL Milch
350 g Weizenmehl (Type 550)
5 g Haus-Natron

Zum Bekleben des Hauses:
150 g gesiebter Puderzucker
1 Eiweiß (Größe M)

Zum Garnieren:
einige Zucker- oder Liebesperlen

Für den Belag:
250 g Edelbitter-Schokolade (mindestens 70 % Kakaoanteil)
etwa 75 g ganze, abgezogene Mandeln
etwa 75 g Cashewkerne extra

Zum Bestreuen und Bestäuben:
einige rosa Pfefferbeeren
etwas Puderzucker

Außerdem:
Schablonen für das Haus
Holzstäbchen

Zubereitungszeit: 90 Minuten, ohne Kühlzeit
Backzeit: 15–20 Minuten je Backblech

1. Für den Teig Honig mit Sirup, Zucker und Butter oder Margarine in einem Topf unter Rühren langsam erwärmen, bis Zucker und Fett geschmolzen sind. Die Masse in eine Rührschüssel geben und erkalten lassen.

2. Eigelb, Gewürz und Milch mit Handrührgerät mit Rührbesen auf höchster Stufe unterrühren. Mehl mit Natron mischen, zwei Drittel davon auf mittlerer Stufe unterrühren. Den Teigbrei mit dem restlichen Mehl auf einer leicht bemehlten Arbeitsfläche zu einem glatten Teig verkneten. Den Teig in Frischhaltefolie gewickelt etwa 30 Minuten kalt stellen.

3. Den Backofen vorheizen.
Ober-/Unterhitze: etwa 180 °C
Heißluft: etwa 160 °C

4. Teig auf der bemehlten Arbeitsfläche etwa ½ cm dick ausrollen. Für das Haus mithilfe von Schablonen 1 Dreieck für die Vorderseite (Giebel), 1 Dreieck für die Rückseite (Giebel), 2 Rechtecke (17 x 13 cm) für die Dachhälften und 10 Dreiecke (Seitenlänge etwa 2 cm) ausstechen. Zusätzlich 1 Tannenbaum ausstechen. Aus der Vorderseite eine Tür und ein Fenster ausschneiden. Die Hausteile, Dreiecke und Tür nicht zu eng auf Backbleche (mit Backpapier belegt) legen. Die Backbleche nacheinander (bei Heißluft zusammen) in den vorgeheizten Backofen schieben. Die Gebäckteile **15–20 Minuten je Backblech backen.**

5. Die Gebäckteile mit dem Backpapier von den Backblechen auf Kuchenroste ziehen. Die Tür mit einem Messer der Länge nach halbieren. Gebäckteile erkalten lassen.

6. Zum Bekleben des Hauses den Puderzucker mit ½ Eiweiß zu einer dicken Masse verrühren. Zuerst die Längskanten vom Vorderhaus und einer Dachhälfte

2 x Dachplatte 17 x 13 cm

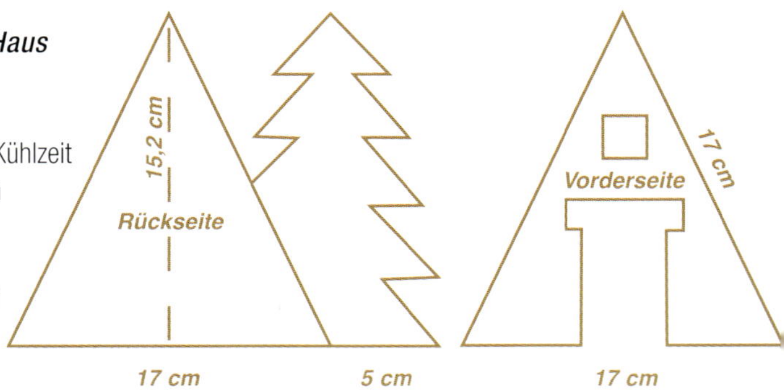

dick mit der Puderzuckermasse bestreichen. Die Teile aneinandersetzen und verkleben. Dann die Rückwand mit Tannenbaum ebenfalls an den Längskanten mit der Masse bestreichen und an der einen Dachhälfte festkleben, evtl. mit Holzstäbchen fixieren. Zuletzt die Kanten der letzten Dachhälfte bestreichen, an Vorder- und Rückwand und Dachfläche zu einem Haus zusammensetzen. Die zusammengeklebten Gebäckteile und den Tannenbaum mit Holzstäbchen fixieren. Die Tür ankleben. Puderzuckermasse trocknen lassen.

7. Die restliche Puderzuckermasse mit restlichem Eiweiß verrühren, sodass der Guss etwas streichfähiger wird. Tannenbaum und Tür damit bestreichen. Mit Zucker- oder Liebesperlen garnieren.

8. Für den Belag Schokolade in Stücke brechen, in einem kleinen Topf im heißen Wasserbad bei schwacher Hitze unter Rühren schmelzen. Jeweils etwa 25 Mandeln und Cashewkerne in einem Abstand von etwa 3 cm auf Backpapier legen. Je 1 Teelöffel Schokolade auf die Nusskerne geben. Etwa ein Drittel der schokolierten Nusskerne mit 1–2 Pfefferbeeren bestreuen. Schokolade fest werden lassen.

9. Die Lebkuchendreiecke mit einem Teil der restlichen Schokolade am Dachfirst als Verzierung kleben. Sollte die Schokolade wieder fest geworden sein, nochmals im Wasserbad erwärmen.

10. Schokolierte Nusskerne auf den Dachflächen und an den Hauswänden dekorativ befestigen. Die restlichen Nusskerne mit Schokolade in die Lücken kleben. Schokolade fest werden lassen. Das Knusperhaus ganz mit etwas Puderzucker bestäuben.

Hinweis: Nur ganz frisches Eiweiß verwenden, das nicht älter als 5 Tage ist (Legedatum beachten).

Pfeffernüsse mit Guss | Klassisch

etwa 50 Stück

Pro Stück:
E: 1 g, F: 0,5 g, Kh: 11 g, kJ: 216, kcal: 52

Für den Knetteig:

250 g Weizenmehl
1 1/2 gestr. TL Dr. Oetker Backin
160 g Zucker
1 Pck. Dr. Oetker Finesse Geriebene Zitronenschale
1 Prise Salz
1 Ei (Größe M)
je 1 Msp. Ingwer, Kardamom, Gewürznelken, Piment (Nelkenpfeffer), weißer Pfeffer (alles gemahlen)
3–4 EL Milch
25 g abgezogene, gemahlene Mandeln
25 g sehr fein gewürfeltes Zitronat (Sukkade)

Für den Guss:

175 g gesiebter Puderzucker
2 EL heißes Wasser

Zubereitungszeit: 65 Minuten, ohne Kühlzeit
Backzeit: etwa 15 Minuten je Backblech

1. Für den Teig Mehl mit Backpulver in einer Rührschüssel mischen. Zucker, Zitronenschale, Salz, Ei, Gewürze, Milch, Mandeln und Zitronat hinzufügen. Die Zutaten mit Handrührgerät mit Knethaken zunächst kurz auf niedrigster, dann auf höchster Stufe gut durcharbeiten.

2. Anschließend den Teig auf der leicht bemehlten Arbeitsfläche zu einem glatten Teig verkneten. Aus dem Teig 2 Rollen (je etwa 25 cm Länge) formen. Die Teigrollen in Frischhaltefolie gewickelt einige Stunden oder über Nacht in den Kühlschrank legen.

3. Den Backofen vorheizen.
Ober-/Unterhitze: etwa 180 °C
Heißluft: etwa 160 °C

4. Die Teigrollen evtl. nochmals nachformen und mit einem scharfen Messer in etwa 1 cm dicke Scheiben schneiden (die Teigrollen zwischendurch immer wieder in den Kühlschrank stellen, damit sie sich gut schneiden lassen. Rollen evtl. nachformen). Teigscheiben auf Backblechen (mit Backpapier belegt) verteilen.

5. Die Backbleche nacheinander (bei Heißluft zusammen) in den vorgeheizten Backofen schieben. Die Pfeffernüsse **etwa 15 Minuten je Backblech backen.**

6. Die Pfeffernüsse mit dem Backpapier von den Backblechen auf Kuchenroste ziehen. Pfeffernüsse erkalten lassen.

7. Für den Guss Puderzucker mit Wasser zu einer dickflüssigen Masse verrühren. Die Pfeffernüsse damit bestreichen. Guss trocknen lassen.

Tipps: Lassen Sie die Teigrollen anfrieren und schneiden Sie sie dann mit einem scharfen Messer oder Sägemesser in Scheiben. Die Pfeffernüsse sind in gut schließenden Dosen 2–3 Wochen haltbar.

Pinienstreuselplätzchen I

Für Kinder

etwa 36 Stück

Pro Stück:
E: 1 g, F: 3 g, Kh: 8 g, kJ: 283, kcal: 68

Zum Vorbereiten:

60 g Pinienkerne

Für den Streuselteig:

200 g Weizenmehl
1 gestr. TL Dr. Oetker Backin
100 g Zucker
1 Pck. Dr. Oetker Vanillin-Zucker
1 Ei (Größe M)
100 g Butter

Für den Belag:

etwa 3 EL Himbeer- oder Erdbeer-Fruchtaufstrich

Zum Bestreuen:

20 g Pinienkerne

Zubereitungszeit: 30 Minuten
Backzeit: etwa 12 Minuten

1. Den Backofen vorheizen.
Ober-/Unterhitze: etwa 200 °C
Heißluft: etwa 180 °C

2. Zum Vorbereiten die Pinienkerne mahlen und beiseitestellen.

3. Für den Teig Mehl mit Backpulver in einer Rührschüssel mischen. Zucker, Vanillin-Zucker, Ei, Butter und die Pinienkerne hinzufügen.

4. Die Zutaten mit Handrührgerät mit Rührbesen zunächst kurz auf niedrigster, dann auf höchster Stufe zu feinen Streuseln verarbeiten.

5. Einen Backrahmen (etwa 24 x 30 cm) auf ein Backblech (gefettet, mit Backpapier belegt) stellen. Die Teigstreusel in dem Backrahmen auf dem Backblech verteilen.

6. Für den Belag Fruchtaufstrich glatt rühren. Die Streuselplatte mit einem Messer leicht angedeutet in 36 Rechtecke (je 4 x 5 cm) einteilen und je einen kleinen Klecks Fruchtaufstrich auf die Teigrechtecke geben. Mit Pinienkernen bestreuen. Das Backblech in den vorgeheizten Backofen schieben. Die Streuselplatte **etwa 12 Minuten backen.**

7. Das Backblech auf einen Kuchenrost stellen. Den Backrahmen vorsichtig mit einem Messer lösen und entfernen. Das noch warme Gebäck mit einem Sägemesser in Rechtecke (4 x 5 cm, angedeutete Rechtecke) schneiden und auf dem Backblech erkalten lassen.

Tipps: Die Pinienstreuselplätzchen sind in gut schließenden Dosen etwa 3 Wochen haltbar. Die Pinienkerne für den Teig müssen Sie selbst mahlen, da es noch keine gemahlenen Pinienkerne im Handel gibt.

Pistazien-Mandel-Splitter | Für Gäste

etwa 40 Stück

Pro Stück:
E: 1 g, F: 6 g, Kh: 6 g, kJ: 331, kcal: 79

Für die Mandelmasse:
80 g Schlagsahne
100 g Zucker
40 g Butter
200 g gehobelte Mandeln
25 g gehackte Pistazienkerne

Für die Streusel:
100 g Weizenmehl
60 g Butter oder Margarine
30 g Zucker
1 Prise Salz
1 Pck. Dr. Oetker Vanillin-Zucker
1 EL kaltes Wasser

Zubereitungszeit: 30 Minuten
Backzeit: 12–15 Minuten

1. Für die Mandelmasse Sahne mit Zucker und Butter in einer Pfanne unter Rühren aufkochen und etwa 2 Minuten bei mittlerer Hitze unter gelegentlichem Rühren kochen lassen. Die Pfanne von der Kochstelle nehmen. Mandeln und Pistazienkerne unterrühren. Die heiße Masse auf einem Backblech (30 x 40 cm, gefettet, mit Backpapier belegt) verteilen und mit einer Teigkarte glatt streichen.

2. Den Backofen vorheizen.
Ober-/Unterhitze: etwa 200 °C
Heißluft: etwa 180 °C

3. Für die Streusel Mehl in eine Rührschüssel geben. Butter oder Margarine, Zucker, Salz, Vanillin-Zucker und Wasser hinzufügen. Die Zutaten mit Handrührgerät mit Rührbesen zunächst kurz auf niedrigster, dann auf höchster Stufe zu feinen Streuseln verarbeiten.

4. Die Teigstreusel gleichmäßig auf die Mandelmasse streuen. Das Backblech in den vorgeheizten Backofen schieben. Die Mandel-Streusel-Platte **12–15 Minuten backen.**

5. Das Backblech auf einen Kuchenrost stellen. Die Mandel-Streusel-Platte kurz abkühlen lassen und noch warm mit einem Sägemesser in Rechtecke (etwa 5 x 6 cm) schneiden (das Gebäck splittert, wenn es kalt geschnitten wird).

Tipp: Pistazien-Mandel-Splitter sind in gut schließenden Dosen etwa 2 Wochen haltbar.

Pistazien-Marzipan-Herzen I

Mit Alkohol – ohne zu backen

etwa 25 Stück

Pro Stück:
E: 2 g, F: 7 g, Kh: 10 g, kJ: 486, kcal: 117

Für die Marzipanherzen:
200 g Marzipan-Rohmasse
75 g gesiebter Puderzucker
75 g fein gemahlene Pistazienkerne
1 EL Kirschwasser

Für den Guss:
150–200 g Zartbitter-Kuvertüre
2–3 TL Speiseöl

Zum Garnieren:
einige Pistazienkerne

Zubereitungszeit: 50 Minuten, ohne Kühlzeit

1. Für die Marzipanherzen Marzipan mit Puderzucker, Pistazienkernen und Kirschwasser verkneten. Die Marzipanmasse auf einer leicht mit Puderzucker bestäubten Arbeitsfläche etwa 1 cm dick ausrollen und mit einer Ausstechform Herzen (Ø 3–4 cm) ausstechen. Dabei die Ausstechform zwischendurch immer wieder in Puderzucker (gesiebt) tauchen.

2. Die Marzipanherzen vorsichtig aus der Form drücken und evtl. an der Form haftende Marzipanreste entfernen. Die Marzipanherzen auf eine mit Backpapier belegte Platte legen. Mit Frischhaltefolie zudecken und etwa 1 Stunde kalt stellen.

3. Für den Guss die Kuvertüre grob hacken, mit Speiseöl in einem kleinen Topf im heißen Wasserbad bei schwacher Hitze unter Rühren schmelzen. Die Marzipanherzen jeweils mithilfe von 2 Gabeln oder eines Pralinenbestecks in die Kuvertüre tauchen. Die Kuvertüre an der Unterseite am Topfrand gut abstreifen.

4. Die Herzen auf Backpapier setzen und mit Pistazienkernen garnieren. Guss fest werden lassen, evtl. Herzen zwischendurch umsetzen, damit keine „Füßchen"entstehen.

Tipps: Das Kirschwasser können sie ersatzlos weglassen. Die Herzen sind in gut schließenden Dosen kühl und trocken gelagert 10–14 Tage haltbar.

Portwein-Ravioli | Mit Alkohol

etwa 72 Stück

Pro Stück:
E: 1 g, F: 4 g, Kh: 5 g, kJ: 234, kcal: 56

Für die Füllung:
125 g Zartbitter-Kuvertüre
50 g Schlagsahne
50 ml roter Portwein

300 g Marzipan-Rohmasse
60 g gesiebter Puderzucker

Für den Guss:
250 g Zartbitter-Kuvertüre
2 TL Speiseöl

Zum Bestreuen:
evtl. etwas Streu-Gold

Außerdem:
1 Ravioliform mit 24 Vertiefungen von je etwa 2 ½ x 2 ½ cm

Zubereitungszeit: 70 Minuten, ohne Kühlzeit

1. Für die Füllung Kuvertüre in Stücke hacken, mit Sahne in einem kleinen Topf im heißen Wasserbad bei schwacher Hitze unter Rühren schmelzen. Portwein unterrühren. Die Masse erkalten lassen.

2. Marzipan in Stücke schneiden, mit Puderzucker verkneten. Die Marzipanmasse in 6 Portionen teilen. 1 Marzipanportion zwischen 2 Lagen Frischhaltefolie zu einem Rechteck in Größe der Ravioliform ausrollen, auf die Form legen und vorsichtig eindrücken.

3. Von der Kuvertürenmasse jeweils ½ Teelöffel in die Vertiefungen geben. 1 weitere Marzipanportion wie zuvor beschrieben auf die Formgröße ausrollen, darauflegen und gut andrücken, sodass die Konturen sichtbar werden. Die Konturen mit einem Messer nachschneiden.

4. Die Ravioli auf eine mit Backpapier belegte Tortenplatte stürzen und etwa 30 Minuten kalt stellen. Den Vorgang mit der restlichen Marzipan- und Kuvertürenmasse noch 2-mal wiederholen.

5. Für den Guss Kuvertüre in Stücke schneiden, mit Speiseöl in einem kleinen Topf im heißen Wasserbad bei schwacher Hitze unter Rühren schmelzen.

6. Die Ravioli nach und nach auf eine Gabel geben, in die Kuvertüre tauchen, abtropfen lassen und auf Backpapier legen (Kuvertüre eventuell zwischendurch nochmals erwärmen).

7. Die Kuvertüre fest werden lassen. Nach Belieben mit etwas Streu-Gold verzieren.

8. Die Ravioli kalt gestellt in einer gut schließenden Dose aufbewahren.

Tipp: Portwein-Ravioli sind in einer gut schließenden Dose kalt gestellt 10–14 Tage haltbar.

Pumpernickel-Pralinen | Mit Alkohol

etwa 25 Stück

Pro Stück:
E: 1 g, F: 3 g, Kh: 4 g, kJ: 209, kcal: 50

Für die Pralinenmasse:

100 g Pumpernickel (2–3 Scheiben)
2 EL Kirschwasser
100 g Edelbitter-Schokolade (70 % Kakaoanteil)
½–1 Pck. Dr. Oetker Bourbon-Vanille-Zucker
75 g geriebene Edelbitter-Schokolade (70 % Kakaoanteil)
evtl. Puderzucker

Zubereitungszeit: 40 Minuten, ohne Durchzieh- und Kühlzeit

1. Die Pumpernickelscheiben fein zerbröseln und evtl. mit einer Gabel zerdrücken. Pumpernickelbrösel in eine Schale geben, mit Kirschwasser tränken und zugedeckt etwa 30 Minuten durchziehen lassen.

2. Schokolade in Stücke brechen, in einem kleinen Topf im heißen Wasserbad bei schwacher Hitze unter Rühren schmelzen. Pumpernickelbrösel und Vanille-Zucker unterrühren. Die Masse etwas abkühlen lassen. 50 g geriebene Schokolade unterrühren.

3. Die Masse in 4 Portionen teilen und jeweils eine Rolle (Ø etwa 2 cm) daraus formen.

4. Die restliche geriebene Schokolade auf Backpapier geben. Die Rollen darin wälzen.

5. Die Rollen mit einem scharfen Messer in etwa 3 cm lange „Brote" schneiden, mit dem Messerrücken Kerben wie in ein Brot eindrücken. Die Schnittflächen in die restliche geriebene Schokolade drücken.

6. Die Pumpernickel-Pralinen kalt stellen und fest werden lassen. Die Pralinen nach Belieben mit etwas Puderzucker bestäuben und in gut schließenden Dosen kühl aufbewahren.

Tipp: Die Pumpernickel-Pralinen sind in gut schließenden Dosen und kalt gestellt etwa 14 Tage haltbar.

Punschtorte | Für Gäste – mit Alkohol

etwa 12 Stücke

Pro Stück:
E: 9 g, F: 12 g, Kh: 101 g, kJ: 2374, kcal: 567

Für den Biskuitteig (Teig 2 x zubereiten, Zutaten je Boden):

- *4 Eier (Größe M)*
- *4 EL heißes Wasser*
- *150 g Zucker*
- *1 Pck. Dr. Oetker Vanillin-Zucker*
- *100 g Weizenmehl*
- *100 g Speisestärke*
- *3 gestr. TL Dr. Oetker Backin*

Für die Füllung:

- *1 Pck. Dr. Oetker Finesse Orangenschalen-Aroma*
- *100 ml Orangensaft*
- *2–3 EL Zitronensaft*
- *200 ml Rotwein*
- *6 EL Rum*
- *50 g Zartbitter-Schokolade*

Zum Bestreichen:

- *200 g Johannisbeergelee*

Für die Marzipandecke:

- *200 g Marzipan-Rohmasse*
- *100 g gesiebter Puderzucker*
- *etwas grüne Speisefarbe*

Für den Guss und zum Garnieren:

- *200 g gesiebter Puderzucker*
- *2–3 EL kalter Malventee (zubereitet aus 1 Aufgussbeutel mit 50 ml kochendem Wasser)*
- *einige silberne Zuckerperlen*
- *etwas Puderzucker*

Zubereitungszeit: 75 Minuten, ohne Abkühlzeit
Backzeit: 25–30 Minuten je Boden

1. Den Backofen vorheizen.
Ober-/Unterhitze: etwa 180 °C
Heißluft: etwa 160 °C

2. Für den Teig Eier und Wasser mit Handrührgerät mit Rührbesen auf höchster Stufe in etwa 1 Minute schaumig schlagen. Zucker mit Vanillin-Zucker mischen, in etwa 1 Minute einstreuen, dann noch etwa 2 Minuten schlagen.

3. Das Mehl mit Speisestärke und Backpulver mischen, die Hälfte davon auf die Eiercreme geben und kurz auf niedrigster Stufe unterrühren. Restliches Mehlgemisch auf die gleiche Weise unterarbeiten. Den Teig in eine Springform (Ø 26 cm, Boden gefettet, mit Backpapier belegt) geben und glatt streichen. Die Form auf dem Rost in den vorgeheizten Backofen schieben und den Biskuitboden **25–30 Minuten backen.**

4. Den Biskuitboden aus der Form lösen und auf einem Kuchenrost erkalten lassen. Mitgebackenes Backpapier abziehen. Dann den zweiten Boden ebenso zubereiten und **bei gleicher Backofentemperatur 25–30 Minuten backen.** Einen Biskuitboden fein zerbröseln und in eine Rührschüssel geben. Den zweiten Boden einmal waagerecht durchschneiden.

5. Für die Füllung Orangenschalen-Aroma mit Orangensaft, Zitronensaft, Rotwein, Rum und klein gehackter Schokolade in einen Topf geben und unter Rühren erhitzen. Die heiße Schoko-Frucht-Masse zu den Biskuitbröseln in die Rührschüssel geben und vermengen. Den unteren Biskuitboden auf eine Platte legen und mit etwas glatt gerührtem Gelee bestreichen. Die Bröselmasse darauf verteilen und ebenfalls mit etwas Gelee bestreichen. Den oberen Biskuitboden darauflegen und gut andrücken. Tortenoberfläche und -rand mit dem restlichen Johannisbeergelee bestreichen.

6. Für die Marzipandecke Marzipan mit Puderzucker verkneten und auf einer mit Puderzucker bestäubten Arbeitsfläche dünn ausrollen. Einen Streifen in Höhe des Tortenrandes und eine runde Platte in der Größe der Torte daraus ausschneiden, Torte damit be- und umlegen. Marzipan fest andrücken. Restliche Marzipanmasse mit Speisefarbe einfärben und verschiedene Motive ausstechen.

7. Für den Guss Puderzucker mit Malventee zu einer dickflüssigen Masse verrühren. 2 Esslöffel von dem Guss in einen kleinen Gefrierbeutel geben und

verschließen. Die Torte mit dem restlichen Guss überziehen und fest werden lassen. Eine kleine Ecke des Gefrierbeutels abschneiden. Mit dem Guss Sterne auf die Tortenoberfläche spritzen. Die Marzipanmotive mit etwas Guss an den Tortenrand kleben. Die Torte mit Zuckerperlen garnieren und mit Puderzucker bestäuben. Guss fest werden lassen.

Tipp: Verwenden Sie für den Guss statt Malventee Rotwein.

Quarkstollen | Klassisch – mit Alkohol

etwa 20 Stücke

Pro Stück:
E: 8 g, F: 20 g, Kh: 49 g, kJ: 1796, kcal: 429

Zum Vorbereiten:

375 g Rosinen
100 ml Rum

Für den Knetteig:

500 g Weizenmehl
1 Pck. Dr. Oetker Backin
150 g Zucker
1 Pck. Dr. Oetker Vanillin-Zucker
1 Prise Salz
4 Tropfen Bittermandel-Aroma
je 1 Msp. Gewürznelken, Kardamom, Ingwer, Muskatnuss und Zimt (alles gemahlen)
1 Pck. Dr. Oetker Finesse Orangenschalen-Aroma
2 Eier (Größe M)
200 g Butter oder Margarine
250 g Magerquark
250 g abgezogene, gemahlene Mandeln
100 g gewürfeltes Zitronat (Sukkade)
100 g gewürfeltes Orangeat

100 g Butter
50 g Puderzucker

Zubereitungszeit: 30 Minuten, ohne Durchzieh- und Abkühlzeit
Backzeit: etwa 55 Minuten

1. Zum Vorbereiten Rosinen mit Rum beträufeln und mehrere Stunden, am besten über Nacht, durchziehen lassen.

2. Den Backofen vorheizen.
Ober-/Unterhitze: etwa 250 °C
Heißluft: etwa 200 °C

3. Für den Teig das Mehl mit Backpulver mischen und in eine Rührschüssel geben. Zucker, Vanillin-Zucker, Salz, Aroma, Nelken, Kardamom, Ingwer, Muskat, Zimt, Orangenschalen-Aroma, Eier, Butter oder Margarine und Quark hinzufügen.

4. Die Zutaten mit Handrührgerät mit Knethaken zunächst kurz auf niedrigster, dann auf höchster Stufe gut durcharbeiten. Anschließend den Teig auf einer leicht bemehlten Arbeitsfläche zu einem glatten Teig verkneten. Mandeln, Zitronat, Orangeat und Rum-Rosinen mit der Flüssigkeit unterkneten.

5. Den Teig zu einem Quadrat (etwa 30 x 30 cm) ausrollen. Den Teig aufrollen, mit der Teigrolle der Länge nach eine Vertiefung eindrücken und die linke Teigseite leicht versetzt auf die rechte Seite schlagen. Den mittleren Teig mit den Händen der Länge nach zu einem Wulst formen. Den Teigstollen auf ein Backblech (dreifach mit Backpapier belegt) legen. Das Backblech in den vorgeheizten Backofen schieben. Sofort die **Backofentemperatur auf Ober-/Unterhitze: etwa 180 °C, Heißluft: etwa 160 °C herunterschalten.** Den Stollen **etwa 55 Minuten backen.**

6. Butter in einem kleinen Topf zerlassen.

7. Das Backblech auf einen Kuchenrost stellen. Den Stollen sofort mit der Hälfte der Butter bestreichen und mit der Hälfte des Puderzuckers bestäuben. Den Stollen mit dem Backpapier vom Backblech auf einen Kuchenrost ziehen und etwas abkühlen lassen.

8. Den Vorgang des Bestreichens und Bestäubens wiederholen. Den Stollen erkalten lassen.

Quittenlebkuchen | Raffiniert

etwa 50 Stück

Pro Stück:
E: 1 g, F: 3 g, Kh: 13 g, kJ: 350, kcal: 84

Für den Lebkuchenteig:

250 g Quittengelee
100 g weiche Butter
1 gestr. TL Dr. Oetker Finesse Geriebene Zitronenschale
1 gestr. TL Natron
350 g Weizenmehl
2 gestr. TL gemahlener Zimt
2 gestr. TL gemahlener Ingwer
1 Msp. gemahlene Nelken

Zum Bestreichen:

120 g Quittengelee

Für den Guss:

200 g Vollmilch-Kuvertüre

etwas Gold-Staub
einige weiße und dunkle Schokoperlen

Zubereitungszeit: 60 Minuten, ohne Kühlzeit
Backzeit: etwa 12 Minuten je Backblech

1. Für den Teig Quittengelee mit Butter und Zitronenschale in einer Rührschüssel mit Handrührgerät mit Rührbesen auf mittlerer Stufe glatt rühren. Natron, Mehl, Zimt, Ingwer und Nelken hinzugeben. Die Zutaten mit Handrührgerät mit Knethaken auf niedrigster Stufe unterarbeiten. Den Teig in Frischhaltefolie gewickelt etwa 1 Stunde kalt stellen.

2. Den Backofen vorheizen.
Ober-/Unterhitze: etwa 180 °C
Heißluft: etwa 160 °C

3. Dann den Teig kurz durchkneten und auf einer leicht bemehlten Arbeitsfläche etwa 1 cm dick ausrollen. Mit einer runden Ausstechform Kreise (Ø etwa 3 1/2 cm) ausstechen und mit etwas Abstand auf Backbleche (mit Backpapier belegt) setzen.

4. Die Backbleche nacheinander (bei Heißluft zusammen) in den vorgeheizten Backofen schieben. Die Quittenlebkuchen **etwa 12 Minuten je Backblech backen.**

5. Die Quittenlebkuchen mit dem Backpapier von den Backblechen auf Kuchenroste ziehen.

6. Zum Bestreichen Quittengelee aufkochen. Die lauwarmen Quittenlebkuchen damit bestreichen und erkalten lassen.

7. Für den Guss Kuvertüre in kleine Stücke hacken und in einem kleinen Topf im heißen Wasserbad bei schwacher Hitze unter Rühren schmelzen.

8. Die Quittenlebkuchen kopfüber in die Kuvertüre tauchen, abtropfen lassen und auf mit Backpapier belegte Kuchenroste setzen. Die Quittenlebkuchen mit Gold-Staub bestäuben und mit Schokoperlen bestreuen. Kuvertüre fest werden lassen.

Tipp: Die Quittenlebkuchen sind in gut schließenden Dosen kühl und trocken gelagert etwa 4 Wochen haltbar.

Rosa Lebkuchenherzen

Für Kinder

etwa 45 Stück

Pro Stück:
E: 0,5 g, F: 2 g, Kh: 11 g, kJ: 284, kcal: 68

Für den Lebkuchenteig:

160 g flüssiger Honig
50 g brauner Zucker (Kandisfarin)
40 ml Wasser
120 g Butter
1 gestr. TL Natron
1 gestr. EL Lebkuchengewürz
1 Msp Dr. Oetker Finesse Geriebene Zitronenschale
260 g Weizenmehl

Für den Guss:

3 EL Himbeersirup
100 g gesiebter Puderzucker

Zum Bestreuen:

etwas Dessert-Schmuck, z. B. Zuckerherzen

Zubereitungszeit: 45 Minuten, ohne Kühlzeit
Backzeit: etwa 12 Minuten je Backblech

1. Für den Teig Honig, braunen Zucker und Wasser in einem Topf unter Rühren erwärmen, bis der Zucker gelöst ist. Den Topf von der Kochstelle nehmen. Die Honigmasse etwas abkühlen lassen.

2. Butter unterrühren und darin zerlassen. Natron, Lebkuchengewürz und die Zitronenschale mit dem Schneebesen unterrühren. Die Honig-Butter-Masse vollständig erkalten lassen.

3. Das Mehl zur Honig-Butter-Masse geben und mit Handrührgerät mit Knethaken auf niedrigster Stufe unterarbeiten. Den Teig in Frischhaltefolie gewickelt mindestens 4 Stunden kalt stellen.

4. Den Backofen vorheizen.
Ober-/Unterhitze: etwa 180 °C
Heißluft: etwa 160 °C

5. Den Lebkuchenteig kurz durchkneten und auf einer leicht bemehlten Arbeitsfläche etwa 1/2 cm dick ausrollen.

6. Mit einer Ausstechform Herzen (Ø etwa 5 1/2 cm) ausstechen. Die Teigherzen mit etwas Abstand auf Backbleche (mit Backpapier belegt) setzen.

7. Die Backbleche nacheinander (bei Heißluft zusammen) in den vorgeheizten Backofen schieben und die Lebkuchenherzen **etwa 12 Minuten je Backblech backen.**

8. Die Lebkuchenherzen mit dem Backpapier von den Backblechen auf Kuchenroste ziehen. Die Lebkuchenherzen erkalten lassen.

9. Für den Guss Himbeersirup etwas erwärmen, mit Puderzucker zu einem dickflüssigen Guss verrühren.

10. Lebkuchenherzen mit dem Himbeerguss bestreichen und mit Zuckerherzen bestreuen. Guss etwas trocknen lassen.

Tipps: Der Teig hält sich ungebacken, in Frischhaltefolie gewickelt und im Kühlschrank etwa 5 Tage. Der Teig ist auch gefriergeeignet. Lebkuchenherzen werden bei offener Lagerung weicher. Sie sind in gut schließenden Dosen kühl und trocken gelagert gut 4 Wochen haltbar.

Rotwein-Pflaumen-Pralinen

Zum Verschenken – mit Alkohol

etwa 30 Stück

Pro Stück:
E: 1 g, F: 4 g, Kh: 8 g, kJ: 311, kcal: 74

Für die Pralinen:
- *15 entsteinte, getrocknete Softpflaumen*
- *75 ml Rotwein*
- *150 g Marzipan-Rohmasse*
- *50 g gesiebter Puderzucker*

Für den Überzug:
- *150 g Edelbitter-Schokolade (70 % Kakaoanteil)*
- *1 TL Speiseöl*

Zubereitungszeit: 40 Minuten, ohne Durchzieh- und Kühlzeit

1. Für die Pralinen die Softpflaumen längs halbieren. Rotwein in einem kleinen Topf zum Kochen bringen. Pflaumenhälften hinzufügen, zum Kochen bringen und etwa 3 Minuten bei schwacher Hitze kochen lassen. Die Pflaumenhälften im Rotwein etwa 1 Stunde kalt stellen und durchziehen lassen.

2. Marzipan mit dem Puderzucker verkneten, auf einer leicht mit Puderzucker bestäubten Arbeitsfläche zu einem Quadrat (etwa 30 x 30 cm) ausrollen. Aus der Marzipanplatte etwa 30 Rechtecke (etwa 5 x 6 cm) ausschneiden.

3. Jeweils 1 Pflaumenhälfte in die Mitte der Marzipanrechtecke legen und die Seiten einschlagen. Die Pflaumenhälften jeweils in dem Marzipanrechteck einrollen.

4. Für den Überzug Schokolade in Stücke brechen, mit Speiseöl in einem kleinen Topf im heißen Wasserbad bei schwacher Hitze unter Rühren schmelzen.

5. Die Marzipanrollen jeweils auf eine Gabel spießen, in die Schokolade tauchen, am Topfrand abstreifen und auf Backpapier abtropfen lassen. Evtl. die Schokolade zwischendurch nochmals erwärmen. Die Schokolade fest werden lassen.

Tipps: Besprenkeln Sie die überzogenen, fest gewordenen Pralinen mit der restlichen, nochmals erwärmten Schokolade. Oder wälzen Sie die Pralinen nach dem Überziehen in gesiebtem Kakaopulver. Servieren Sie die Pralinen in kleinen Pralinenkapseln. Die Rotwein-Pflaumen-Pralinen sind in gut schließenden Dosen und kalt gestellt etwa 5 Tage haltbar.

Rumkugeln | Klassisch – mit Alkohol

etwa 25 Stück

Insgesamt:
E: 11 g, F: 60 g, Kh: 176 g, kJ: 5881, kcal: 1404

Für die Rumkugeln:

150 g Biskuitreste oder Eierplätzchen
50 g zerlassenes Kokosfett
3 EL brauner Rum
3 EL Wasser
1 geh. EL gesiebter Puderzucker
1 gestr. EL gesiebtes Kakaopulver

Zum Wälzen:

50 g Schokoladenstreusel

Zubereitungszeit: 30 Minuten, ohne Kühlzeit

1. Für die Rumkugeln Biskuitreste oder Eierplätzchen zerbröseln und in eine Rührschüssel geben.

2. Kokosfett, Rum, Wasser, Puderzucker und Kakao hinzugeben. Die Zutaten mit Handrührgerät mit Rührbesen verrühren. Die Masse kalt stellen.

3. Aus der erkalteten Masse Kugeln formen, in Schokoladenstreuseln wälzen und wieder kalt stellen.

Tipp: Die Rumkugeln sind in einer gut schließenden Dose und kalt gestellt 3–4 Wochen haltbar.

Abwandlung: Noch „schokoladiger" schmecken die Rumkugeln, wenn man 150 g zerbröselte Biskuitreste mit 75 ml Rum (oder halb Rum, halb Wasser) übergießt. Dann 150 g Zartbitter-Schokolade in Stücke brechen, in einem kleinem Topf im heißen Wasserbad bei schwacher Hitze unter Rühren schmelzen. 1 Teelöffel Butter, 1 1/2 Esslöffel gesiebten Puderzucker und 1 Teelöffel gesiebtes Kakaopulver unterrühren. Die Schokoladenmasse unter die eingeweichten Biskuitbrösel rühren, kalt stellen. Aus der Masse Kugeln formen, in Schokoladenstreuseln wälzen und kalt stellen.

Russischer Honigkuchen

Gut vorzubereiten – mit Alkohol

Insgesamt:
E: 86 g, F: 303 g, Kh: 950 g, kJ: 31883, kcal: 7621

Zum Vorbereiten:
75 g Rosinen
75 g Korinthen
4 EL Wodka

Für den Lebkuchenteig:
250 g flüssiger Honig
80 g Zucker
1 Pck. Dr. Oetker Vanillin-Zucker
125 g Butter oder Margarine
100 g Schweineschmalz
2 Eier (Größe M)
je 1 gestr. TL Zimt, Nelken, Kardamom (alles gemahlen)
6 Tropfen Bittermandel-Aroma
1 Fl. Rum-Aroma
375 g Weizenmehl
20 g gesiebtes Kakaopulver
4 gestr. TL Dr. Oetker Backin
125 ml (1/8 l) Milch
100 g gehackte Walnusskerne
je 50 g fein gehacktes Zitronat (Sukkade) und Orangeat

Zum Bestreichen:
100 ml Wasser
80 g Zucker
3 EL Wodka

Für den Guss:
100 g gesiebter Puderzucker
2–3 EL Wodka

Zum Garnieren:
etwas Orangeat und Zitronat (Sukkade)
einige Walnusskernhälften

Zubereitungszeit: 60 Minuten, ohne Einweich- und Kühlzeit
Backzeit: etwa 30 Minuten

1. Zum Vorbereiten die Rosinen und Korinthen in eine Schale geben, mit Wodka vermischen. Zugedeckt einige Stunden oder über Nacht einweichen.

2. Den Backofen vorheizen.
Ober-/Unterhitze: etwa 180 °C
Heißluft: etwa 160 °C

3. Für den Teig Honig, Zucker, Vanillin-Zucker, Butter oder Margarine und Schweineschmalz in einem Topf unter Rühren langsam erwärmen, zerlassen, in eine Schüssel geben und kalt stellen. Unter die fast erkaltete Masse Eier, Zimt, Nelken, Kardamom und Aromen rühren.

4. Das Mehl mit Kakao und Backpulver mischen, abwechselnd mit der Milch in mehreren Portionen nach und nach unterrühren.

5. Eingeweichte Rosinen und die Korinthen mit Walnusskernen, Zitronat und Orangeat unter den Teig rühren. Den Teig auf ein Backblech (30 x 40 cm, gefettet) geben und glatt streichen.

6. Das Backblech in den vorgeheizten Backofen schieben. Den Honigkuchen **etwa 30 Minuten backen.**

7. Zum Bestreichen Wasser und Zucker in einem kleinen Topf zum Kochen bringen und unter Rühren etwas einkochen lassen, Wodka unterrühren.

8. Das Backblech auf einen Kuchenrost stellen. Den heißen Honigkuchen mit der Wodka-Zuckerwasser-Mischung bestreichen. Den Honigkuchen erkalten lassen.

9. Für den Guss Puderzucker mit Wodka zu einer dünnflüssigen Masse verrühren. Den Honigkuchen damit bestreichen.

10. Zum Garnieren Orangeat und Zitronat in kleine Würfel schneiden. Den Honigkuchen mit Walnusskernhälften, Orangeat- und Zitronatwürfeln garnieren. Den Guss trocknen lassen.

Tipp: Russischer Honigkuchen hält sich in Alufolie gewickelt etwa 2 Wochen frisch.

Sahne-Vanille-Konfekt I

Zum Verschenken

etwa 30 Stück

Insgesamt:
E: 22 g, F: 173 g, Kh: 233 g, kJ: 10764, kcal: 2589

Für die Pralinenmasse:
300 g Vollmilch-Kuvertüre
125 g Schlagsahne
1 Pck. Dr. Oetker Bourbon-Vanille-Zucker
30 g weiche Butter

Zum Wälzen und Bestäuben:
50 g gesiebter Puderzucker
20 g Kakaopulver

Außerdem:
etwa 30 Papierpralinenförmchen

Zubereitungszeit: 30 Minuten, ohne Kühlzeit

1. Für die Pralinenmasse die Kuvertüre grob hacken. Sahne mit Vanille-Zucker in einem kleinen Topf zum Kochen bringen und kurz kochen lassen. Den Topf von der Kochstelle nehmen. Kuvertüre hinzufügen und unter Rühren schmelzen. So lange rühren, bis eine glatte Masse entstanden ist. Die Schokoladenmasse in eine Schüssel geben, abkühlen lassen und über Nacht kalt stellen.

2. Die Schokoladenmasse mit Butter cremig aufschlagen. Nochmals so lange kalt stellen, bis die Masse wieder fest geworden ist.

3. Aus der Masse knapp walnussgroße Kugeln formen. Die Kugeln in Puderzucker wälzen und mit Kakao bestäuben. Die Sahne-Vanille-Kugeln in Papierpralinenförmchen geben und kühl aufbewahren.

Tipps: Das Sahne-Vanille-Konfekt hübsch verpackt in einer kleinen Schachtel verschenken. Das Sahne-Vanille-Konfekt ist in gut schließenden Dosen und kalt gestellt 8–10 Tage haltbar.

Schneeberge | Raffiniert

12 Stück

Pro Stück:
E: 5 g, F: 26 g, Kh: 59 g, kJ: 2061, kcal: 493

Für den Rührteig:
- *125 g weiche Butter oder Margarine*
- *125 g Zucker*
- *5 Tropfen Bittermandel-Aroma*
- *½ TL gemahlener Zimt*
- *3 Eier (Größe L)*
- *175 g Weizenmehl*
- *1 ½ gestr. TL Dr. Oetker Backin*
- *75 g abgezogene, gemahlene Mandeln*
- *50 g gehackte, weiße Schokolade*

Für die Buttercreme:
- *160 g weiche Butter*
- *300 g gesiebter Puderzucker*
- *3 EL gesiebter Zitronensaft*

Für die karamellisierten Physalis:
- *24 Physalis*
- *50 ml Wasser*
- *200 g Zucker*
- *1 EL Speiseöl*

Außerdem:
- *12 Papierbackförmchen*

Zubereitungszeit: 60 Minuten, ohne Abkühlzeit
Backzeit: etwa 25 Minuten

1. Den Backofen vorheizen.
Ober-/Unterhitze: etwa 180 °C
Heißluft: etwa 160 °C

2. Für den Teig die Butter oder Margarine in einer Rührschüssel mit Handrührgerät mit Rührbesen geschmeidig rühren. Nach und nach Zucker, Aroma und Zimt unterrühren. So lange rühren, bis eine gebundene Masse entstanden ist.

3. Die Eier nach und nach unterrühren (jedes Ei etwa ½ Minute). Das Mehl mit Backpulver und Mandeln mischen, in 2 Portionen auf mittlerer Stufe unterrühren. Schokoladenstückchen unterheben.

4. Den Teig in einer Muffinform (für 12 Muffins, mit Papierbackförmchen ausgelegt) verteilen. Die Muffins **etwa 25 Minuten backen.**

5. Die Form auf einen Kuchenrost stellen. Die Muffins etwa 10 Minuten in der Form abkühlen lassen, aus der Form nehmen, auf dem Kuchenrost erkalten lassen.

6. Für die Buttercreme Butter mit Handrührgerät mit Rührbesen auf höchster Stufe etwa 5 Minuten weißschaumig schlagen. Puderzucker portionsweise unterschlagen. Zitronensaft unterheben. Die Buttercreme in einen Spritzbeutel mit Lochtülle füllen. Die Muffins aus den Papierförmchen lösen, auf eine Platte setzen. Die Buttercreme in Ringen um die Muffins spritzen. Muffins kalt stellen.

7. Für die Physalis die Physalisblätter nach außen drücken. Physalis abspülen und trocken tupfen. Wasser mit Zucker in einem Topf zum Kochen bringen und 2–3 Minuten kochen lassen. Die Zuckermasse auf eine Palette tropfen lassen. Sind die Tropfen wie Perlen, ist der Karamell gut.

8. Die Physalis an den Blättern halten und in den Karamell tauchen. Auf mit Speiseöl bestrichene Alufolie setzen. Trocknen lassen. Die Schneeberge vor dem Servieren mit je 2 Physalis garnieren.

Schneeflocken

Für Kinder

etwa 60 Stück

Insgesamt:
E: 45 g, F: 153 g, Kh: 606 g, kJ: 16728, kcal: 4001

Für den Teig:

300 g Weizenmehl
120 g Zucker
1 Pck. Dr. Oetker Vanillin-Zucker
1 Ei (Größe L)
170 g Butter

1 EL Kakaopulver

Für den Guss:

250 g gesiebter Puderzucker
1 Eiweiß (Größe L)

Zubereitungszeit: 45 Minuten, ohne Kühlzeit
Backzeit: etwa 15 Minuten je Backblech

1. Für den Teig das Mehl in eine Rührschüssel geben. Zucker, Vanillin-Zucker, Ei und Butter hinzufügen. Die Zutaten mit Handrührgerät mit Knethaken zunächst kurz auf niedrigster, danach auf höchster Stufe gut durcharbeiten.

2. Anschließend den Teig auf einer leicht bemehlten Arbeitsfläche zu einem glatten Teig verkneten und halbieren. Unter eine Teighälfte den Kakao kneten. Die Teige getrennt in Frischhaltefolie gewickelt mindestens 1 Stunde kalt stellen.

3. Den Backofen vorheizen.
Ober-/Unterhitze: etwa 180 °C
Heißluft: etwa 160 °C

4. Beide Teige getrennt voneinander auf der leicht bemehlten Arbeitsfläche etwa 1/2 cm dick ausrollen. Aus den Teigen mit einem Schneeflocken-Ausstecher Plätzchen ausstechen. Dafür den Ausstecher jeweils in heißes Wasser tauchen und die Schneeflocken ausstechen. Die Teigplätzchen mithilfe eines Backpinsels aus den Ausstechern auf Backbleche (mit Backpapier belegt) drücken.

5. Die Backbleche nacheinander (bei Heißluft zusammen) in den vorgeheizten Backofen schieben. Die Schneeflockenplätzchen **etwa 15 Minuten je Backblech backen.**

6. Die Schneeflockenplätzchen mit dem Backpapier von den Backblechen auf Kuchenroste ziehen. Die Schneeflockenplätzchen erkalten lassen.

7. Für den Guss Puderzucker mit Eiweiß zu einem dickflüssigen Guss verrühren. Den Guss in ein Pergamentpapiertütchen füllen und eine kleine Spitze abschneiden. Die Schneeflockenplätzchen mit kleinen Punkten verzieren. Guss trocknen lassen.

Hinweis: Nur ganz frisches Eiweiß verwenden, das nicht älter alt 5 Tage ist (Legedatum beachten).

Tipp: Die Schneeflocken sind in gut schließenden Dosen etwa 2 Wochen haltbar.

Schneeflockentorte | Für Gäste

Insgesamt:
E: 55 g, F: 351 g, Kh: 339 g, kJ: 20056, kcal: 4792

Zum Vorbereiten:

60 g Kokosraspel
4 Eiweiß (Größe M)
1 Prise Salz

Für den Rührteig:

125 g weiche Butter oder Margarine
125 g Zucker
1 Pck. Dr. Oetker Vanillin-Zucker
4 Eigelb (Größe M)
100 g Weizenmehl
1 gestr. TL Dr. Oetker Backin

Für die Füllung:

3 EL Sauerkirsch- oder Himbeerkonfitüre
500 g Schlagsahne
2 Pck. Dr. Oetker Vanillin-Zucker
2 Pck. Dr. Oetker Sahnesteif

Zum Bestreuen und Bestäuben:

40 g Kokosraspel
30 g Puderzucker

Zubereitungszeit: 35 Minuten, ohne Kühlzeit
Backzeit: etwa 30 Minuten

1. Zum Vorbereiten Kokosraspel in einer Pfanne ohne Fett unter Rühren leicht bräunen, herausnehmen und auf einem Teller erkalten lassen. Eiweiß mit Salz steif schlagen.

2. Den Backofen vorheizen.
Ober-/Unterhitze: etwa 180 °C
Heißluft: etwa 160 °C

3. Für den Teig Butter oder Margarine mit Handrührgerät mit Rührbesen auf höchster Stufe geschmeidig rühren. Nach und nach Zucker und Vanillin-Zucker unterrühren. So lange rühren, bis eine gebundene Masse entstanden ist. Eigelb nach und nach unterrühren (jedes Eigelb knapp 1/2 Minute).

4. Das Mehl mit Backpulver mischen und auf mittlerer Stufe unterrühren. Kokosraspel und Eischnee vorsichtig unterheben. Den Teig in eine Springform (Ø 26 cm, Boden gefettet) geben und glatt streichen. Die Form auf dem Rost in den vorgeheizten Backofen schieben. Den Tortenboden **etwa 30 Minuten backen.**

5. Den Tortenboden aus der Form lösen und auf einem Kuchenrost erkalten lassen. Tortenboden einmal waagerecht durchschneiden. Den unteren Boden auf eine Tortenplatte legen.

6. Für die Füllung den unteren Boden mit Konfitüre bestreichen, dabei einen etwa 1 cm breiten Rand frei lassen. Sahne mit Vanillin-Zucker und Sahnesteif steif schlagen. Gut die Hälfte der Sahne auf den unteren Boden streichen und den oberen Boden darauflegen. Tortenoberfläche und -rand mit der restlichen Sahne bestreichen und mit Kokosraspeln bestreuen. Torte etwa 1 Stunde kalt stellen. Die Torte kurz vor dem Servieren mit Puderzucker bestäuben.

Tipp: Nach Belieben 2 Esslöffel Kirschkonfitüre durch ein Sieb streichen. Die Tortenoberfläche kurz vor dem Servieren damit verzieren (Foto).

Schneegestöber-Torte

Raffiniert – mit Alkohol

Insgesamt:
E: 78 g, F: 349 g, Kh: 377 g, kJ: 21111, kcal: 5048

Für den Schüttelteig:
150 g Weizenmehl
3 gestr. TL Dr. Oetker Backin
100 g Zucker
1/2 Pck. Saucenpulver Vanille-Geschmack zum Kochen
4 Eier (Größe M)
150 g zerlassene, abgekühlte Butter oder Margarine

Für die Füllung:
8 Blatt weiße Gelatine
600 g Schlagsahne
30 g gesiebter Puderzucker
4 EL Sambuca-Kaffeelikör
5 TL Instant-Kaffeepulver

4 gehackte Baiserschalen

Zum Garnieren und Bestäuben:
1 EL Schoko-Kaffeebohnen
etwas Kakaopulver

Zubereitungszeit: 30 Minuten, ohne Abkühlzeit
Backzeit: etwa 35 Minuten

1. Den Backofen vorheizen.
Ober-/Unterhitze: etwa 180 °C
Heißluft: etwa 160 °C

2. Für den Teig Mehl mit Backpulver mischen, in eine verschließbare Schüssel (etwa 3-Liter-Inhalt) geben, mit Zucker und Saucenpulver mischen. Eier und Butter oder Margarine hinzufügen. Die Schüssel mit dem Deckel fest verschließen.

3. Schüssel mehrmals (insgesamt 15–30 Sekunden) kräftig schütteln, sodass alle Zutaten gut vermischt sind. Alles mit einem Schneebesen oder Rührlöffel nochmals sorgfältig durchrühren, damit trockene Zutaten vom Rand mit untergerührt werden.

4. Den Teig in eine Springform (Ø 26 cm, Boden gefettet) geben und glatt streichen. Die Form auf dem Rost in den vorgeheizten Backofen schieben. Den Tortenboden **etwa 35 Minuten backen.**

5. Den Tortenboden aus der Form lösen und auf einem mit Backpapier belegten Kuchenrost erkalten lassen. Den Tortenboden einmal waagerecht durchschneiden.

6. Für die Füllung die Gelatine in kaltem Wasser nach Packungsanleitung einweichen. Die Sahne mit Puderzucker steif schlagen. Likör in einem kleinen Topf erwärmen. Eingeweichte Gelatine leicht ausdrücken, mit dem Kaffeepulver zum Likör geben und unter Rühren auflösen, etwas abkühlen lassen. Ein Drittel der Sahne mit der Gelatineflüssigkeit verrühren. Restliche Sahne unterheben.

7. Den unteren Gebäckboden auf eine Tortenplatte legen. Gut die Hälfte der Sahnecreme daraufstreichen und mit dem oberen Gebäckboden belegen, etwas andrücken. Tortenoberfläche und -rand mit der restlichen Sahnecreme bestreichen und mit den gehackten Baiserschalen bestreuen. Die Tortenoberfläche mit Kaffeebohnen garnieren und mit Kakao bestäuben.

Schnitzbrot | Etwas aufwendiger

Insgesamt:
E: 73 g, F: 197 g, Kh: 614 g, kJ: 20026, kcal: 4785

Für die Füllung:
250 g getrocknete Birnenhälften
250 g getrocknete, entsteinte Pflaumen
125 ml (1/8 l) kochendes Wasser

Für den Hefeteig:
400 g Weizenmehl
1 Pck. Dr. Oetker Trockenbackhefe
1 Prise Salz
1 EL Zucker
1 Msp. gemahlene Nelken
1 Msp. Muskatblüte (Macis)
1 gestr. TL gemahlener Zimt
125 ml (1/8 l) lauwarmes Wasser
125 ml (1/8 l) Speiseöl
100 g gehackte Haselnusskerne

Zubereitungszeit: 50 Minuten, ohne Einweich- und Teiggehzeit
Backzeit: etwa 50 Minuten

1. Für die Füllung die Birnenhälften und Pflaumen grob zerkleinern, mit Wasser übergießen und zugedeckt 2 Stunden einweichen.

2. Für den Teig Mehl in eine Rührschüssel geben, mit Trockenbackhefe sorgfältig vermischen, Salz, Zucker, Gewürze, Wasser und Speiseöl hinzufügen. Die Zutaten mit Handrührgerät mit Knethaken zunächst kurz auf niedrigster, dann auf höchster Stufe in etwa 5 Minuten zu einem glatten Teig verarbeiten. Den Teig zugedeckt so lange an einem warmen Ort gehen lassen, bis er sich sichtbar vergrößert hat (etwa 60 Minuten).

3. Die eingeweichten Früchte und Haselnusskerne kurz unter den Teig kneten. Den Teig zugedeckt nochmals etwa 30 Minuten an einem warmen Ort gehen lassen.

4. Den gegangenen Teig leicht mit Mehl bestäuben, aus der Schüssel nehmen und auf einer leicht bemehlten Arbeitsfläche zu einem ovalen Brot (etwa 35 x 10 cm) formen. Den Brotlaib auf ein Backblech (gefettet, mit Backpapier belegt) legen und einen Brotring darumstellen. Ersatzweise einen Streifen Alufolie der Länge nach 2-mal falten und als Ring um den Teig legen, damit der Teig nicht auseinanderläuft.

5. Den Backofen vorheizen.
Ober-/Unterhitze: etwa 180 °C
Heißluft: etwa 160 °C

6. Den Brotlaib nochmals zugedeckt so lange an einem warmen Ort gehen lassen, bis es sich sichtbar vergrößert hat (etwa 30 Minuten). Den Brotlaib mit einem Messer der Länge nach etwa 1 cm tief einschneiden. Das Backblech in den vorgeheizten Backofen schieben. Das Schnitzbrot **etwa 50 Minuten backen.**

7. Das Schnitzbrot mit dem Backpapier vom Backblech auf einen Kuchenrost ziehen, erkalten lassen.

Tipps: Das Schnitzbrot kann auch in einer Kastenform (35 x 11 cm, leicht gefettet) gebacken werden. Aus dem Teig kann man auch 4 kleine Brote formen und diese etwa 35 Minuten bei gleicher Backofentemperatur backen.

Schoko-Gewürzkuchen, getränkt I

Klassisch

(1 Tasse = 200 ml)

Insgesamt:
E: 73 g, F: 236 g, Kh: 554 g, kJ: 19363, kcal: 4623

Für den Schüttelteig:

125 g Butter
2 Tassen Weizenmehl (300 g)
4 gestr. EL gesiebtes Kakaopulver
3 gestr. TL Dr. Oetker Backin
1 Tasse Zucker (200 g)
1 Pck. Dr. Oetker Vanillin-Zucker
2 gestr. TL Lebkuchengewürz
4 Eier (Größe M)
1 1/2 Tassen Schlagsahne (300 g)

Für den Sirup:

1 Tasse Wasser (200 ml)
1/2 Tasse Zucker (100 g)
1 Pck. Dr. Oetker Finesse Orangenschalen-Aroma

Zum Bestäuben:

etwas Puderzucker

Zubereitungszeit: 15 Minuten, ohne Abkühlzeit
Backzeit: 50–55 Minuten

1. Für den Teig Butter zerlassen und abkühlen lassen.

2. Den Backofen vorheizen.
Ober-/Unterhitze: etwa 180 °C
Heißluft: etwa 160 °C

3. Mehl mit Kakao und Backpulver mischen, in eine verschließbare Schüssel (etwa 3-Liter-Inhalt) geben, mit Zucker, Vanillin-Zucker und Lebkuchengewürz mischen. Eier, Sahne und die flüssige Butter hinzufügen. Die Schüssel mit dem Deckel fest verschließen.

4. Schüssel mehrmals kräftig schütteln (insgesamt 15–30 Sekunden), sodass alle Zutaten gut vermischt sind. Alles mit einem Schneebesen oder Rührlöffel nochmals sorgfältig durchrühren, damit trockene Zutaten vom Rand mit untergerührt werden.

5. Den Teig in eine Napfkuchenform (Ø 22 cm, gefettet, gemehlt) füllen und glatt streichen. Die Form auf dem Rost in den vorgeheizten Backofen schieben. Den Kuchen **50–55 Minuten backen.**

6. Die Form auf einen Kuchenrost stellen. Den Kuchen etwa 10 Minuten in der Form stehen lassen.

7. In der Zwischenzeit für den Sirup Wasser, Zucker und Orangenschalen-Aroma in einem Topf zum Kochen bringen und unter gelegentlichem Rühren etwa 5 Minuten sprudelnd kochen lassen.

8. Den heißen Kuchen in der Form dicht an dicht mit einem Holzstäbchen einstechen und mit dem Sirup beträufeln. Wenn die gesamte Flüssigkeit aufgesogen ist, den Kuchen vorsichtig aus der Form lösen und auf eine Platte stürzen. Gewürzkuchen erkalten lassen.

9. Den Gewürzkuchen vor dem Servieren mit Puderzucker bestäuben.

Schoko-Hafer-Knusperchen I

Für Kinder – einfach

25–35 Stück

Insgesamt:
E: 30 g, F: 75 g, Kh: 211 g, kJ: 6961, kcal: 1657

100 g getrocknete Aprikosen
100 g Vollkorn Haferfleks® Klassik (von Kölln)
200 g Zartbitter-Schokolade
1 TL Speiseöl

Zubereitungszeit: 20 Minuten, ohne Kühlzeit

1. Aprikosen klein würfeln, mit den Haferfleks in einer Schüssel gut vermischen. Schokolade in kleine Stücke hacken, mit Speiseöl in einem Topf im heißen Wasserbad bei schwacher Hitze unter Rühren schmelzen.

2. Die Aprikosen-Haferfleks-Mischung unter die Schokoladenmasse mischen und auf eine mit Backpapier belegte Tortenplatte geben (Backpapier evtl. mit ein paar Tupfen flüssiger Schokolade an der Tortenplatte festkleben).

3. Die Masse mit einem großen, glatten Messer zu einem Kreis (Ø etwa 30 cm) flach streichen und etwa 1 Stunde kalt stellen, bis die Schokolade fest geworden ist.

4. Dann die Schokoplatte vom Backpapier lösen, in kleine Stücke brechen und gut verpackt kühl aufbewahren.

Tipps: Statt Zartbitter-Schokolade können Sie auch Blockschokolade verwenden. Die Schoko-Hafer-Knusperchen sind in gut schließenden Dosen und kalt gestellt etwa 10 Tage haltbar.

Schokoladenherzen, gefüllt I

Raffiniert

etwa 45 Stück

Pro Stück:
E: 1 g, F: 3 g, Kh: 5 g, kJ: 212, kcal: 51

Für den Knetteig:

250 g Weizenmehl
150 g Butter oder Margarine
100 g gesiebter Puderzucker
2 Pck. Dr. Oetker Vanillin-Zucker
1 Eigelb (Größe M)

Zum Bestreichen:

1 Eiweiß (Größe M)

Für die Makronenmasse:

100 g Marzipan-Rohmasse
2 Eier (Größe M)
100 g abgezogene, gemahlene Mandeln

Für die Füllung:

100 g Edelbitter-Schokolade, z. B. mit Himbeerfüllung (mindestens 70 % Kakaoanteil)
1 TL Speiseöl
50 g Edelbitter-Schokolade (mindestens 70 % Kakaoanteil)
½ TL Speiseöl
1 TL fein gehackte, gezuckerte Ingwerstücke

Zum Bestäuben:

etwas Kakaopulver
etwas Puderzucker

Zubereitungszeit: 60 Minuten, ohne Kühlzeit
Backzeit: 8–10 Minuten je Backblech

1. Für den Teig das Mehl in eine Rührschüssel geben. Butter oder Margarine, Puderzucker, Vanillin-Zucker und Eigelb hinzufügen.

2. Die Zutaten mit Handrührgerät mit Knethaken zunächst kurz auf niedrigster, dann auf höchster Stufe gut durcharbeiten.

3. Anschließend den Teig auf einer leicht bemehlten Arbeitsfläche zu einem glatten Teig verkneten. Den Teig in Frischhaltefolie gewickelt etwa 30 Minuten kalt stellen.

4. Den Backofen vorheizen.
Ober-/Unterhitze: etwa 180 °C
Heißluft: etwa 160 °C

5. Den Teig auf der leicht bemehlten Arbeitsfläche etwa 3 mm dick ausrollen, mit einer Ausstechform Herzen (Ø etwa 5 ½ cm) ausstechen und auf Backbleche (mit Backpapier belegt) legen. Die Teigherzen mit verschlagenem Eiweiß bestreichen.

6. Für die Makronenmasse das Marzipan in Stücke schneiden und in eine Rührschüssel geben. Eier hinzufügen und mit Handrührgerät mit Rührbesen zu einer geschmeidigen Masse verrühren, Mandeln unterrühren.

7. Die Marzipanmasse in einen Spritzbeutel mit kleiner, glatter Tülle (Ø 2–3 mm) füllen. Jeweils einen Rand von knapp ½ cm Stärke auf die Teigherzen spritzen.

8. Die Backbleche nacheinander (bei Heißluft zusammen) in den vorgeheizten Backofen schieben und die Gebäckherzen **8–10 Minuten je Backblech backen.**

9. Die Gebäckherzen mit dem Backpapier von den Backblechen auf Kuchenroste ziehen. Gebäckherzen erkalten lassen.

10. Für die Füllung Schokolade mit Himbeerfüllung in kleine Stücke brechen, mit Speiseöl in einem kleinen Topf im heißen Wasserbad bei schwacher Hitze unter Rühren schmelzen.

11. Zwei Drittel der Gebäckherzen mit der geschmolzenen Schokolade (mithilfe eines Teelöffels) füllen. Schokolade fest werden lassen. Gebäckherzen mit Kakao bestäuben.

12. Edelbitter-Schokolade mit Speiseöl wie zuvor beschrieben schmelzen. Ingwerstücke unterrühren. Die restlichen Herzen damit füllen. Die Schokolade

fest werden lassen. Gebäckherzen mit Puderzucker bestäuben.

13. Die Herzen in einer gut verschließbaren Dose aufbewahren.

Tipps: Statt Schokolade mit Himbeerfüllung 1 Tafel Edelbitter-Schokolade mit Zimt und Koriander verwenden. Dann für die Füllung statt der Ingwerstücke 1 Teelöffel Zimt-Zucker nehmen. Schokoladenherzen sind in gut schließenden Dosen etwa 2 Wochen haltbar.

Schokoladen-Knusperchen

Klassisch

etwa 35 Stück

Pro Stück:
E: 1 g, F: 4 g, Kh: 6 g, kJ: 62, kcal: 15

150 g Vollmilch-Schokolade
100 g Zartbitter-Schokolade
10 g Butter
1 Pck. Dr. Oetker Vanillin-Zucker
75 g Kokosraspel
etwa 90 g Cornflakes

Außerdem:
etwa 35 Papierbackförmchen

Zubereitungszeit: 40 Minuten, ohne Kühlzeit

1. Schokolade in kleine Stücke brechen, mit Butter und Vanillin-Zucker in einem kleinen Topf im heißen Wasserbad bei schwacher Hitze unter Rühren schmelzen, abkühlen lassen. Kokosraspel und Cornflakes unterrühren.

2. Die Masse in Papierbackförmchen füllen oder mithilfe von 2 Teelöffeln in Häufchen auf Pergament- oder Backpapier setzen. Schokoladen-Knusperchen im Kühlschrank fest werden lassen.

Tipps: Knusperchen mit Kokosraspeln bestreuen. Die Schokoladen-Knusperchen sind in gut schließenden Dosen und gekühlt etwa 4 Wochen haltbar.

Schokoladenlebkuchen I

Gut vorzubereiten – mit Alkohol

etwa 60 Stück

Pro Stück:
E: 1 g, F: 2 g, Kh: 13 g, kJ: 307, kcal: 73

Für den Lebkuchenteig:

150 g flüssiger Honig
125 g Zucker
50 g Schweineschmalz oder Margarine
3 TL Pfefferkuchengewürz abgeriebene Schale von
1/2 Bio-Zitrone (unbehandelt, ungewachst)
1 Ei (Größe M)
1 Eigelb (Größe M)
100 g geriebene Blockschokolade
1/2 Pck. Hirschhornsalz
1 EL Rum oder Weinbrand
400 g Weizenmehl

Für den Guss:

200 g gesiebter Puderzucker
1 Eiweiß (Größe M)

Zubereitungszeit: 50 Minuten, ohne Kühlzeit
Backzeit: 10–15 Minuten je Backblech

1. Für den Teig Honig, Zucker und Schweineschmalz oder Margarine in einem kleinen Topf unter Rühren langsam erwärmen, bis das Fett zerlassen und der Zucker gelöst ist. Die Masse in eine Rührschüssel geben und kalt stellen.

2. Unter die fast erkaltete Masse Pfefferkuchengewürz, Zitronenschale, Ei, Eigelb und Blockschokolade rühren. Hirschhornsalz mit Rum oder Weinbrand verrühren (auflösen) und mit dem Mehl hinzufügen.

3. Die Zutaten mit Handrührgerät mit Knethaken zunächst kurz auf niedrigster, dann auf höchster Stufe zu einem glatten Teig verkneten.

4. Den Teig zu einer Rolle formen, in Frischhalte- oder Alufolie gewickelt etwa 1 Tag kalt stellen.

5. Den Backofen vorheizen.
Ober-/Unterhitze: etwa 160 °C
Heißluft: etwa 140 °C

6. Den Teig auf einer leicht bemehlten Arbeitsfläche 2–3 mm dick ausrollen. Mit beliebigen Formen (z. B. Herzen, Sternen, Monden) Plätzchen ausstechen und auf Backbleche (gefettet, mit Backpapier belegt) legen. Die Backbleche nacheinander (bei Heißluft zusammen) in den vorgeheizten Backofen schieben. Die Plätzchen **10–15 Minuten je Backblech backen.**

7. Für den Guss den Puderzucker mit Eiweiß zu einer dickflüssigen Masse verrühren. Den Guss in ein Pergamentpapiertütchen füllen und eine kleine Spitze abschneiden. Die Plätzchen mit dem Guss verzieren. Guss trocknen lassen.

Hinweis. Für den Guss nur ganz frisches Eiweiß verwenden, das nicht älter als 5 Tage ist (Legedatum beachten).

Tipp: Die Schokoladenlebkuchen sind in gut schließenden Dosen 3–4 Wochen haltbar.

Schokoladenmakronen | Raffiniert

etwa 45 Stück

Pro Stück:
E: 1 g, F: 4 g, Kh: 7 g, kJ: 298, kcal: 71

Für die Eiweißmasse:

3 Eiweiß (Größe M)
250 g feinkörniger Zucker
1 Pck. Dr. Oetker Vanillin-Zucker
125 g geraspelte Zartbitter-Schokolade
250 g gehackte Mandeln

Zubereitungszeit: 40 Minuten
Backzeit: etwa 25 Minuten

1. Den Backofen vorheizen.
Ober-/Unterhitze: etwa 140 °C
Heißluft: etwa 120 °C

2. Für die Eiweißmasse Eiweiß mit Handrührgerät mit Rührbesen auf höchster Stufe steif schlagen. Der Schnee muss so fest sein, dass ein Messerschnitt sichtbar bleibt. Den Zucker und Vanillin-Zucker kurz unterschlagen.

3. Schokoladenraspel mit Mandeln mischen und vorsichtig unter die Eischneemasse heben (nicht rühren).

4. Den Teig in Häufchen mit etwas Abstand auf Backbleche (gefettet, mit Backpapier belegt) setzen. Die Backbleche nacheinander (bei Heißluft zusammen) in den vorgeheizten Backofen schieben. Die Schokoladenmakronen **etwa 25 Minuten backen.**

5. Die Schokoladenmakronen mit dem Backpapier auf Kuchenroste ziehen, erkalten lassen.

Tipp: Die Schokoladenmakronen sind in gut schließenden Dosen etwa 2 Wochen haltbar.

Schokoladen-Nuss-Streifen

Einfach – mit Alkohol
etwa 100 Stück

Insgesamt:
E: 107 g, F: 372 g, Kh: 838 g, kJ: 29937, kcal: 7153

Für den Teig:
200 g flüssiger Honig
100 g Zucker
1 Pck. Dr. Oetker Vanillin-Zucker
125 g Butter oder Margarine
2 Eier (Größe M)
4–5 EL Milch
½ Fl. Zitronen-Aroma
1 gestr. TL gemahlener Zimt
1 Msp. gemahlene Nelken
2 geh. EL Vollmilch-Raspelschokolade
400 g Weizenmehl
1 Pck. Dr. Oetker Pudding-Pulver Schokoladen-Geschmack
3 gestr. TL Dr. Oetker Backin
375 g grob gehackte Haselnusskerne

Für den Guss:
200 g gesiebter Puderzucker
1 EL Weinbrand
3 EL heiße Milch

Zubereitungszeit: 50 Minuten, ohne Kühlzeit
Backzeit: 25–30 Minuten

1. Für den Teig Honig mit Zucker, Vanillin-Zucker und Butter oder Margarine in einem Topf unter Rühren langsam erwärmen, bis der Zucker und Butter oder Margarine geschmolzen sind. In eine Rührschüssel geben und kalt stellen.

2. Den Backofen vorheizen.
Ober-/Unterhitze: etwa 180 °C
Heißluft: etwa 160 °C

3. Unter die erkaltete Masse mit Handrührgerät mit Rührbesen auf höchster Stufe nach und nach Eier, Milch, Aroma, Zimt, Nelken und Raspelschokolade rühren.

4. Das Mehl mit Pudding-Pulver und Backpulver mischen, in 2 Portionen auf mittlerer Stufe unterrühren. Haselnusskerne unterheben.

5. Einen Backrahmen auf ein Backblech (30 x 40 cm, gefettet) stellen. Den Teig hineingeben und glatt streichen. Den Teig mit Wasser bestreichen. Das Backblech in den vorgeheizten Backofen schieben. Die Gebäckplatte **25–30 Minuten backen.**

6. Das Backblech auf einen Kuchenrost stellen.

7. Für den Guss Puderzucker mit Weinbrand und Milch zu einer dickflüssigen Masse verrühren. Die warme Gebäckplatte damit bestreichen und erkalten lassen. Die Gebäckplatte in etwa 2 x 6 cm lange Streifen schneiden.

Tipp: Die Schokoladen-Nuss-Streifen sind in gut schließenden Dosen etwa 2 Wochen haltbar.

Schoko-Macadamia-Stangen I

Zum Verschenken – raffiniert

etwa 60 Stück

Pro Stück:
E: 1 g, F: 4 g, Kh: 7 g, kJ: 285, kcal: 68

Zum Vorbereiten:

100 g Edelbitter-Schokolade (60 % Kakaoanteil)
100 g Butter
75 g getrocknete Kirschen
100 g Macadamia-Nusskerne

Für den Knetteig:

225 g Weizenmehl
75 g brauner Zucker (Kandisfarin)
1 Pck. Dr. Oetker Bourbon-Vanille-Zucker
1 Prise Salz
1 Ei (Größe M)

Für den Guss:

100 g Edelbitter-Schokolade (60 % Kakaoanteil) oder weiße Schokolade
1 TL Speiseöl

Zum Bestreuen:

einige Zuckerherzen

Zubereitungszeit: 45 Minuten, ohne Gefrier- und Abkühlzeit
Backzeit: 12–15 Minuten je Backblech

1. Zum Vorbereiten die Schokolade in Stücke brechen, mit Butter in einem kleinen Topf im heißen Wasserbad bei schwacher Hitze unter Rühren schmelzen. Dann die Schokoladenmasse abkühlen lassen. Kirschen und Macadamia-Nusskerne hacken.

2. Für den Teig Mehl mit Zucker, Vanille-Zucker, Salz, Ei, Schokolade, gehackten Kirschen und Nusskernen in eine Rührschüssel geben. Die Zutaten mit Handrührgerät mit Knethaken zunächst kurz auf niedrigster, dann auf höchster Stufe gut durcharbeiten.

3. Anschließend den Teig auf einer leicht bemehlten Arbeitsfläche zu einem glatten Teig verkneten.

4. Aus dem Knetteig 3 etwa 20 cm lange, rechteckige Stangen (je etwa 5 x 2 cm) formen. Die Teigstangen in Frischhaltefolie gewickelt mindestens 30 Minuten in den Gefrierschrank legen und anfrieren lassen.

5. Den Backofen vorheizen.
Ober-/Unterhitze: etwa 180 °C
Heißluft: etwa 160 °C

6. Die Teigstangen mit einem scharfen Messer oder Sägemesser in knapp 1 cm dicke Scheiben schneiden. Dabei die Teigstangen immer wieder drehen, damit die Scheiben gleichmäßig abgeschnitten werden.

7. Die Teigscheiben auf Backbleche (gefettet, mit Backpapier belegt) legen. Die Backbleche nacheinander (bei Heißluft zusammen) in den vorgeheizten Backofen schieben. Das Gebäck **12–15 Minuten je Backblech backen.**

8. Die Gebäckstangen mit dem Backpapier von den Backblechen auf Kuchenroste ziehen. Gebäckstangen erkalten lassen.

9. Für den Guss Schokolade in Stücke brechen, mit Speiseöl in einem kleinen Topf im heißen Wasserbad bei schwacher Hitze unter Rühren schmelzen. Jeweils ein Ende der Gebäckstangen in die Schokolade tauchen, gut abtropfen lassen, am Topfrand abstreifen und sofort mit Zuckerherzen bestreuen. Die Gebäckstangen auf Backpapier legen. Die Schokolade fest werden lassen.

Tipp: Die Schoko-Macadamia-Stangen sind in gut schließenden Dosen 3–4 Wochen haltbar.

Schoko-Muffins mit Glühweinsirup

Für Gäste – mit Alkohol

12 Stück

Pro Stück:
E: 4 g, F: 14 g, Kh: 39 g, kJ: 1330, kcal: 318

Für den Rührteig:

150 g weiche Butter oder Margarine
100 g Zucker
1 Pck. Dr. Oetker Vanillin-Zucker
2 Eier (Größe M)
200 g Weizenmehl
2 gestr. TL Dr. Oetker Backin
25 g gesiebtes Kakaopulver
8 EL Milch
100 g Zartbitter-Raspelschokolade

Für den Glühweinsirup:

250 ml (1/4 l) trockener Rotwein
125 g Zucker
1 Stange Zimt
1 Pck. Dr. Oetker Finesse Orangenschalen-Aroma
1 Msp. gemahlene Nelken
1 Msp. gemahlener Kardamom

Zubereitungszeit: 45 Minuten, ohne Abkühlzeit
Backzeit: etwa 25 Minuten

1. Den Backofen vorheizen.
Ober-/Unterhitze: etwa 180 °C
Heißluft: etwa 160 °C

2. Für den Teig Butter oder Margarine mit Handrührgerät mit Rührbesen auf höchster Stufe geschmeidig rühren. Nach und nach Zucker und Vanillin-Zucker unterrühren. So lange rühren, bis eine gebundene Masse entstanden ist. Eier nach und nach unterrühren (jedes Ei etwa 1/2 Minute).

3. Mehl mit Backpulver und Kakao mischen, abwechselnd in 2 Portionen mit der Milch auf mittlerer Stufe unterrühren. Zuletzt Raspelschokolade unterrühren. Den Teig in eine Muffinform (für 12 Muffins, gefettet, gemehlt) geben und glatt streichen. Die Form auf dem Rost in den vorgeheizten Backofen schieben. Die Muffins **etwa 25 Minuten backen.**

4. Die Form auf einen Kuchenrost stellen. Die Muffins etwa 10 Minuten in der Form stehen lassen, dann mit einem Messer aus den Formen lösen. Muffins auf einem Kuchenrost erkalten lassen.

5. Für den Glühweinsirup Rotwein mit Zucker, Zimtstange, Orangenschalen-Aroma, Nelken und Kardamom in einen breiten Kochtopf geben, zum Kochen bringen und etwa 10 Minuten bei schwacher Hitze zu einem dünnflüssigen Sirup einkochen lassen. Zimtstange entfernen. Den Sirup erkalten lassen und zu den Muffins reichen.

Tipps: Den Muffinteig zusätzlich mit etwas gemahlenem Zimt, Nelken und Kardamom würzen. Sie können den Glühweinsirup auch mit 1 Päckchen Glühweingewürz und 1 Päckchen Dr. Oetker Finesse Orangenschalen-Aroma würzen. Statt die Muffinform zu fetten und zu mehlen, können Sie auch Papierbackförmchen in die Mulden der Muffinform setzen. Die Muffins eignen sich gut zum Einfrieren. Dann die Muffins nach dem Auftauen im vorgeheizten Backofen bei Ober-/Unterhitze: etwa 180 °C, Heißluft: etwa 160 °C kurz aufbacken. Der Glühweinsirup hält sich im Kühlschrank mehrere Tage frisch.

Schwarz-Weiß-Gebäck | Dauert länger

etwa 60 Stück

Insgesamt:
E: 39 g, F: 117 g, Kh: 352 g, kJ: 11031, kcal: 2637

Für den Knetteig:

250 g Weizenmehl
1 gestr. TL Dr. Oetker Backin
150 g Zucker
1 Pck. Dr. Oetker Vanillin-Zucker
1 Prise Salz
1 Ei (Größe M)
125 g weiche Butter oder Margarine

Außerdem:

15 g gesiebtes Kakaopulver
15 g Zucker
1 EL Milch

Zum Bestreichen:

1 verschlagenes Eiweiß

Zubereitungszeit: 60 Minuten, ohne Kühlzeit
Backzeit: etwa 12 Minuten je Backblech

1. Für den Teig Mehl mit Backpulver in einer Rührschüssel mischen. Restliche Zutaten hinzufügen und mit Handrührgerät mit Knethaken zunächst kurz auf niedrigster, dann auf höchster Stufe zu einem glatten Teig verarbeiten. Den Teig halbieren.

2. Für den dunklen Teig Kakao mit Zucker und Milch verrühren und unter eine Teighälfte kneten. Den hellen und dunklen Teig jeweils zu einer Kugel formen und getrennt, in Frischhaltefolie gewickelt, etwa 30 Minuten kalt stellen.

3. Der Teig kann nach Belieben entweder zu einem Schneckenmuster oder Schachbrettmuster oder zu Talern verarbeitet werden.

4. Für das **Schneckenmuster** den hellen und dunklen Teig jeweils zu einem gleichmäßig großen Rechteck (etwa 30 x 15 cm) ausrollen. Ein Teigrechteck dünn mit verschlagenem Eiweiß bestreichen. Das zweite Teigrechteck darauflegen und ebenfalls mit Eiweiß bestreichen. Die Teigrechtecke von der längeren Seite aus fest aufrollen.

5. Für das **Schachbrettmuster** die beiden Teighälften jeweils etwa 1 cm dick ausrollen. Aus dem hellen und dunklen Teig 9 je etwa 1 cm breite und 15 cm lange Streifen schneiden. Die Teigstreifen mit Eiweiß bestreichen und im Schachbrettmuster zu 2 Teigblöcken (je 3 Streifen abwechselnd neben- und übereinander) zusammensetzen.

6. Die restlichen hellen Teigreste verkneten und dünn zu 2 Rechtecken (etwa 15 x 13 cm) ausrollen. Die Teigrechtecke dünn mit Eiweiß bestreichen. Die entstandenen Blöcke (aus Punkt 5) in die Teigrechtecke einwickeln.

7. Für die **Taler** aus dem dunklen Teig eine dicke Rolle (Ø etwa 3 cm) formen. Den hellen Teig etwa ½ cm dick ausrollen, mit Eiweiß bestreichen und die dunkle Rolle darin einwickeln.

8. Teigrollen oder -blöcke etwa 1 Stunde kalt stellen, damit sie sich besser schneiden lassen.

9. Den Backofen vorheizen.
Ober-/Unterhitze: etwa 200 °C
Heißluft: etwa 180 °C

10. Teigrollen oder -blöcke in gleichmäßige, knapp ½ cm dicke Scheiben schneiden und auf Backbleche (mit Backpapier belegt) legen. Die Rollen oder Blöcke während des Schneidens immer wieder drehen, damit die Plätzchen gleichmäßig werden.

11. Die Backbleche nacheinander (bei Heißluft zusammen) in den vorgeheizten Backofen schieben. Das Gebäck **etwa 12 Minuten je Backblech backen.**

12. Das Gebäck mit dem Backpapier von den Backblechen auf Kuchenroste ziehen, erkalten lassen.

Tipp: Für ein einfaches Marmormuster können Sie den hellen und dunklen Teig verkneten und zu 2 etwa 3 cm dicken Rollen formen. Die Rollen kalt stellen, in etwa ½ cm dicke Scheiben schneiden und wie oben angegeben backen.

Schwarz-Weiß-Sterne, gefüllt

Raffiniert

etwa 70 Stück

Insgesamt:
E: 46 g, F: 213 g, Kh: 381 g, kJ: 15207, kcal: 3639

Für den Knetteig:

200 g Weizenmehl
50 g Speisestärke
1 gestr. TL Dr. Oetker Backin
150 g Butter oder Margarine
75 g Zucker
1 Pck. Dr. Oetker Vanillin-Zucker
1 Prise Salz
1 Ei (Größe M)

Für den Guss:

200 g Edelbitter-Schokolade (mindestens 50 % Kakaoanteil)
2 TL Speiseöl
½ TL gemahlener Zimt
1 Prise Pimentpulver
1 Prise Nelkenpulver

Für die Füllung:

1 TL Dr. Oetker Finesse Orangenschalen-Aroma

Zum Bestäuben und Bestreuen:

etwas Puderzucker
evtl. Streu-Gold

Zubereitungszeit: 45 Minuten, ohne Kühlzeit
Backzeit: 8–10 Minuten je Backblech

1. Für den Teig Mehl mit Speisestärke und Backpulver mischen, in eine Rührschüssel geben. Die Butter oder Margarine, Zucker, Vanillin-Zucker, Salz und Ei hinzufügen. Die Zutaten mit Handrührgerät mit Knethaken zunächst kurz auf niedrigster, dann auf höchster Stufe gut durcharbeiten.

2. Anschließend den Teig auf einer leicht bemehlten Arbeitsfläche zu einem glatten Teig verkneten. Den Teig in Frischhaltefolie gewickelt etwa 30 Minuten kalt stellen.

3. Den Backofen vorheizen.
Ober-/Unterhitze: etwa 180 °C
Heißluft: etwa 160 °C

4. Den Teig auf der leicht bemehlten Arbeitsfläche etwa 3 mm dick ausrollen und mit einer Ausstechform Sterne (Ø etwa 5 cm) ausstechen. Die Teigsterne auf Backbleche (mit Backpapier belegt) legen.

5. Aus der Hälfte der Sterne mit einer Lochtülle oder einer sehr kleinen Ausstechform (Ø etwa 1 ½ cm) die Mitte ausstechen. Die Backbleche nacheinander (bei Heißluft zusammen) in den vorgeheizten Backofen schieben. Das Gebäck **8–10 Minuten je Backblech backen.**

6. Die Gebäcksterne mit dem Backpapier von den Backblechen auf Kuchenroste ziehen. Gebäcksterne erkalten lassen.

7. Für den Guss die Schokolade in kleine Stücke brechen, mit Speiseöl in einem kleinen Topf im heißen Wasserbad bei schwacher Hitze unter Rühren schmelzen. Zimt, Piment- und Nelkenpulver unterrühren.

8. Die Gebäcksterne ohne Loch mit der oberen Seite in die Schokolade tauchen, abtropfen lassen und auf Backpapier legen. Die Sterne mit Loch mit Puderzucker bestäuben und so auf die Schokoladensterne legen, dass die Sternspitzen versetzt sind. Schokolade etwas fest werden lassen.

9. Für die Füllung restliche geschmolzene Schokolade eventuell nochmals erwärmen. Das Orangenschalen-Aroma unterrühren.

10. Die Orangenschokolade mit einem kleinen Teelöffel in die Sternlöcher füllen. Nach Belieben mit etwas Streu-Gold bestreuen. Schokolade fest werden lassen. Die Sterne in einer gut schließenden Dose aufbewahren.

Tipps: Statt Orangenschalen-Aroma etwa ½ Teelöffel gestoßenen Koriander unter die Schokolade rühren. Schwarz-Weiß-Sterne mit Puderzucker bestäuben. Die Schwarz-Weiß-Sterne sind in gut schließenden Dosen etwa 3 Wochen haltbar.

Schwedische Kardamomsterne I

Mit Alkohol

etwa 60 Stück

Insgesamt:

E: 45 g, F: 16 g, Kh: 459 g, kJ: 9455, kcal: 2258

Für den Teig:

2 Eier (Größe M)
1 EL Kirschwasser oder heißes Wasser
250 g gesiebter Puderzucker
1 Pck. Dr. Oetker Vanillin-Zucker
½ TL gemahlener Kardamom
275 g Weizenmehl
½ TL Dr. Oetker Backin

Zubereitungszeit: 30 Minuten, ohne Trockenzeit
Backzeit: etwa 30 Minuten je Backblech

1. Für den Teig Eier und Kirschwasser oder Wasser in einer Rührschüssel mit Handrührgerät mit Rührbesen auf höchster Stufe in etwa 1 Minute schaumig schlagen. Den Puderzucker und Vanillin-Zucker mischen, in etwa 1 Minute einstreuen, dann noch etwa 2 Minuten schlagen. Kardamom unterrühren.

2. Mehl mit Backpulver mischen und so viel von dem Mehlgemisch unterrühren, dass ein dicker Brei entsteht. Das restliche Mehlgemisch auf einer leicht bemehlten Arbeitsfläche unterkneten. Den Teig ½–1 cm dick ausrollen und mit einer Ausstechform Sterne (Ø etwa 5 cm) ausstechen.

3. Teigsterne auf Backbleche (gefettet, mit Backpapier belegt) legen. Die Teigsterne über Nacht bei Zimmertemperatur trocknen lassen (nicht zudecken).

4. Den Backofen vorheizen.
Ober-/Unterhitze: etwa 140 °C
Heißluft: etwa 120 °C

5. Die Backbleche nacheinander (bei Heißluft zusammen) in den vorgeheizten Backofen schieben. Das Gebäck **etwa 30 Minuten je Backblech backen.**

6. Das Gebäck mit dem Backpapier von den Backblechen auf Kuchenroste ziehen. Gebäck erkalten lassen.

Tipp: Die Kardamomsterne sind in gut schließenden Dosen 2–3 Wochen haltbar.

Shortbread-Streifen, fruchtig I

Raffiniert

etwa 80 Stück

Insgesamt:
E: 45 g, F: 226 g, Kh: 523 g, kJ: 18259, kcal: 4365

Für den Knetteig:

100 g gewürfeltes Orangeat
50 g kandierter Ingwer
1 Bio-Limette (unbehandelt, ungewachst)
370 g Weizenmehl
30 g Speisestärke
120 g Zucker
1 Prise Salz
1 Ei (Größe M)
250 g Butter oder Margarine

Für den Guss:

100 g Puderzucker
1–2 EL Wasser oder Zitronensaft

Zum Garnieren:

einige Zuckersterne oder -herzen

Zubereitungszeit: 30 Minuten, ohne Abkühlzeit
Backzeit: 20–25 Minuten

1. Für den Teig Orangeat und Ingwer fein hacken. Die Limette heiß abwaschen, abtrocknen und die Schale abreiben. Die Limette halbieren und den Saft auspressen. Gehackten Ingwer mit Orangeat und Limettenschale mischen.

2. Den Backofen vorheizen.
Ober-/Unterhitze: etwa 180 °C
Heißluft: etwa 160 °C

3. Das Mehl mit Speisestärke in einer Rührschüssel mischen. Orangeat-Ingwer-Mischung, Limettensaft, Zucker, Salz, Ei und Butter oder Margarine hinzufügen. Die Zutaten mit Handrührgerät mit Knethaken zunächst kurz auf niedrigster, dann auf höchster Stufe gut durcharbeiten. Anschließend den Teig auf einer leicht bemehlten Arbeitsfläche zu einem glatten Teig verkneten.

4. Den Teig auf einem Backblech (30 x 40 cm, gefettet) ausrollen. Mit einem gezackten Teigrädchen ein dichtes, diagonales Karo leicht in den Teig rollen. Das Backblech in den vorgeheizten Backofen schieben. Die Gebäckplatte **20–25 Minuten backen.**

5. Das Backblech auf einen Kuchenrost stellen. Das Gebäck etwas abkühlen lassen und in Rechtecke (etwa 3 x 5 cm) schneiden. Gebäck erkalten lassen.

6. Für den Guss Puderzucker mit so viel Wasser oder Zitronensaft verrühren, dass ein dickflüssiger Guss entsteht. Den Guss in einen kleinen Gefrierbeutel füllen und eine Ecke abschneiden. Dicke Streifen auf die Gebäckstreifen spritzen. Den Guss sofort mit Zuckersternen oder -herzen bestreuen. Guss fest werden lassen.

Tipp: Die Shortbread-Streifen sind in gut schließenden Dosen etwa 3 Wochen haltbar.

Sirupkuchen | Einfach

etwa 60 Stück

Insgesamt:
E: 75 g, F: 239 g, Kh: 472 g, kJ: 18043, kcal: 4314

Für den Sirup:

150 ml Wasser
200 g Zucker
15 Gewürznelken
2 Stangen Zimt
1 Stück Sternanis
5 Kardamomkapseln
1 TL gemahlener Ingwer
1 Prise Salz

Für den Teig:

120 g weiche Butter
2 Eier (Größe M)
200 g gemahlene Haselnusskerne
280 g Dinkelmehl
2 TL Dr. Oetker Backin

Zum Bestreuen:

3 EL Zucker
1 TL gemahlener Zimt

Zubereitungszeit: 40 Minuten, ohne Durchzieh- und Kühlzeit
Backzeit: etwa 12 Minuten je Backblech

1. Für den Sirup Wasser, Zucker, Gewürznelken, Zimtstangen, Sternanis, zerdrückte Kardamomkapseln, Ingwer und Salz in einem Topf zum Kochen bringen und etwa 2 Minuten sprudelnd kochen lassen. Den Topf von der Kochstelle nehmen. Die Gewürze im Sirup einige Stunden ziehen lassen.

2. Sirup durch ein Sieb in eine Rührschüssel gießen (ergibt 200 ml Sirup).

3. Für den Teig den Sirup mit weicher Butter, Eiern und gemahlenen Haselnusskernen mit Handrührgerät mit Rührbesen schaumig schlagen. Dinkelmehl mit Backpulver mischen und unter die Sirupmasse kneten. Den Teig in Frischhaltefolie gewickelt 1–2 Stunden kalt stellen.

4. Den Backofen vorheizen.
Ober-/Unterhitze: etwa 180 °C
Heißluft: etwa 160 °C

5. Zum Bestreuen Zucker und Zimt mischen. Den Sirupteig kurz durchkneten, auf der leicht bemehlten Arbeitsfläche in 4 Portionen teilen.

6. Die Teigportionen jeweils zu einer etwa 40 cm langen Stange rollen. Teigstangen in je etwa 16 Stücke schneiden. Die Teigstücke zu Kugeln formen und mit etwas Abstand auf Backbleche setzen.

7. Teigkugeln mit Wasser bestreichen und mit Zimt-Zucker bestreuen.

8. Die Backbleche nacheinander (bei Heißluft zusammen) in den vorgeheizten Backofen schieben. Die Sirupkuchen **etwa 12 Minuten je Backblech backen.**

9. Die Sirupkuchen mit dem Backpapier von den Backblechen auf Kuchenroste ziehen und erkalten lassen.

Tipps: Die Sirupkuchen sind in einer gut schließenden Dose kühl und trocken gelagert etwa 4 Wochen haltbar. Den Sirupkuchen mit einem indischen Kardamomtee servieren. Dafür 1 Liter Wasser zum Kochen bringen. 12 grüne Kardamomkapseln hineingeben und etwa 5 Minuten leicht köcheln lassen. Die Kardamomkapseln entfernen. 3 Teelöffel schwarzen Tee in eine vorgewärmte Kanne geben und mit dem Kardamomwasser auffüllen. Nach Geschmack ziehen lassen. Mit Zucker und Zimt servieren.

Sonnenblumen-Kürbiskern-Knusperchen | Schnell

etwa 48 Stück

Insgesamt:
E: 68 g, F: 169 g, Kh: 172 g, kJ: 10373, kcal: 2478

Für die Körnermasse:

40 g Butter
1 Bio-Zitrone (unbehandelt, ungewachst)
170 g Sonnenblumenkerne
100 g Kürbiskerne
120 g Zucker
20 g Weizenmehl
1 Eigelb (Größe M)

Zubereitungszeit: 20 Minuten
Backzeit: etwa 12 Minuten

1. Für die Körnermasse die Butter zerlassen und abkühlen lassen. Zitrone heiß abwaschen, abtrocknen und die Schale auf einer Küchenreibe dünn abreiben. Zitrone halbieren und den Saft auspressen.

2. Den Backofen vorheizen.
Ober-/Unterhitze: etwa 200 °C
Heißluft: etwa 180 °C

3. Sonnenblumenkerne mit Kürbiskernen, Zitronenschale, Zucker und Mehl mischen. Flüssige Butter, 2–3 Esslöffel Zitronensaft und Eigelb unterrühren.

4. Die Masse auf einem Backblech (30 x 40 cm, gefettet, mit Backpapier belegt) verteilen und mit einem Löffel gleichmäßig verstreichen.

5. Das Backblech in den vorgeheizten Backofen schieben. Die Körnerplatte **etwa 12 Minuten backen.**

6. Das Backblech auf einen Kuchenrost stellen. Die Körnerplatte etwas abkühlen lassen und noch warm mit einem Messer in Quadrate (etwa 5 x 5 cm) schneiden. Knusperchen erkalten lassen.

Tipps: Das lauwarme Gebäck mit Raspelschokolade oder gehackter weißer Schokolade (Foto) bestreuen. Sonnenblumen-Kürbiskern-Knusperchen sind in gut schließenden Dosen etwa 2 Wochen haltbar.

Spekulatiuskuchen

Einfach – ohne zu backen

Insgesamt:
E: 36 g, F: 204 g, Kh: 227 g, kJ: 12078, kcal: 2885

Für den Kuchen:

150 g Zartbitter-Schokolade
50 g Butter
120 g Spekulatius
3 EL Kokosraspel
1 EL gehackte Mandeln
1 EL grob gehackte, getrocknete Aprikosen
50 g grob gehackte Vollmilch-Schokolade

Zum Verzieren und Garnieren:

75 g Zartbitter-Schokolade
einige Kokosraspel
1–2 EL gewürfelte, getrocknete Aprikosen
evtl. kandierte Orangenscheiben oder Geleefrüchte

Zubereitungszeit: 35 Minuten, ohne Kühlzeit

1. Für den Kuchen Schokolade in Stücke brechen, mit Butter in einem kleinen Topf im heißen Wasserbad bei schwacher Hitze unter Rühren schmelzen.

2. Spekulatius in einen Gefrierbeutel geben. Den Beutel verschließen. Spekulatius mit einer Teigrolle grob zerbröseln und in eine Rührschüssel geben.

3. Kokosraspel, Mandeln, Aprikosen- und Schokoladenstücke hinzufügen. Die Schokoladen-Butter-Mischung unterrühren und gut vermengen.

4. Die Schokoladen-Brösel-Masse in eine Springform (Ø 16–18 cm, ganz mit Backpapier ausgelegt) oder in einen auf eine Tortenplatte gestellten Tortenring füllen, mit einem Löffel zu einem Boden andrücken und etwa 2 Stunden kalt stellen.

5. Den Kuchen aus der Springform (Tortenring) lösen und das Backpapier entfernen.

6. Zum Verzieren und Garnieren Schokolade in Stücke brechen, in einem kleinen Topf im heißen Wasserbad bei schwacher Hitze unter Rühren schmelzen. Den Kuchen mithilfe eines Löffels damit besprenkeln, mit Kokosraspeln und Aprikosenwürfeln bestreuen. Nach Belieben zusätzlich mit Orangenscheiben oder Geleefrüchten garnieren. Schokolade fest werden lassen.

Tipps: Nach Belieben aus geschmolzener, weißer Kuvertüre ein Gitter und einige Blüten auf Backpapier spritzen und kalt stellen. Schokoladengitter und Blüten vor dem Servieren vorsichtig vom Backpapier lösen und auf den Kuchen legen. Den Kuchen möglichst frisch verzehren. Wenn er länger steht, wird er weicher. Anstelle der Spekulatius können auch Nussplätzchen verwendet werden.

Spitzbuben I

Für Kinder

etwa 40 Stück

Insgesamt:
E: 68 g, F: 276 g, Kh: 567 g, kJ: 21906, kcal: 5233

Für den Knetteig:

375 g Weizenmehl
1 gestr. TL Dr. Oetker Backin
200 g Zucker
1 Pck. Dr. Oetker Vanillin-Zucker
250 g Butter oder Margarine
125 g nicht abgezogene, gemahlene Mandeln

Für die Füllung:

125 g Johannisbeergelee

Zubereitungszeit: 60 Minuten, ohne Abkühlzeit
Backzeit: etwa 10 Minuten je Backblech

1. Für den Knetteig das Mehl mit Backpulver in einer Rührschüssel mischen. Zucker, Vanillin-Zucker, Butter oder Margarine und Mandeln hinzufügen. Die Zutaten mit Handrührgerät mit Knethaken zunächst kurz auf niedrigster, dann auf höchster Stufe gut durcharbeiten.

2. Anschließend den Teig auf einer leicht bemehlten Arbeitsfläche zu einem glatten Teig verkneten. Sollte er kleben, ihn in Frischhaltefolie gewickelt eine Zeit lang kalt stellen.

3. Den Backofen vorheizen.
Ober-/Unterhitze: etwa 180 °C
Heißluft: etwa 160 °C

4. Den Teig portionsweise auf der leicht bemehlten Arbeitsfläche dünn ausrollen. Mit einer Ausstechform runde Plätzchen (Ø etwa 4 cm) ausstechen und auf Backbleche (mit Backpapier belegt) legen. Die Backbleche nacheinander (bei Heißluft zusammen) in den vorgeheizten Backofen schieben. Die Spitzbuben **etwa 10 Minuten je Backblech backen.**

5. Die Spitzbuben mit dem Backpapier von den Backblechen auf Kuchenroste ziehen, erkalten lassen.

6. Für die Füllung Gelee in einem Topf unter Rühren gut aufkochen lassen. Die Hälfte der Plätzchen auf der Unterseite damit bestreichen. Jeweils 1 unbestrichenes Plätzchen darauflegen und gut andrücken.

Tipp: Die Spitzbuben sind in gut schließenden Dosen 2–3 Wochen haltbar.

Spitzkuchen | Gut vorzubereiten

etwa 40 Stück

Pro Stück:
E: 1 g, F: 4 g, Kh: 12 g, kJ: 404, kcal: 96

Für den Teig:
175 g Zuckerrübensirup (Rübenkraut)
50 g Zucker
1 Prise Salz
2–3 EL Speiseöl
1 Ei (Größe M)
1 geh. TL gesiebtes Kakaopulver
6 Tropfen Zitronen-Aroma
1 Msp. gemahlener Piment
1 gestr. TL gemahlener Zimt
250 g Weizenmehl
3 gestr. TL Dr. Oetker Backin
75 g gehackte Mandeln

Für den Guss:
200 g Zartbitter-Kuvertüre
25 g Kokosfett

Zubereitungszeit: 50 Minuten, ohne Kühlzeit
Backzeit: 15–20 Minuten

1. Für den Teig Sirup mit Zucker, Salz und Speiseöl in einem Topf unter Rühren langsam erwärmen und zerlassen, bis der Zucker gelöst ist. Die Masse in eine Rührschüssel geben und kalt stellen.

2. Unter die fast erkaltete Masse mit Handrührgerät mit Rührbesen auf höchster Stufe Ei, Kakao, Aroma, Piment und Zimt rühren.

3. Mehl mit Backpulver mischen. Zwei Drittel davon portionsweise auf mittlerer Stufe unterrühren. Den Teigbrei mit dem restlichen Mehlgemisch und den Mandeln auf einer leicht bemehlten Arbeitsfläche zu einem glatten Teig verkneten. Sollte er kleben, ihn in Frischhaltefolie gewickelt eine Zeit lang kalt stellen.

4. Den Backofen vorheizen.
Ober-/Unterhitze: etwa 200 °C
Heißluft: etwa 180 °C

5. Aus dem Teig auf der leicht bemehlten Arbeitsfläche knapp 2 cm dicke Rollen in Länge des Backblechs formen. Die Teigrollen nicht zu dicht nebeneinander auf ein Backblech (gefettet, mit Backpapier belegt) legen und etwas flach drücken.

6. Das Backblech in den vorgeheizten Backofen schieben. Die Spitzkuchen **15–20 Minuten backen.**

7. Die Gebäckrollen mit dem Backpapier vom Backblech auf einen Kuchenrost ziehen. Die Gebäckrollen erkalten lassen. Die Gebäckrollen mit einem scharfen Messer in Dreiecke schneiden.

8. Für den Guss Kuvertüre hacken, mit Kokosfett in einem kleinen Topf im heißen Wasserbad bei schwacher Hitze unter Rühren schmelzen. Die Gebäckdreiecke nach Belieben damit überziehen und auf einen mit Backpapier belegten Kuchenrost legen. Guss fest werden lassen.

Tipps: Die Spitzkuchen sollten vor dem Verzehr einige Tage durchziehen. Spitzkuchen sind in gut schließenden Dosen etwa 4 Wochen haltbar.

Spritzgebäck mit Eigelb

Beliebt

etwa 120 Stück

Pro Stück:
E: 0,5 g, F: 2 g, Kh: 5 g, kJ: 170, kcal: 41

Für den Rührteig:

250 g weiche Butter oder Margarine
250 g Zucker
2 Pck. Dr. Oetker Vanillin-Zucker
3 Eigelb (Größe M)
1 Prise Salz
1 Pck. Dr. Oetker Finesse Geriebene Zitronenschale
500 g Weizenmehl
2 gestr. TL Dr. Oetker Backin
gut 1 EL Milch

Außerdem:

1 Fleischwolf mit Gebäcktülle

Zubereitungszeit: 60 Minuten
Backzeit: etwa 15 Minuten je Backblech

1. Den Backofen vorheizen.
Ober-/Unterhitze: etwa 180 °C
Heißluft: etwa 160 °C

2. Für den Teig Butter oder Margarine mit Handrührgerät mit Rührbesen auf höchster Stufe geschmeidig rühren. Nach und nach Zucker, Vanillin-Zucker, Eigelb, Salz und Zitronenschale unterrühren. So lange rühren, bis eine gebundene Masse entstanden ist.

3. Mehl mit Backpulver mischen. Zwei Drittel davon abwechselnd mit der Milch in 2 Portionen auf mittlerer Stufe unterrühren. Restliches Mehlgemisch auf einer Arbeitsfläche unterkneten.

4. Den Rührteig durch einen Fleischwolf mit Gebäcktülle drücken und das gewünschte Muster mit dem Schieber an der Gebäcktülle einstellen. Den Teig in Stücke von etwa 5 cm Länge (für Stangen) oder etwa 10 cm Länge (für Kränze) schneiden und auf Backbleche legen.

5. Die Backbleche nacheinander (bei Heißluft zusammen) in den vorgeheizten Backofen schieben. Spritzgebäck **etwa 15 Minuten je Backblech backen.**

6. Das Spritzgebäck mit dem Backpapier von den Backblechen auf Kuchenroste ziehen. Spritzgebäck erkalten lassen.

Tipps: Sie können den Teig am Vortag zubereiten und in Frischhaltefolie gewickelt im Kühlschrank aufbewahren. Sie können den Teig auch mit der Gebäckpresse verarbeiten. Spritzen Sie den Teig dann nur auf das gefettete Backblech. Gebäck nach dem Backen sofort lösen. Das Spritzgebäck ist in gut schließenden Dosen etwa 3 Wochen haltbar.

Spritzgebäck-Schokostreifen

Beliebt

etwa 80 Stück

Insgesamt:
E: 68 g, F: 350 g, Kh: 525 g, kJ: 23214, kcal: 5548

Für den Rührteig:

250 g weiche Butter oder Margarine
175 g Zucker
1 Pck. Dr. Oetker Vanillin-Zucker
1 Ei (Größe M)
275 g Weizenmehl
20 g gesiebtes Kakaopulver
100 g abgezogene, gemahlene Mandeln
½ Pck. Dr. Oetker Finesse Orangenschalen-Aroma

Für den Guss:

250 g weiße Schokolade
2 TL Speiseöl

Außerdem:

1 Fleischwolf mit Gebäcktülle

Zubereitungszeit: 50 Minuten
Backzeit: etwa 15 Minuten je Backblech

1. Für den Teig Butter oder Margarine in eine Rührschüssel geben und mit Handrührgerät mit Rührbesen auf höchster Stufe geschmeidig rühren. Nach und nach Zucker und Vanillin-Zucker unterrühren. So lange rühren, bis eine gebundene Masse entstanden ist. Ei etwa ½ Minute unterrühren.

2. Mehl mit Kakao mischen, in 2 Portionen auf mittlerer Stufe unterrühren. Mandeln und Aroma unterrühren.

3. Den Backofen vorheizen.
Ober-/Unterhitze: etwa 180 °C
Heißluft: etwa 160 °C

4. Die Gebäcktülle für Spritzgebäck auf einen Fleischwolf setzen und festschrauben. Das gewünschte Muster mit dem Schieber an der Gebäcktülle einstellen.

5. Den Teig portionsweise in den Fleischwolf geben. Den Teig aus dem Fleischwolf direkt auf ein Schneidbrett gleiten lassen, in 5–7 cm lange Streifen schneiden und auf Backbleche (mit Backpapier belegt) legen. Die Backbleche nacheinander (bei Heißluft zusammen) in den vorgeheizten Backofen schieben. Das Spritzgebäck **etwa 15 Minuten je Backblech backen.**

6. Die Spritzgebäck mit dem Backpapier von den Backblechen auf Kuchenroste ziehen. Spritzgebäck erkalten lassen.

7. Für den Guss Schokolade in Stücke brechen, mit Speiseöl in einem kleinen Topf im heißen Wasserbad bei schwacher Hitze unter Rühren schmelzen.

8. Die Gebäckstreifen mit den Enden in die Schokolade tauchen, am Topfrand abstreifen und auf Backbleche (mit Backpapier belegt) legen. Den Guss fest werden lassen.

Tipp: Das Spritzgebäck ist in gut schließenden Dosen etwa 3 Wochen haltbar.

St. Gallener Walnuss-Biberli I

Mit Alkohol

etwa 60 Stück

Insgesamt:
E: 90 g, F: 145 g, Kh: 564 g, kJ: 16844, kcal: 4019

Für den Lebkuchenteig:
150 g flüssiger Honig
130 g Zuckerrübensirup (Rübenkraut)
1 Ei (Größe M)
380 g Weizenmehl
1 gestr. TL Dr. Oetker Backin
2 gestr. TL gemahlener Zimt
1 Msp. gemahlene Nelken

Für die Füllung:
100 g Walnusskerne
200 g Marzipan-Rohmasse
3 EL Rum oder Wasser

Zum Bestreichen:
50 ml Milch

Zubereitungszeit: 50 Minuten, ohne Kühlzeit
Backzeit: etwa 12 Minuten je Backblech

1. Für den Lebkuchenteig Honig, Zuckerrübensirup und Ei in einer Rührschüssel mit Handrührgerät mit Rührbesen gut verrühren. Mehl mit Backpulver, Zimt und Nelken mischen, auf die Honigmasse geben und mit Handrührgerät mit Knethaken auf niedrigster Stufe zu einem glatten Teig verarbeiten. Den Teig in Frischhaltefolie gewickelt mindestens 1 Stunde kalt stellen.

2. Für die Füllung Walnusskerne fein hacken, mit Marzipan, Rum oder Wasser verkneten. Walnussmarzipan in 3 gleich große Portionen teilen. Jede Marzipanportion zu einer Stange (Länge etwa 35 cm) formen.

3. Den Backofen vorheizen.
Ober-/Unterhitze: etwa 180 °C
Heißluft: etwa 160 °C

4. Den Lebkuchenteig kurz durchkneten und auf einer leicht bemehlten Arbeitsfläche zu einem Rechteck (etwa 28 x 35 cm) ausrollen. Die Teigrechtecke 2-mal längs durchschneiden (etwa 9 cm x 35 cm) und dünn mit Milch bestreichen. Jeweils eine Walnussmarzipanstange auf die Teigstreifen legen und einrollen. Die Stangen zu je 50 cm langen Rollen formen. Mit einem Messer 2–3 cm große Dreiecke von den Rollen abschneiden und mit etwas Abstand auf Backbleche (mit Backpapier belegt) setzen. Die Teigdreiecke mit Milch bestreichen.

5. Die Backbleche nacheinander (bei Heißluft zusammen) in den vorgeheizten Backofen schieben. Das Gebäck **etwa 12 Minuten je Backblech backen.**

6. Das Gebäck mit dem Backpapier von den Backblechen auf Kuchenroste ziehen, erkalten lassen.

Tipp: St. Gallener Walnuss-Biberli sind in einer gut schließenden Dose kühl und trocken gelagert etwa 6 Wochen haltbar.

Sternentorte

Raffiniert – mit Alkohol

Insgesamt:
E: 110 g, F: 432 g, Kh: 505 g, kJ: 27360, kcal: 6534

Zum Vorbereiten:
200 g Zartbitter-Kuvertüre
125 g Butter oder Margarine
200 g Nusskernmischung

Für den Biskuitteig:
5 Eier (Größe M)
125 g Zucker
1 Pck. Dr. Oetker Vanillin-Zucker
125 g Weizenmehl
1 gestr. TL Dr. Oetker Backin

Für die Füllung:
100 g Zartbitter-Schokolade (mindestens 50 % Kakaoanteil)
100 g Nuss-Nougat
100 ml Mandellikör
2 EL Schlagsahne

je etwa 1 EL Puderzucker und Kakaopulver

Für den Guss:
50 g Zartbitter-Schokolade (mindestens 50 % Kakaoanteil)
25 g Schlagsahne

Zum Bestäuben:
etwas Puderzucker

Außerdem:
je 1 Sternschablone (Ø etwa 20, 16, 14 und 12 cm)

Zubereitungszeit: 60 Minuten, ohne Kühlzeit
Backzeit: 20–25 Minuten

1. Zum Vorbereiten Kuvertüre in Stücke hacken, mit Butter oder Margarine in einem kleinen Topf im heißen Wasserbad bei schwacher Hitze unter Rühren schmelzen, etwas abkühlen lassen. Die Nusskerne in kleine Stücke schneiden oder im Blitzhacker zerkleinern.

2. Den Backofen vorheizen.
Ober-/Unterhitze: etwa 180 °C
Heißluft: etwa 160 °C

3. Für den Teig Eier in einer Rührschüssel mit Handrührgerät mit Rührbesen auf höchster Stufe in etwa 1 Minute schaumig schlagen. Den Zucker mit Vanillin-Zucker mischen, in etwa 1 Minute einstreuen, dann noch etwa 2 Minuten schlagen. Mehl mit Backpulver mischen, auf die Eiercreme geben und kurz auf niedrigster Stufe unterrühren. Nusskernstücke unterheben, Kuvertüre vorsichtig unterrühren.

4. Einen Backrahmen (etwa 30 x 30 cm) auf ein Backblech (mit Backpapier belegt) stellen. Den Teig in den Backrahmen geben und glatt streichen. Das Backblech in den vorgeheizten Backofen schieben. Die Gebäckplatte **20–25 Minuten backen.**

5. Den Backrahmen lösen und entfernen. Die Gebäckplatte mit dem Backpapier vom Backblech auf einen Kuchenrost ziehen. Die Gebäckplatte erkalten lassen und auf eine Platte legen. Backpapier entfernen.

6. Aus der Gebäckplatte mithilfe von Schablonen 4 Sterne (Ø jeweils etwa 20, 16, 14 und 12 cm) ausschneiden. Die Teigreste in eine Rührschüssel geben und mit den Händen zerbröseln (ergibt etwa 350 g).

7. Für die Füllung die Schokolade in Stücke brechen, mit dem Nuss-Nougat in einem kleinen Topf im heißen Wasserbad bei schwacher Hitze unter Rühren schmelzen. Die Nougat-Schokoladen-Masse mit dem Likör und der Sahne unter die Gebäckbrösel rühren.

8. Den größten Gebäckstern auf eine Tortenplatte legen. Etwa 4 Esslöffel von der Brösel-Schoko-Masse in die Mitte des Sterns geben und so glatt streichen, dass die Sternspitzen frei bleiben. Den zweiten Gebäckstern (Ø etwa 16 cm) versetzt darauflegen und etwas andrücken. Etwa 3 Esslöffel von der Brösel-Schoko-Masse wie zuvor beschrieben daraufgeben und glatt streichen. Dann mit dem dritten Gebäckstern (Ø etwa 14 cm) belegen und andrücken. Wieder etwa 2 Esslöffel der Brösel-Schoko-Masse daraufgeben, glatt streichen und die Sternspitzen frei lassen. Den letzten Gebäckstern darauflegen.

9. Aus der restlichen Masse mit angefeuchteten Händen 19 walnussgroße Kugeln formen und kalt stellen. Die Kugeln zuerst in Kakao, dann in Puderzucker wälzen.

10. Für den Guss Schokolade in Stücke brechen, mit Sahne in einem kleinen Topf im heißen Wasserbad bei schwacher Hitze unter Rühren schmelzen. Mit einem Teelöffel etwas von der Schokoladenmasse auf die Sternspitzen geben und je eine Kugel daraufsetzen.

11. Die Torte mit Puderzucker bestäuben und nach Belieben mit der restlichen Schokolade verzieren. Die Torte etwa 1 Stunde kalt stellen.

Sterntaler-Torte

Dauert länger – mit Alkohol

Insgesamt:
E: 152 g, F: 582 g, Kh: 1010 g, kJ: 41736, kcal: 9978

Für den Rührteig:
400 g weiche Butter oder Margarine
365 g Zucker
2–3 EL Rum
4 EL Orangenlikör
abgeriebene Schale von ½ Bio-Orange (unbehandelt, ungewachst)
3 Eier (Größe M)
7 Eigelb (Größe M)
250 g Weizenmehl
100 g Speisestärke
40 g gesiebtes Kakaopulver
3 ½ gestr. TL Dr. Oetker Backin
7 Eiweiß (Größe M)

Für den Belag:
250 g Marzipan-Rohmasse
100 g gesiebter Puderzucker

Zum Bestreichen:
75 g Aprikosenkonfitüre

Für den Guss:
200 g Zartbitter-Schokolade
20 g Kokosfett

Zubereitungszeit: 90 Minuten, ohne Abkühlzeit
Backzeit: etwa 2 Minuten je Teigschicht

1. Den Backofengrill vorheizen.

2. Für den Teig Butter oder Margarine mit Handrührgerät mit Rührbesen auf höchster Stufe geschmeidig rühren. Nach und nach Zucker, Rum, Likör und Orangenschale unterrühren. So lange rühren, bis eine gebundene Masse entstanden ist. Eier und Eigelb nach und nach unterrühren (jedes Ei/Eigelb etwa ½ Minute). Mehl mit Speisestärke, Kakao und Backpulver mischen, in 2 Portionen auf mittlerer Stufe unterrühren. Das Eiweiß steif schlagen und anschließend vorsichtig unterheben.

3. Etwa 2 Esslöffel des Teiges mit einem Backpinsel in einer Springform (Ø 26 cm, Boden gefettet, mit Backpapier belegt) verteilen. Die Form auf dem Rost unter den vorgeheizten Grill in den Backofen schieben (Abstand zwischen Grill und Teigschicht etwa 20 cm). Die Teigschicht **etwa 2 Minuten backen.**

4. Die Form auf einen Kuchenrost stellen. Als zweite Schicht wieder etwa 2 Esslöffel des Teiges auf die gebackene Schicht streichen. Die Form wieder unter den heißen Grill schieben. Auf diese Weise den ganzen Teig verarbeiten, dabei die Einschubhöhe so verändern, dass der Abstand von etwa 20 cm zwischen Grill und Teigschicht bestehen bleibt.

5. Die Torte vorsichtig mit einem Messer vom Formrand lösen, auf ein Backblech (mit Backpapier belegt) stürzen. Mitgebackene Backpapier abziehen. Die Torte sofort **nochmals etwa 5 Minuten** in den noch heißen, aber ausgeschalteten Backofen schieben. Anschließend die Torte herausnehmen und auf einem Kuchenrost erkalten lassen.

6. Für den Belag das Marzipan mit Puderzucker verkneten, auf einer mit Puderzucker bestäubten Arbeitsfläche ausrollen. Eine Platte (Ø etwa 26 cm) und einen langen Streifen in Höhe des Tortenrandes daraus ausschneiden. Marzipanreste verkneten und zum Garnieren beiseitelegen.

7. Zum Bestreichen Tortenoberfläche und -rand dünn mit Konfitüre bestreichen. Mit den Marzipanplatten und -streifen be- und umlegen. Das Marzipan an den Rändern leicht zusammendrücken.

8. Für den Guss Schokolade in Stücke brechen, mit Kokosfett in einem kleinen Topf im heißen Wasserbad bei schwacher Hitze unter Rühren schmelzen. Torte mit dem Guss überziehen. Guss fest werden lassen.

9. Beiseitegelegtes Marzipan auf der mit Puderzucker bestäubten Arbeitsfläche ausrollen und Sterne in beliebiger Größe ausstechen. Die Tortenoberfläche damit garnieren.

Stollen-Muffins | Zum Verschenken

12 Stück

Pro Stück:
E: 6 g, F: 15 g, Kh: 26 g, kJ: 1190, kcal: 284

Für den Brandteig:
125 ml (1/8 l) Wasser
25 g Butter oder Margarine
1 EL Zucker
75 g Weizenmehl
2–3 Eier (Größe M)

Für den Rührteig:
50 g Zitronat (Sukkade)
75 g weiche Butter oder Margarine
50 g Zucker
1 Pck. Dr. Oetker Vanillin-Zucker
1 Prise Salz
je 1 Msp. Zimt, Nelken, Muskatblüte (Macis) und Kardamom (alles gemahlen)
1 Ei (Größe M)
200 g Weizenmehl
2 gestr. TL Dr. Oetker Backin
100 g Rosinen
50 g gehackte Mandeln

Zum Bestreichen und Bestäuben:
50 g Butter
2 EL Puderzucker

Außerdem:
12 Papierbackförmchen

Zubereitungszeit: 45 Minuten
Backzeit: etwa 25 Minuten

1. Für den Brandteig Wasser mit Butter oder Margarine und Zucker in einem kleinen Topf aufkochen. Topf von der Kochstelle nehmen. Mehl auf einmal in die heiße Flüssigkeit geben. Alles zu einem glatten Teigkloß verrühren, dann etwa 1 Minute unter ständigem Rühren erhitzen (abbrennen) und in eine Rührschüssel geben.

2. Zwei Eier nacheinander mit Handrührgerät mit Knethaken auf höchster Stufe unter den Teig arbeiten. Das letzte Ei verschlagen und nur so viel davon unter den Teig arbeiten, bis er stark glänzt und in langen Spitzen an einem Löffel hängen bleibt. Den Brandteig beiseitestellen.

3. Den Backofen vorheizen.
Ober-/Unterhitze: etwa 200 °C
Heißluft: etwa 180 °C

4. Für den Rührteig Zitronat fein hacken. Butter oder Margarine in einer Rührschüssel mit Handrührgerät mit Rührbesen geschmeidig rühren. Nach und nach Zucker, Vanillin-Zucker, Salz und Gewürze unterrühren. So lange rühren, bis eine gebundene Masse entstanden ist.

5. Das Ei etwa 1/2 Minute unterrühren. Das Mehl mit Backpulver mischen und in 2 Portionen auf mittlerer Stufe unterrühren. Zuletzt Rosinen, Zitronat und Mandeln kurz unterrühren.

6. Den beiseitegestellten Brandteig zum Rührteig geben und mit Handrührgerät mit Knethaken miteinander verkneten. Den Teig gleichmäßig in einer Muffinform (für 12 Muffins, mit Papierbackförmchen ausgelegt) verteilen und auf dem Rost in den vorgeheizten Backofen schieben. Die Muffins **etwa 25 Minuten backen.**

7. Die Form auf einen Kuchenrost stellen. Die Muffins etwa 10 Minuten in der Form stehen lassen, dann aus der Form lösen und auf einen Kuchenrost setzen.

8. Zum Bestreichen und Bestäuben Butter zerlassen. Die noch warmen Muffins damit bestreichen und mit Puderzucker bestäuben. Muffins auf einem Kuchenrost erkalten lassen. Die Muffins nach Belieben kurz vor dem Servieren nochmals mit Puderzucker bestäuben.

Tiramisu-Tarte mit Lebkuchenboden | Mit Alkohol

Insgesamt:
E: 75 g, F: 263 g, Kh: 286 g, kJ: 16401, kcal: 3916

Für den Teig:
100 g Löffelbiskuits
75 g Weizenmehl
2 gestr. TL Dr. Oetker Backin
50 g brauner Zucker (Rohrzucker)
1 Pck. Dr. Oetker Bourbon-Vanille-Zucker
1 geh. TL Lebkuchengewürz
2 Eier (Größe M)
75 ml Speiseöl
75 ml Milch

Zum Tränken:
2 g Instant-Kaffeepulver
2 EL warmes Wasser

Für den Belag:
5 Blatt weiße Gelatine
2 Eier (Größe M)
75 g brauner Zucker (Rohrzucker)
3 EL Rum
abgeriebene Schale von ½ Bio-Zitrone (unbehandelt, ungewachst)
1 EL Zitronensaft
250 g Mascarpone (ital. Frischkäse)
125 g Schlagsahne

Zum Bestäuben:
etwas Kakaopulver

Außerdem:
1 Sternschablone

Zubereitungszeit: 40 Minuten, ohne Kühlzeit
Backzeit: etwa 20 Minuten

1. Den Backofen vorheizen.
Ober-/Unterhitze: etwa 180 °C
Heißluft: etwa 160 °C

2. Für den Teig Löffelbiskuits in einen Gefrierbeutel geben. Beutel verschließen. Löffelbiskuits mit einer Teigrolle fein zerbröseln und in eine Rührschüssel geben.

3. Mehl mit Backpulver mischen und zu den Biskuitbröseln geben. Braunen Zucker, Vanille-Zucker, Lebkuchengewürz, Eier, Speiseöl und Milch hinzufügen.

4. Die Zutaten mit Handrührgerät mit Rührbesen zunächst kurz auf niedrigster, dann auf höchster Stufe in etwa 2 Minuten zu einem glatten Teig verarbeiten.

5. Den Teig in eine Tarteform (Ø 28 cm, gefettet, Boden mit Backpapier belegt) geben und glatt streichen. Die Form auf dem Rost in den vorgeheizten Backofen schieben und die Tarte **etwa 20 Minuten backen.**

6. Die Form auf einen Kuchenrost stellen und den Gebäckboden in der Form erkalten lassen. Dann den Boden auf den Kuchenrost stürzen. Die Tarteform säubern und den Gebäckboden wieder in die Form legen.

7. Zum Tränken Kaffeepulver in dem warmen Wasser auflösen. Die Oberfläche des Gebäckbodens damit bestreichen (mithilfe eines Backpinsels).

8. Für den Belag die Gelatine in kaltem Wasser nach Packungsanleitung einweichen. Eier und Zucker in einer Rührschüssel im heißen Wasserbad bei mittlerer Hitze mit Handrührgerät mit Rührbesen zu einer cremig weißen Masse aufschlagen.

9. Die eingeweichte Gelatine gut ausdrücken und in einem kleinen Topf unter Rühren erwärmen (nicht kochen), bis sie völlig gelöst ist. Gelatine unter die Eiercreme rühren. Die Schüssel aus dem Wasserbad nehmen.

10. Rum, Zitronenschale, -saft und Mascarpone in 2 Portionen unterrühren. Die Creme etwas abkühlen lassen.

11. Sahne steif schlagen und unter die Mascarponecreme heben. Die Creme auf dem Gebäckboden verteilen. Tarte etwa 3 Stunden kalt stellen.

12. Vor dem Servieren eine Schablone mit ausgestochenen Sternmotiven auf die fest gewordene Mascarponecreme legen.

13. Die Tarte dick mit Kakao bestäuben. Schablone vorsichtig abnehmen.

Hinweis: Für die Creme nur ganz frische Eier verwenden, die nicht älter als 5 Tage sind (Legedatum beachten).

Tipp: Der Gebäckboden kann auch in einer Springform (Ø 26 cm) gebacken werden.

Vanillekipferl | Beliebt

etwa 90 Stück

Pro Stück:
E: 1 g, F: 3 g, Kh: 4 g, kJ: 187, kcal: 45

Für den Knetteig:

250 g Weizenmehl
1 Msp. Dr. Oetker Backin
125 g Zucker
1 Pck. Dr. Oetker Vanillin-Zucker
3 Eigelb (Größe M)
200 g kalte Butter
125 g abgezogene, gemahlene Mandeln

Zum Bestäuben:

etwa 50 g gesiebter Puderzucker
1 Pck. Dr. Oetker Vanillin-Zucker

Zubereitungszeit: 60 Minuten
Backzeit: etwa 10 Minuten je Backblech

1. Den Backofen vorheizen.
Ober-/Unterhitze: etwa 180 °C
Heißluft: etwa 160 °C

2. Für den Teig Mehl mit Backpulver in einer Rührschüssel mischen. Zucker, Vanillin-Zucker, Eigelb, Butter und die Mandeln hinzufügen. Die Zutaten mit Handrührgerät mit Knethaken zunächst kurz auf niedrigster, dann auf höchster Stufe zu einem glatten Teig verarbeiten und zu einer Kugel formen.

3. Aus der Teigkugel bleistiftdicke Rollen formen und in 5–6 cm lange Stücke schneiden. Die Enden etwas dünner rollen und hörnchenförmig auf Backbleche (mit Backpapier belegt) legen.

4. Die Backbleche nacheinander (bei Heißluft zusammen) in den vorgeheizten Backofen schieben. Die Vanillekipferl **etwa 10 Minuten je Backblech backen.**

5. Die Vanillekipferl mit dem Backpapier von den Backblechen auf Kuchenroste ziehen.

6. Zum Bestäuben Puderzucker mit Vanillin-Zucker mischen. Die noch warmen Vanillekipferl mit der Puderzuckermischung bestäuben. Die Vanillekipferl erkalten lassen.

Tipps: Wenn der Teig bei der Zubereitung zu weich wird, ihn zwischendurch in den Kühlschrank stellen. Statt die Kipferl mit Puderzucker zu bestäuben, können Sie die noch leicht warmen Kipferl auch vorsichtig in Zucker wälzen. Die Vanillekipferl sind in gut schließenden Dosen etwa 3 Wochen haltbar.

Vanilleplätzchen | Einfach
etwa 65 Stück

Insgesamt:
E: 39 g, F: 130 g, Kh: 311 g, kJ: 10705, kcal: 2558

Für den Knetteig:
250 g Weizenmehl
1 gestr. TL Dr. Oetker Backin
75 g Zucker
2 Pck. Dr. Oetker Vanillin-Zucker
1 Pck. Dr. Oetker Finesse Bourbon-Vanille-Aroma
1 Ei (Größe M)
125 g Butter oder Margarine

Zum Verzieren:
50 g Zartbitter-Kuvertüre

Zubereitungszeit: 50 Minuten, ohne Kühlzeit
Backzeit: etwa 12 Minuten je Backblech

1. Für den Teig Mehl mit Backpulver mischen, in eine Rührschüssel geben. Zucker, Vanillin-Zucker, Aroma, Ei und Butter oder Margarine hinzufügen. Die Zutaten mit Handrührgerät mit Rührbesen zunächst kurz auf niedrigster, dann auf höchster Stufe gut durcharbeiten.

2. Anschließend den Teig auf einer leicht bemehlten Arbeitsfläche zu einem glatten Teig verkneten und zu Rollen (Ø etwa 3 cm) formen. Die Teigrollen in Frischhaltefolie gewickelt einige Stunden oder über Nacht kalt stellen.

3. Den Backofen vorheizen.
Ober-/Unterhitze: etwa 180 °C
Heißluft: etwa 160 °C

4. Dann die Teigrollen in etwa ½ cm dicke Scheiben schneiden und auf Backbleche (gefettet, mit Backpapier belegt) legen. Die Backbleche nacheinander (bei Heißluft zusammen) in den vorgeheizten Backofen schieben. Die Vanilleplätzchen **etwa 12 Minuten je Backblech backen.**

5. Die Vanilleplätzchen mit dem Backpapier von den Backblechen auf Kuchenroste ziehen. Plätzchen erkalten lassen.

6. Zum Verzieren die Kuvertüre in Stücke hacken, in einem kleinen Topf im heißen Wasserbad bei schwacher Hitze unter Rühren schmelzen. Die Vanilleplätzchen auf dem Backpapier liegen lassen und mithilfe eines Teelöffels mit der Kuvertüre besprenkeln. Die Kuvertüre fest werden lassen.

Verschneite Blätter | Zum Verschenken

etwa 85 Stück

Insgesamt:
E: 28 g, F: 136 g, Kh: 288 g, kJ: 10474, kcal: 2503

Für den Knetteig:

170 g Weizenmehl
1 Msp. Dr. Oetker Backin
130 g Zucker
1 Prise Salz
1 Pck. Dr. Oetker Bourbon-Vanille-Zucker
50 g gemahlene Pistazienkerne
130 g Butter oder Margarine

Zum Bestäuben:

etwas Puderzucker

Zubereitungszeit: 40 Minuten, ohne Kühlzeit
Backzeit: 10–12 Minuten je Backblech

1. Für den Knetteig das Mehl mit Backpulver in einer Rührschüssel mischen. Zucker, Salz, Vanille-Zucker, gemahlene Pistazienkerne und Butter oder Margarine hinzufügen. Die Zutaten mit Handrührgerät mit Knethaken zunächst kurz auf niedrigster, dann auf höchster Stufe gut durcharbeiten.

2. Anschließend den Teig auf einer leicht bemehlten Arbeitsfläche zu einem glatten Teig verkneten. Sollte er kleben, ihn in Frischhaltefolie gewickelt eine Zeit lang kalt stellen.

3. Den Backofen vorheizen.
Ober-/Unterhitze: etwa 180 °C
Heißluft: etwa 160 °C

4. Den Teig in mehreren Portionen auf der leicht bemehlten Arbeitsfläche etwa 3 mm dünn ausrollen. Mit verschiedenen Ausstechformen etwa 85 unterschiedliche Blätter (Ø 5–7 cm) ausstechen. Die Teigblätter auf Backbleche (gefettet, mit Backpapier belegt) legen.

5. Die Backbleche nacheinander (bei Heißluft zusammen) in den vorgeheizten Backofen schieben. Anschließend die Plätzchen **10–12 Minuten je Backblech backen.**

6. Die Plätzchen mit dem Backpapier von den Backblechen auf Kuchenroste ziehen. Plätzchen erkalten lassen und mit Puderzucker bestäuben.

Tipps: Wenn Sie keine gemahlenen Pistazienkerne bekommen, verwenden Sie gehackte Pistazienkerne und geben Sie diese in den Zerkleinerer oder hacken Sie sie mit einem Messer sehr fein. Anstelle von Pistazienkernen können Sie auch gemahlene Mandeln oder Haselnusskerne verwenden. Zusätzlich ½ Teelöffel zerkleinerte, rosa Pfefferbeeren in den Teig geben. Die Plätzchen sind in gut schließenden Dosen etwa 3 Wochen haltbar.

Walnuss-Aprikosen-Konfekt

Mit Alkohol
etwa 30 Stück

Pro Stück:
E: 2 g, F: 6 g, Kh: 11 g, kJ: 465, kcal: 111

Für die Konfektmasse:
125 g getrocknete Aprikosen
3 EL Aprikot Brandy
200 g Marzipan-Rohmasse
100 g gesiebter Puderzucker
100 g Zartbitter-Kuvertüre
1 EL Speiseöl

100 g Walnusskernhälften
einige goldene Zuckerperlen

Außerdem:
etwa 30 Papierpralinenförmchen

Zubereitungszeit: 50 Minuten, ohne Ziehzeit

1. Für die Konfektmasse Aprikosen in sehr kleine Stücke schneiden, in eine Schale legen, mit Aprikot Brandy beträufeln und zugedeckt etwa 2 Stunden durchziehen lassen.

2. Das Marzipan in kleine Stücke schneiden, in eine Schüssel geben und mit Handrührgerät mit Rührbesen gut verrühren. Puderzucker unterkneten. Zuletzt die Aprikosenstückchen unterarbeiten.

3. Die Aprikosen-Marzipan-Masse auf einer mit Puderzucker bestäubten Arbeitsfläche zu etwa 2 cm dicken Rollen formen. Marzipanrollen in etwa ½ cm dicke Scheiben schneiden.

4. Kuvertüre in Stücke hacken, mit Speiseöl in einem kleinen Topf im heißen Wasserbad bei schwacher Hitze unter Rühren schmelzen.

5. Die Marzipanscheiben je zur Hälfte in die Kuvertüre tauchen, auf Backpapier setzen, evtl. nochmals umsetzen, damit das Konfekt keine „Füßchen" bekommt.

6. Walnusskernhälften längs halbieren und auf den noch feuchten Guss setzen. Mit Zuckerperlen bestreuen. Den Guss fest werden lassen.

7. Das Konfekt in Papierpralinenförmchen setzen und in gut schließenden Dosen kühl aufbewahren.

Tipp: Walnuss-Aprikosen-Konfekt ist in gut schließenden Dosen kalt gestellt etwa 1 Woche haltbar.

Walnussplätzchen | Dauert länger

etwa 50 Stück

Pro Stück:
E: 2 g, F: 7 g, Kh: 14 g, kJ: 536, kcal: 128

Für den Knetteig:

300 g Weizenmehl
200 g Zucker
1 Pck. Dr. Oetker Vanillin-Zucker
1 Fl. Rum-Aroma
3 Tropfen Bittermandel-Aroma
1 Msp. gemahlener Kardamom
1 Prise Salz
200 g Butter oder Margarine
150 g gemahlene Walnusskerne

2-3 EL rotes Johannisbeergelee

Zum Garnieren:

50 g Zartbitter-Kuvertüre
200 g halbierte Walnusskerne

Für den Guss:

150–200 g Zitronenglasur

Zubereitungszeit: 100 Minuten, ohne Kühlzeit
Backzeit: etwa 10 Minuten je Backblech

1. Für den Teig das Mehl in eine Rührschüssel geben. Zucker, Vanillin-Zucker, Aromen, Kardamom, Salz, Butter oder Margarine und Walnusskerne hinzufügen. Die Zutaten mit Handrührgerät mit Knethaken zunächst kurz auf niedrigster, dann auf höchster Stufe gut durcharbeiten.

2. Anschließend den Teig auf einer leicht bemehlten Arbeitsfläche zu einem glatten Teig verkneten. Sollte er kleben, ihn in Frischhaltefolie gewickelt einige Stunden kalt stellen.

3. Den Backofen vorheizen.
Ober-/Unterhitze: etwa 180 °C
Heißluft: etwa 160 °C

4. Den Teig portionsweise auf der leicht bemehlten Arbeitsfläche dünn ausrollen und mit einer runden Ausstechform (Ø etwa 4 cm) etwa 100 Plätzchen ausstechen. Die Teigplätzchen auf Backbleche (gefettet, mit Backpapier belegt) legen. Die Backbleche nacheinander (bei Heißluft zusammen) in den vorgeheizten Backofen schieben. Walnussplätzchen **etwa 10 Minuten je Backblech backen.**

5. Die Plätzchen mit dem Backpapier von den Backblechen auf Kuchenroste ziehen, erkalten lassen.

6. Das Johannisbeergelee glatt rühren. Die Hälfte der Plätzchen auf der Unterseite mit dem Gelee bestreichen, restliche Plätzchen darauflegen und andrücken.

7. Zum Garnieren die Kuvertüre in Stücke hacken, in einem kleinen Topf im heißen Wasserbad bei schwacher Hitze unter Rühren schmelzen. Die Walnusskerne jeweils zur Hälfte in die Kuvertüre tauchen und auf Backpapier legen. Kuvertüre fest werden lassen.

8. Für den Guss die Zitronenglasur nach Packungsanleitung auflösen. Die Plätzchen damit bestreichen und mit den Walnusskernhälften garnieren. Glasur trocknen lassen.

Tipps: Sollen die Walnussplätzchen einige Tage aufbewahrt werden, empfiehlt es sich, das Gelee kurz aufzukochen, dann bleiben die Plätzchen länger knusprig. Die Plätzchen sind in gut schließenden Dosen (mit aufgekochtem Gelee) etwa 2 Wochen haltbar.

Walnuss-Schoko-Taler | Für Kinder

etwa 70 Stück

Insgesamt:
E: 42 g, F: 200 g, Kh: 294 g, kJ: 13182, kcal: 3150

Für den Knetteig:
100 g weiße Schokolade
100 g Walnusskerne
150 g Weizenmehl
1/2 gestr. TL Dr. Oetker Backin
50 g gesiebter Puderzucker
1 Prise Salz
1 Pck. Dr. Oetker Bourbon-Vanille-Zucker
1 Eigelb (Größe M)
100 g Butter oder Margarine
2 EL kaltes Wasser

Zum Verzieren und Garnieren:
50 g Zartbitter-Schokolade
einige bunte Zuckerblumen

Zubereitungszeit: 30 Minuten, ohne Kühlzeit
Backzeit: etwa 12 Minuten je Backblech

1. Für den Teig Schokolade und Walnusskerne in kleine Stücke hacken. Mehl mit Backpulver in einer Rührschüssel mischen. Puderzucker, Salz, Vanille-Zucker, Eigelb, Butter oder Margarine, Wasser, Schokoladen- und Walnusskernstückchen hinzufügen.

2. Die Zutaten mit Handrührgerät mit Knethaken zunächst kurz auf niedrigster, dann auf höchster Stufe gut durcharbeiten.

3. Anschließend den Teig auf einer leicht bemehlten Arbeitsfläche zu einem glatten Teig verkneten. Aus dem Teig 2 etwa 20 cm lange Rollen formen. Die Teigrollen in Frischhaltefolie gewickelt etwa 2 Stunden kalt stellen.

4. Den Backofen vorheizen.
Ober-/Unterhitze: etwa 180 °C
Heißluft: etwa 160 °C

5. Die Teigrollen mit einem Sägemesser in gut 1/2 cm dicke Scheiben schneiden. Dabei die Rollen immer wieder drehen, damit die Scheiben gleichmäßig abgeschnitten werden. Die Teigscheiben auf Backbleche (mit Backpapier belegt) legen.

6. Die Backbleche nacheinander (bei Heißluft zusammen) in den vorgeheizten Backofen schieben. Die Plätzchen **etwa 12 Minuten je Backblech backen.**

7. Die Plätzchen mit dem Backpapier von den Backblechen auf Kuchenroste ziehen. Plätzchen erkalten lassen.

8. Zum Verzieren und Garnieren Schokolade in Stücke brechen, in einem kleinen Topf im heißen Wasserbad bei schwacher Hitze unter Rühren schmelzen.

9. Die Schokolade mithilfe eines Teelöffels dünn auf die Plätzchen sprenkeln und sofort mit Zuckerblumen bestreuen. Schokolade fest werden lassen.

Tipp: Die Walnuss-Schoko-Taler sind in gut schließenden Dosen 3–4 Wochen haltbar.

Weihnachtlicher Kalter Hund

Mit Alkohol

Insgesamt:
E: 69 g, F: 394 g, Kh: 506 g, kJ: 24632, kcal: 5894

Für den Knetteig:
250 g Weizenmehl
50 g gesiebtes Kakaopulver
75 g gesiebter Puderzucker
1 Prise Salz
150 g weiche Butter
1 Pck. Dr. Oetker Vanillin-Zucker
1 Ei (Größe M)
1 EL Milch

Für die Füllung:
150 g Vollmilch-Kuvertüre
150 g Zartbitter-Kuvertüre
125 g Schlagsahne
125 g Butter
1 EL Kirschwasser

Zum Bestreichen:
75 g Schwarzkirschkonfitüre

Zum Bestäuben:
etwas Kakaopulver
etwas Puderzucker

Zubereitungszeit: 65 Minuten, ohne Kühlzeit
Backzeit: 12–15 Minuten je Backblech

1. Für den Teig das Mehl mit Kakao mischen und in eine Rührschüssel geben. Puderzucker, Salz, Butter, Vanillin-Zucker, Ei und Milch hinzufügen. Die Zutaten mit Handrührgerät mit Knethaken zunächst kurz auf niedrigster, dann auf höchster Stufe gut durcharbeiten.

2. Anschließend den Teig auf einer leicht bemehlten Arbeitsfläche zu einem glatten Teig verkneten. Den Teig in Frischhaltefolie gewickelt etwa 30 Minuten kalt stellen.

3. Für die Füllung beide Kuvertüresorten in Stücke hacken, mit Sahne in einem kleinen Topf im heißen Wasserbad bei schwacher Hitze unter Rühren schmelzen. Die Kuvertüre abkühlen, aber nicht fest werden lassen.

4. Butter in einer Rührschüssel mit Handrührgerät mit Rührbesen schaumig rühren, Kuvertüre unterrühren. Kirschwasser hinzufügen. Die Creme zugedeckt erkalten lassen, aber nicht kalt stellen.

5. Den Backofen vorheizen.
Ober-/Unterhitze: etwa 180 °C
Heißluft: etwa 160 °C

6. Den Teig in 6 Portionen teilen. 5 Teigportionen jeweils auf einer bemehlten Arbeitsfläche zu rechteckigen Platten ausrollen: 2 Platten etwa 21 x 7 cm, 2 Platten etwa 23 x 8 cm, 1 Platte etwa 24 x 10 cm. Den restlichen Teig knapp ½ cm dick ausrollen und mit Ausstechformen verschieden große Sterne ausstechen.

7. Die Teigplatten auf Backbleche (mit Backpapier belegt) legen. Die Teigsterne in die Zwischenräume der Teigplatten legen. Die Backbleche nacheinander (bei Heißluft zusammen) in den vorgeheizten Backofen schieben. Die Gebäckplatten und -sterne **12–15 Minuten je Backblech backen.**

8. Die Gebäckplatten und -sterne mit dem Backpapier von den Backblechen auf Kuchenroste ziehen. Gebäck erkalten lassen.

9. Zum Bestreichen Konfitüre in einem kleinen Topf pürieren und unter Rühren kurz aufkochen lassen. Die Gebäckoberflächen damit bestreichen.

10. Ein Fünftel der weichen Kuvertürecreme in eine Kastenform (25 x 11 cm, mit Speiseöl gefettet, mit Frischhaltefolie ausgelegt) geben und mit einem Esslöffel glatt streichen. Eine Gebäckplatte (21 x 7 cm) mit der mit Konfitüre bestrichenen Seite nach unten auf die Creme legen, etwas andrücken. Die restlichen Platten nacheinander mit der Creme in die Form schichten (zuerst je 1 Platte 21 x 7 cm, danach je 1 Platte 23 x 8 cm, zuletzt 1 Platte 24 x 10 cm).

11. Die Form mit Frischhaltefolie belegen. Den Kalten Hund 3–4 Stunden kalt stellen.

12. Den Kalten Hund aus der Form lösen und auf eine Kuchenplatte stürzen, Frischhaltefolie entfernen. Den Kalten Hund mit Kakao bestäuben.

13. Die Gebäcksterne mit Puderzucker bestäuben, auf die Kuchenoberfläche legen und anschließend etwas andrücken.

14. Den Kalten Hund mit einem leicht temperierten Messer in Scheiben schneiden.

Tipps: Der Kalte Hund hält sich gut gekühlt, mit Frischhaltefolie zugedeckt, mehrere Tage frisch. Wenn Kinder mitessen, dann Kirschwasser durch 1 Esslöffel Kirschsaft ersetzen.

Weihnachts-Apfeltorte

Fruchtig – mit Alkohol

Insgesamt:
E: 155 g, F: 428 g, Kh: 791 g, kJ: 31817, kcal: 7603

Für den Nuss-Biskuitteig:
7 Eigelb (Größe M)
180 g Zucker
1 Pck. Dr. Oetker Vanillin-Zucker
300 g gemahlene Haselnusskerne
50 g Speisestärke
7 Eiweiß (Größe M)

Für die Apfelcreme:
750 g Äpfel
100 g Zucker
1 Pck. Dr. Oetker Bourbon-Vanille-Zucker
4 EL Zitronensaft
4 EL Calvados
250 ml (1/4 l) Milch
100 g Schlagsahne
50 g Zucker
1 Prise Salz
40 g Speisestärke
2 Eigelb (Größe M)
4 EL Milch

Für die Marzipandecke:
400 g Marzipan-Rohmasse
120 g gesiebter Puderzucker
etwas rote, gelbe und grüne Speisefarbe
etwas gesiebter Puderzucker

Zubereitungszeit: 60 Minuten
Backzeit: etwa 60 Minuten

1. Den Backofen vorheizen.
Ober-/Unterhitze: etwa 180 °C
Heißluft: etwa 160 °C

2. Für den Teig Eigelb, Zucker und Vanillin-Zucker in einer Rührschüssel mit Handrührgerät mit Rührbesen auf höchster Stufe etwa 5 Minuten schaumig schlagen. Haselnusskerne mit Speisestärke mischen, kurz auf niedrigster Stufe unterrühren.

3. Eiweiß steif schlagen und vorsichtig unter die Eier-Haselnuss-Masse ziehen (nicht rühren). Den Teig in eine Springform (Ø 26 cm, Boden gefettet, mit Backpapier belegt) geben und glatt streichen. Die Form auf dem Rost in den vorgeheizten Backofen schieben. Den Tortenboden **etwa 60 Minuten backen.**

4. Den Tortenboden aus der Form lösen, auf einen mit Backpapier belegten Kuchenrost stürzen. Tortenboden erkalten lassen. Mitgebackenes Backpapier abziehen.

5. Für die Apfelcreme Äpfel schälen, vierteln, entkernen und in kleine Stücke schneiden. Apfelstücke mit Zucker, Vanille-Zucker und Zitronensaft in einem Topf gar dünsten. Calvados unterrühren. Die Apfelmasse in ein Sieb geben und abkühlen lassen.

6. Milch, Sahne, Zucker und Salz in einem Topf zum Kochen bringen. Die Speisestärke mit dem Eigelb und 4 Esslöffeln Milch anrühren. Angerührte Speisestärke in die von der Kochstelle genommene Milch rühren und unter Rühren aufkochen lassen. Den Topf von der Kochstelle nehmen. Die Creme erkalten lassen, dabei ab und zu umrühren.

7. Die Creme (4 Esslöffel beiseitestellen) mit der Apfelmasse vorsichtig vermengen. Den Tortenboden einmal waagerecht durchschneiden. Den unteren Boden auf eine Tortenplatte legen.

8. Die Apfelcreme auf den unteren Boden streichen und mit dem oberen Boden belegen, gut andrücken. Die Tortenoberfläche mit der beiseitegestellten Creme bestreichen.

9. Für die Marzipandecke Marzipan mit Puderzucker verkneten. Dann zwei Drittel davon zwischen 2 Lagen Frischhaltefolie zu einer runden Platte (Ø etwa 32 cm) ausrollen. Die Marzipanplatte vorsichtig über die Torte legen und gut andrücken. Den unteren Rand gerade schneiden oder einschlagen.

10. Zum Garnieren einen Teil der restlichen Marzipanmasse mit roter Speisefarbe einfärben und Äpfel da-

raus formen. Die Hälfte des restlichen Marzipans grün einfärben. Restliches Marzipan gelb einfärben. Eingefärbtes Marzipan jeweils auf einer mit Puderzucker bestäubten Arbeitsfläche dünn ausrollen. Mit einer Ausstechform aus der grünen Marzipanplatte Blätter und aus der gelben Marzipanplatte Sterne ausstechen.

11. Die Torte leicht mit Puderzucker bestäuben, mit Marzipanäpfeln, -blättern und -sternen garnieren.

Weihnachtsbaumstamm | Für Gäste

Insgesamt:
E: 71 g, F: 319 g, Kh: 330 g, kJ: 18767, kcal: 4488

Für den Biskuitteig:
4 Eier (Größe M)
2 Eigelb (Größe M)
1 EL heißes Wasser
75 g Zucker
1 Pck. Dr. Oetker Finesse Geriebene Zitronenschale
80 g Weizenmehl

Für die Creme:
100 g Zartbitter-Kuvertüre
100 g Zucker
6 EL Wasser (etwa 50 ml)
5 Eigelb (Größe M)
250 g weiche Butter
30 g gesiebtes Kakaopulver

Zum Garnieren:
einige Schokoladen-Dekorblätter
1 TL Kakaopulver

Zubereitungszeit: 45 Minuten, ohne Kühlzeit
Backzeit: etwa 8 Minuten je Backblech

1. Den Backofen vorheizen.
Ober-/Unterhitze: etwa 200 °C

2. Für den Teig Eier, Eigelb und Wasser in einer Rührschüssel mit Handrührgerät mit Rührbesen auf höchster Stufe in etwa 1 Minute schaumig schlagen.

3. Zucker und Zitronenschale mischen und in etwa 1 Minute unter Rühren einstreuen, dann noch etwa 2 Minuten schlagen. Mehl kurz auf niedrigster Stufe unterrühren.

4. Die Hälfte des Teiges dünn auf ein Backblech (30 x 40 cm, gefettet, mit Backpapier belegt) geben und verstreichen.

5. Das Backblech in den vorgeheizten Backofen schieben. Die Biskuitplatte **etwa 8 Minuten backen.**

6. Die Biskuitplatte vom Backblechrand lösen und auf ein mit Zucker bestreutes Backpapier stürzen. Mitgebackenes Backpapier mit kaltem Wasser bestreichen und vorsichtig, aber schnell abziehen. Die Biskuitplatte mit dem Backpapier von der längeren Seite aus aufrollen.

7. Aus dem restlichen Teig wie beschrieben eine zweite Biskuitplatte backen und ebenfalls aufrollen. Die Biskuitrollen erkalten lassen.

8. Für die Creme die Kuvertüre in Stücke hacken, in einem kleinen Topf im heißen Wasserbad bei schwacher Hitze unter Rühren schmelzen, abkühlen lassen. Zucker mit Wasser in einem kleinen Topf unter Rühren zum Kochen bringen und etwa 5 Minuten sirupartig einkochen lassen. Den Topf von der Kochstelle nehmen.

9. Eigelb in einer Rührschüssel mit Handrührgerät mit Rührbesen cremig schlagen. Den heißen Zuckersirup im langsamen Strahl hinzugießen und so lange weiterschlagen, bis die Eigelbcreme Zimmertemperatur hat. Die Creme beiseitestellen.

10. Butter mit Handrührgerät mit Rührbesen weißschaumig schlagen. Kuvertüre und Kakao unterrühren. Die beiseitegestellte Eigelbcreme nach und nach unterrühren.

11. Die Biskuitrollen vorsichtig auseinanderrollen und jeweils etwa 5 Esslöffel der Schokoladencreme daraufstreichen. Eine Biskuitplatte von der längeren Seite aus wieder aufrollen und an die Längskante der zweiten Biskuitplatte legen. Die Rolle in die zweite Biskuitplatte einrollen und diese große Rolle auf eine Servierplatte legen. Restliche Schokoladencreme mit einem Esslöffel auf die Biskuitrolle geben und verstreichen. Die Biskuitrolle etwa 1 Stunde kalt stellen.

12. Von der Biskuitrolle nach Belieben vier Scheiben abschneiden und als Äste seitlich an die Rolle drücken.

13. Zum Garnieren den Weihnachtsbaumstamm mit Schokoladen-Dekorblättern garnieren und mit Kakao bestäuben.

Weihnachtsblätter, gefüllt I

Raffiniert

etwa 60 Stück

Pro Stück:
E: 1 g, F: 3 g, Kh: 7 g, kJ: 258, kcal: 60

Für den Knetteig:

250 g Weizenmehl
1 gestr. TL Dr. Oetker Backin
1 Msp. gemahlener Kardamom
1 Msp. gemahlener Zimt
1 Msp. gemahlener Koriander
1 Prise Salz
75 g Zucker
1 Pck. Dr. Oetker Vanillin-Zucker
50 g abgezogene, gemahlene Mandeln
1 Ei (Größe M)
120 g Butter oder Margarine

Für die Füllung:

100 g Orangenmarmelade
20 g brauner Zucker (Farinzucker)
130 g Marzipan-Rohmasse

Zum Bestäuben:

etwas Puderzucker

Zubereitungszeit: 40 Minuten, ohne Kühlzeit
Backzeit: 8–10 Minuten je Backblech

1. Für den Teig Mehl mit Backpulver mischen und in eine Rührschüssel geben. Kardamom, Zimt, Koriander, Salz, Zucker, Vanillin-Zucker, Mandeln, Ei und Butter oder Margarine hinzufügen. Die Zutaten mit Handrührgerät mit Knethaken zunächst kurz auf niedrigster, dann auf höchster Stufe gut durcharbeiten.

2. Anschließend den Teig auf einer leicht bemehlten Arbeitsfläche zu einem glatten Teig verkneten. Sollte er kleben, ihn in Frischhaltefolie gewickelt eine Zeit lang kalt stellen.

3. Den Backofen vorheizen.
Ober-/Unterhitze: etwa 180 °C
Heißluft: etwa 160 °C

4. Den Teig halbieren. Eine Teighälfte auf einer leicht bemehlten Arbeitsfläche etwa 2 mm dick ausrollen. Mit einem Blattausstecher (5–6 cm) etwa 60 Blätter ausstechen. Teigblätter auf Backbleche (gefettet, mit Backpapier belegt) legen. Restlichen Teig auf die gleiche Weise zubereiten.

5. Die Backbleche nacheinander (bei Heißluft zusammen) in den vorgeheizten Backofen schieben. Die Kekse **8–10 Minuten je Backblech backen.**

6. Die Kekse mit dem Backpapier von den Backblechen auf Kuchenroste ziehen. Kekse erkalten lassen.

7. Für die Füllung die Orangenmarmelade in einem kleinen Topf pürieren, mit Zucker unter Rühren etwa 2 Minuten ohne Deckel kochen lassen. Marzipan in kleine Stücke schneiden, hinzufügen und zu einer geschmeidigen Masse verrühren, abkühlen lassen.

8. Jeweils 1 Keks mit etwas von der lauwarmen Marzipanmasse bestreichen und mit einem zweiten Keks belegen.

9. Die Kekse erkalten lassen und mit Puderzucker bestäuben.

Tipp: Die Weihnachtsblätter sind in gut schließenden Dosen 2–3 Wochen haltbar.

Weihnachtsglocke mit Zimt-Mascarpone | Mit Alkohol

Insgesamt:
E: 115 g, F: 447 g, Kh: 593 g, kJ: 29856, kcal: 7135

Für den Knetteig:
300 g Weizenmehl
1 Msp. Dr. Oetker Backin
80 g Zucker
1 Pck. Dr. Oetker Vanillin-Zucker
1 Prise Salz
1 Ei (Größe M)
200 g Butter oder Margarine

Für den Brandteig:
175 ml Wasser
etwas Salz
40 g Butter oder Margarine
100 g Weizenmehl
1 EL Speisestärke
3 Eier (Größe M)
½ gestr. TL Dr. Oetker Backin

Für die Füllung:
1 Dose Mandarinen (Abtropfgewicht 175 g)
6 Blatt weiße Gelatine
500 g Mascarpone (ital. Frischkäse)
150 g Joghurt
2 EL Amaretto (ital. Mandellikör)
1 TL gemahlener Zimt
100 g Zucker
1 Pck. Dr. Oetker Vanillin-Zucker
Mandarinensaft (aus der Dose)
30 g Amarettini (ital. Mandelgebäck)

Zubereitungszeit: 75 Minuten, ohne Kühlzeit
Backzeit: etwa 35 Minuten

1. Für den Knetteig Mehl mit Backpulver mischen und in eine Rührschüssel geben. Zucker, Vanillin-Zucker, Salz, Ei und Butter oder Margarine hinzufügen. Die Zutaten mit Handrührgerät mit Knethaken zunächst kurz auf niedrigster, dann auf höchster Stufe gut durcharbeiten.

2. Anschließend den Teig auf einer leicht bemehlten Arbeitsfläche zu einem glatten Teig verkneten. Sollte er kleben, ihn in Frischhaltefolie gewickelt eine Zeit lang kalt stellen.

3. Den Backofen vorheizen.
Ober-/Unterhitze: etwa 200 °C
Heißluft: etwa 180 °C

4. Für den Brandteig Wasser mit Salz und Butter oder Margarine in einem Topf zum Kochen bringen.

5. Mehl mit Speisestärke mischen, auf einmal in die von der Kochstelle genommene Flüssigkeit schütten, mit einem Kochlöffel zu einem glatten Teigkloß verrühren. Dann etwa 1 Minute unter ständigem Rühren erhitzen (abbrennen) und in eine Rührschüssel geben.

6. Nach und nach Eier mit Handrührgerät mit Knethaken auf höchster Stufe unterarbeiten.

7. Backpulver unter den erkalteten Teig rühren.

8. Knetteig auf einer leicht bemehlten Arbeitsfläche zu einem Quadrat (etwa 30 x 30 cm) ausrollen. Mit einem scharfen Messer eine große Glocke ausschneiden (restlichen Teig beiseitelegen) und auf ein Backblech (gefettet, mit Backpapier belegt) legen. Den Teigboden mehrmals mit einer Gabel einstechen.

9. Den Brandteig in einen Spritzbeutel mit großer Sterntülle (Ø 12 mm) füllen. Eine Umrandung auf die ausgeschnittene Teigglocke spritzen. Das Backblech in den vorgeheizten Backofen schieben. Die Gebäckglocke **etwa 25 Minuten backen.** Dabei die Backofentür geschlossen halten, da die Umrandung der Glocke sonst nicht schön aufgeht.

10. In der Zwischenzeit den restlichen Knetteig auf der leicht bemehlten Arbeitsfläche dünn ausrollen und weihnachtliche Motive (Sterne, Monde, Glocken) ausstechen. Die Teigmotive auf ein Backblech (gefettet, mit Backpapier belegt) legen.

11. Die Gebäckglocke mit dem Backpapier vom Backblech auf einen Kuchenrost ziehen. Die Gebäckglocke erkalten lassen.

12. Das Backblech mit den Teigmotiven in den vorgeheizten Backofen schieben. Das Gebäck **bei gleicher Backofentemperatur etwa 10 Minuten backen.**

13. Das Gebäck mit dem Backpapier vom Backblech auf einen Kuchenrost ziehen. Gebäck erkalten lassen.

14. Für die Füllung Mandarinen in einem Sieb gut abtropfen lassen, den Saft auffangen. Die Gelatine in kaltem Wasser nach Packungsanleitung einweichen, leicht ausdrücken.

15. Die ausgedrückte Gelatine in einem kleinen Topf unter Rühren erwärmen (nicht kochen), bis sie völlig gelöst ist, leicht abkühlen lassen.

16. Mascarpone mit Joghurt, Amaretto, Zimt, Zucker, Vanillin-Zucker und dem aufgefangenen Mandarinensaft zu einer geschmeidigen Masse verrühren. 3 Esslöffel der Mascarponecreme mit der aufgelösten Gelatine verrühren, unter die restliche Mascarponecreme rühren und kalt stellen.

17. Wenn die Mascarponecreme anfängt zu gelieren, Mandarinen und Amarettini vorsichtig unterheben. Die Gebäckglocke mit der Creme füllen und glatt streichen. Mit den Gebäckmotiven garnieren.

Tipp: Die Plätzchen in aufgelöste Zartbitter-Schokolade tauchen und auf Backpapier legen. Schokolade fest werden lassen.

Weihnachtsglocken, gefüllt

Raffiniert

etwa 45 Stück

Pro Stück:
E: 1 g, F: 5 g, Kh: 12 g, kJ: 411, kcal: 98

Für den Knetteig:
50 g Zitronat (Sukkade)
250 g Weizenmehl
1/2 gestr. TL Dr. Oetker Backin
120 g Zucker
1 Prise Salz
1/2 Pck. Dr. Oetker Finesse Geriebene Zitronenschale
1 Ei (Größe M)
150 g Butter oder Margarine

Für die Füllung:
150 g weiße Schokolade
50 g Butter
50 g Zitronat (Sukkade)
1/2 Pck. Dr. Oetker Finesse Geriebene Zitronenschale

Zum Verzieren:
70 g gesiebter Puderzucker
1–2 EL Zitronensaft
evtl. rote und blaue Speisefarbe
etwa 45 silberfarbene Zuckerperlen

Zubereitungszeit: 60 Minuten, ohne Kühlzeit
Backzeit: 10–12 Minuten je Backblech

1. Für den Teig Zitronat sehr fein hacken. Mehl mit Backpulver mischen und in eine Rührschüssel geben. Zucker, Salz, Zitronenschale, Zitronat, Ei und Butter oder Margarine hinzufügen.

2. Die Zutaten mit Handrührgerät mit Knethaken zunächst kurz auf niedrigster, dann auf höchster Stufe gut durcharbeiten.

3. Anschließend den Teig auf der leicht bemehlten Arbeitsfläche zu einem glatten Teig verkneten. Sollte er kleben, ihn in Frischhaltefolie gewickelt eine Zeit lang kalt stellen.

4. Den Backofen vorheizen.
Ober-/Unterhitze: etwa 180 °C
Heißluft: etwa 160 °C

5. Den Teig portionsweise auf der leicht bemehlten Arbeitsfläche etwa 2 mm dick ausrollen. Mit einem Ausstecher etwa 90 Glocken (etwa 7 cm groß) ausstechen. Die Teigglocken auf Backbleche (mit Backpapier belegt) legen.

6. Die Backbleche nacheinander (bei Heißluft zusammen) in den vorgeheizten Backofen schieben. Die Plätzchen **10–12 Minuten je Backblech backen.**

7. Die Plätzchen mit dem Backpapier von den Backblechen auf Kuchenroste ziehen. Plätzchen erkalten lassen.

8. Für die Füllung die Schokolade in Stücke brechen, mit der Butter in einem kleinen Topf im heißen Wasserbad bei schwacher Hitze unter Rühren schmelzen. Die Schoko-Butter-Masse etwas abkühlen lassen.

9. Das Zitronat sehr fein hacken, mit der Zitronenschale unter die Schoko-Butter-Masse rühren.

10. Die Hälfte der Plätzchen auf der Unterseite mit der Schoko-Butter-Masse bestreichen. Die restlichen Plätzchen darauflegen und leicht andrücken. Die Schoko-Butter-Masse fest werden lassen.

11. Zum Verzieren Puderzucker mit Zitronensaft zu einer dickflüssigen Masse verrühren. Den Guss nach Belieben mit roter und blauer Speisefarbe lila einfärben. Den Guss in einen kleinen Gefrierbeutel füllen. Den Beutel verschließen und eine kleine Ecke abschneiden.

12. Auf jedes Plätzchen einen Rand aus Zuckerguss spritzen und sofort mit einer Zuckerperle belegen. Guss trocknen lassen.

Tipps: Weiße Schokolade nur bei schwacher Hitze schmelzen. Bei starker Hitze wird sie krümelig und kann nicht mehr verwendet werden. Die Weihnachtsglocken sind in gut schließenden Dosen etwa 2 Wochen haltbar.

Weihnachtshappen

Raffiniert – gut vorzubereiten

etwa 70 Stück

Pro Stück:
E: 1 g, F: 4 g, Kh: 10 g, kJ: 351, kcal: 84

Für den Rührteig:

125 g abgezogene, ganze Mandeln
200 g weiche Butter oder Margarine
200 g Zucker
1 Prise Salz
2–3 gestr. TL gemahlener Zimt
1 Msp. gemahlene Nelken
2 Eier (Größe M)
250 g Weizenmehl
1 gestr. TL Dr. Oetker Backin
100 g geriebene Zartbitter-Schokolade
100 g Grümmel (gestoßener brauner Kandis)

Für den Guss:

150 g dunkle Kuchenglasur

Zum Bestreuen:

evtl. 50 g Raspelschokolade

Zubereitungszeit: 50 Minuten, ohne Abkühlzeit
Backzeit: etwa 25 Minuten

1. Den Backofen vorheizen.
Ober-/Unterhitze: etwa 180 °C
Heißluft: etwa 160 °C

2. Für den Teig Mandeln in dicke Scheiben schneiden oder grob hacken. Die Butter oder Margarine in einer Rührschüssel mit Handrührgerät mit Rührbesen auf höchster Stufe geschmeidig rühren. Nach und nach Zucker, Salz, Zimt und Nelken unterrühren. So lange rühren, bis eine gebundene Masse entstanden ist.

3. Die Eier nach und nach unterrühren (jedes Ei etwa ½ Minute). Mehl mit Backpulver mischen, in 2 Portionen auf mittlerer Stufe unterrühren. Zuletzt geriebene Schokolade, Grümmel und gehackte Mandeln unter den Teig heben.

4. Den Teig auf ein Backblech (30 x 40 cm, gefettet, mit Backpapier belegt) geben und glatt streichen. Vor den Teig einen mehrfach geknickten Streifen Alufolie legen.

5. Das Backblech in den vorgeheizten Backofen schieben. Die Gebäckplatte **etwa 25 Minuten backen.**

6. Das Backblech auf einen Kuchenrost stellen. Die Gebäckplatte erkalten lassen. Alufolie entfernen.

7. Für den Guss die Kuchenglasur nach Packungsanleitung auflösen. Das Gebäck damit bestreichen und kurz kalt stellen.

8. Dann mit einer Gabel Verzierungen durch den Guss ziehen. Oder das Gebäck mit Raspelschokolade bestreuen (Foto). Guss fest werden lassen.

9. Die Gebäckplatte mit einem scharfen Messer in Quadrate (etwa 4 x 4 cm) schneiden.

Tipps: Sie können das Gebäck auch mit einem Kuvertüreguss überziehen. Dafür 200 g Zartbitter-Kuvertüre in Stücke hacken, mit 2 Esslöffeln Speiseöl in einem kleinen Topf im heißen Wasserbad bei schwacher Hitze unter Rühren schmelzen. Die Gebäckplatte damit bestreichen. Kuvertüre fest werden lassen. Die Weihnachtshappen sind in gut schließenden Dosen etwa 2 Wochen haltbar.

Weihnachtsherz, gefüllt | Klassisch

Insgesamt:
E: 111 g, F: 201 g, Kh: 426 g, kJ: 17370, kcal: 4155

40 g getrocknete Aprikosen
1 TL Rosenwasser (alkoholfrei)

Für den Teig:
3 Eier (Größe M)
100 g Zucker
200 g Weizenmehl
1 gestr. TL Dr. Oetker Backin
100 g gemahlene Mandeln
40 g gehackte Mandeln
1 Pck. Dr. Oetker Finesse Orangenschalen-Aroma
1 Pck. Lebkuchengewürz (15 g)

Für die Füllung:
100 g abgezogene, gemahlene Mandeln
50 g Zucker
1 Eiweiß (Größe M)

Zum Verzieren:
75 g Weizenmehl
½ Eigelb (Größe M)
50 g weiche Butter
25 g brauner Zucker (Kandisfarin)

Für die Glasur und zum Bestreichen:
1 geh. EL Speisestärke
50 ml heißes Wasser
½ Eigelb
1 TL Wasser

Zubereitungszeit: 80 Minuten, ohne Zieh- und Kühlzeit
Backzeit: etwa 30 Minuten

1. Die getrockneten Aprikosen klein schneiden und in einer Schüssel mit dem Rosenwasser beträufeln. Etwa 30 Minuten stehen lassen.

2. Den Backofen vorheizen.
Ober-/Unterhitze: etwa 180 °C
Heißluft: etwa 160 °C

3. Für den Teig Eier und Zucker mit Handrührgerät mit Rührbesen auf höchster Stufe schaumig schlagen. Mehl mit Backpulver, Mandeln, Aroma und Lebkuchengewürz mischen, auf die Eiermasse geben und alles mit Handrührgerät mit Knethaken auf mittlerer Stufe zu einem glatten Teig verkneten. Sollte der Teig kleben, ihn eine Zeit lang kalt stellen.

4. Den Teig auf einer leicht bemehlten Arbeitsfläche oder zwischen 2 Lagen Frischhaltefolie etwa 5 mm dick ausrollen, 2 große Herzen ausschneiden (mithilfe einer Schablone).

5. Für die Füllung Aprikosen, Mandeln, Zucker und Eiweiß gut verrühren. 1 Teigherz auf ein Backblech (mit Backpapier belegt) legen. Die Füllung daraufstreichen, dabei einen etwa 1 cm breiten Rand frei lassen. Den Rand mit Wasser bestreichen, das zweite Teigherz darauflegen, die Ränder gut andrücken. Das Backblech in den vorgeheizten Backofen schieben. Das Weihnachtsherz **etwa 30 Minuten backen.**

6. Zum Verzieren Mehl in eine Rührschüssel geben, Eigelb, Butter und Zucker hinzufügen. Die Zutaten mit Handrührgerät mit Knethaken zunächst kurz auf niedrigster, dann auf höchster Stufe gut durcharbeiten. Auf der leicht bemehlten Arbeitsfläche zu einem glatten Teig verkneten. Sollte er kleben, ihn eine Zeit lang in Frischhaltefolie gewickelt kalt stellen. Den Teig dünn ausrollen und nach Belieben kleine Sterne ausstechen.

7. Für die Glasur Speisestärke mit kaltem Wasser anrühren, in einem Topf bei schwacher Hitze zum Kochen bringen. Etwa 2 Minuten bei geringer Hitze weiterkochen lassen. Glasur etwas abkühlen lassen.

8. **5–10 Minuten vor dem Ende der Backzeit** das Herz mit Stärkeglasur bestreichen und mit den Teigsternen verzieren.

9. Anschließend Eigelb mit Wasser verschlagen, die Garnierung damit bestreichen. Das Herz wieder in den vorgeheizten Backofen schieben und fertig backen.

10. Das Weihnachtsherz mit dem Backpapier auf einen Kuchenrost ziehen und erkalten lassen.

Weihnachts-Mandeltorte I

Gut vorzubereiten

Insgesamt:
E: 184 g, F: 630 g, Kh: 768 g, kJ: 39579, kcal: 9452

Für den Knetteig:
150 g Weizenmehl
40 g Zucker
100 g Butter oder Margarine

Für den Biskuitteig:
5 Eigelb (Größe M)
4 EL Orangensaft
175 g Zucker
1 Pck. Dr. Oetker Vanillin-Zucker
abgeriebene Schale von
1 Bio-Orange (unbehandelt, ungewachst)
5 Eiweiß (Größe M)
50 g Weizenmehl
50 g Speisestärke
1 gestr. TL Dr. Oetker Backin
300 g abgezogene, gemahlene, leicht geröstete Mandeln

Für den Krokant:
1 Msp. Butter
25 g Zucker
50 g gehackte Mandeln

Für die Füllung I:
1 Pck. Vanilla Tortencreme Vanille-Geschmack
300 ml Milch
200 g Butter

Zum Bestreichen:
6 EL Orangenmarmelade

Für die Füllung II:
100 g Marzipan-Rohmasse
10 g gesiebter Puderzucker

Zum Garnieren:
100 g abgezogene, halbierte, leicht geröstete Mandeln

Zubereitungszeit: 80 Minuten, ohne Kühlzeit
Backzeit: etwa 55 Minuten

1. Den Backofen vorheizen.
Ober-/Unterhitze: 180–200 °C
Heißluft: 160–180 °C

2. Für den Teig Mehl in eine Rührschüssel geben. Restliche Zutaten hinzufügen und mit Handrührgerät mit Knethaken auf höchster Stufe gut durcharbeiten. Anschließend auf einer bemehlten Arbeitsfläche zu einem glatten Teig verkneten. Sollte er kleben, ihn in Frischhaltefolie gewickelt eine Zeit lang kalt stellen.

3. Den Teig auf dem Boden einer Springform (Ø 26 cm, gefettet, mit Backpapier belegt) ausrollen. Einen Springformrand darumlegen. Den Teig mehrmals mit einer Gabel einstechen. Die Form auf dem Rost in den vorgeheizten Backofen schieben. Den Knetteigboden **etwa 15 Minuten backen.**

4. Den Knetteigboden aus der Form lösen und auf einem Kuchenrost erkalten lassen.

5. Für den Biskuitteig Eigelb und Orangensaft mit Handrührgerät mit Rührbesen schaumig schlagen. Nach und nach zwei Drittel des Zuckers, Vanillin-Zucker und Orangenschale hinzugeben. So lange schlagen, bis eine cremeartige Masse entstanden ist. Eiweiß steif schlagen, restlichen Zucker unterschlagen, auf die Eigelbcreme geben. Mehl mit Speisestärke und Backpulver mischen, auf den Eischnee geben. Mandeln daraufstreuen. Die Zutaten mit einem Schneebesen vorsichtig unter die Eigelbcreme heben (nicht rühren).

6. Den Biskuitteig in eine Springform (Ø 26 cm, Boden gefettet, mit Backpapier belegt) geben und glatt streichen. Die Form wieder auf dem Rost in den heißen Backofen schieben. Den Biskuitboden **bei gleicher Backofentemperatur etwa 40 Minuten backen.**

7. Den Biskuitboden aus der Form lösen, auf einen Kuchenrost stürzen und erkalten lassen. Mitgebackenes Backpapier abziehen. Boden zweimal waagerecht durchschneiden.

8. Für den Krokant Butter und Zucker in einer Pfanne unter Rühren erhitzen, bis der Zucker schwach gebräunt ist. Mandeln hinzufügen und unter Rühren so lange erhitzen, bis der Krokant gebräunt ist. Die Krokantmasse auf ein Backblech (mit Speiseöl bestrichen) streichen und erkalten lassen. Krokant fein zerstoßen.

9. Für die Füllung I aus Tortencremepulver, Milch und Butter eine Creme nach Packungsanleitung zubereiten.

10. Den Knetteigboden auf eine Tortenplatte legen, mit 2 Esslöffeln der Marmelade bestreichen. Den unteren Biskuitboden darauflegen, weitere 2 Esslöffel der Marmelade daraufstreichen.

11. Für die Füllung II Marzipan auf einer mit Puderzucker bestäubten Arbeitsfläche zu einer runden Platte (Ø etwa 26 cm) ausrollen und auf den unteren bestrichenen Biskuitboden legen. Restliche Marmelade daraufstreichen. 5 Esslöffel der Creme (Füllung I) darauf verteilen. Mittleren Boden darauflegen. Creme halbieren. Eine Hälfte auf den mittleren Boden streichen, oberen Boden darauflegen. Tortenrand und -oberfläche mit restlicher Creme bestreichen. Den Rand mit Krokant bestreuen. Tortenoberfläche mit Mandelhälften garnieren. Torte kalt stellen.

Weihnachtsrolle | Raffiniert

Insgesamt:
E: 100 g, F: 279 g, Kh: 653 g, kJ: 23188, kcal: 5537

Für die Füllung I:
- *1 Pck. getrocknete, gezuckerte Cranberries (125 g)*
- *50 ml Apfel-Cranberry-Saft (erhältlich im Bioladen)*
- *25 g Zucker*

Für die Füllung II:
- *75 g fein gemahlene Pistazienkerne*
- *100 g Marzipan-Rohmasse*
- *1 Pck. Dr. Oetker Vanillin-Zucker*
- *einige Tropfen grüne Speisefarbe*

Für den Knetteig:
- *400 g Weizenmehl*
- *1 Pck. Dr. Oetker Backin*
- *125 g Butter oder Margarine*
- *125 g Zucker*
- *1 Pck. Dr. Oetker Vanillin-Zucker*
- *1 Pck. Dr. Oetker Finesse Orangenschalen-Aroma*
- *2 Eier (Größe M)*
- *1 Prise Salz*
- *125 g Magerquark*

Zum Bestreichen:
- *100 g Butter*

Zum Bestäuben:
- *30 g Puderzucker*

Zubereitungszeit: 40 Minuten
Backzeit: etwa 40 Minuten

1. Für die **Füllung I** Cranberries mit Saft und Zucker in einen hohen Rührbecher geben und mit einem Mixstab zerkleinern, sodass eine breiähnliche Masse entsteht.

2. Für die **Füllung II** die Pistazienkerne, in Stücke geschnittenes Marzipan, Vanillin-Zucker und Speisefarbe mit einem Mixstab zerkleinern, sodass ebenfalls eine breiähnliche Masse entsteht.

3. Für den Teig Mehl mit Backpulver mischen und in eine Rührschüssel geben. Butter oder Margarine, Zucker, Vanillin-Zucker, Orangenschalen-Aroma, Eier, Salz und Quark hinzufügen.

4. Die Zutaten mit Handrührgerät mit Knethaken zunächst kurz auf niedrigster, dann auf höchster Stufe gut durcharbeiten.

5. Anschließend den Teig auf einer leicht bemehlten Arbeitsfläche zu einem glatten Teig verkneten.

6. Den Backofen vorheizen.
Ober-/Unterhitze: etwa 180 °C
Heißluft: etwa 160 °C

7. Den Teig auf der leicht bemehlten Arbeitsfläche zu einem Rechteck (etwa 30 x 40 cm) ausrollen.

8. Zum Bestreichen Butter in einem kleinen Topf zerlassen. Etwa 2 Esslöffel der zerlassenen Butter auf die Teigplatte streichen.

9. Die Cranberrymasse der Länge nach so auf eine Teighälfte streichen, dass zur Mitte hin etwa 1 cm frei bleibt. Die restliche Teighälfte auch der Länge nach mit der Pistazien-Marzipan-Masse bestreichen. Dabei darauf achten, dass zwischen den Teighälften ein etwa 1 cm breiter Streifen frei bleibt.

10. Jeweils die bestrichenen Teighälften von außen nach innen aufrollen und auf ein Backblech (mit Backpapier belegt) legen. Die Teigrollen in der Mitte etwas aneinanderdrücken. Die Oberflächen jeweils knapp ½ cm tief mit einem spitzen Messer im Zick-Zack-Muster einschneiden.

11. Das Backblech in den vorgeheizten Backofen schieben. Die Gebäckrolle **etwa 40 Minuten backen.**

12. Das Backblech auf einen Kuchenrost stellen. Die Gebäckrolle mit der restlichen, flüssigen Butter bestreichen und mit Puderzucker bestäuben. Weihnachtsrolle erkalten lassen.

Weihnachtsstern | Für Kinder

Insgesamt:
E: 125 g, F: 564 g, Kh: 728 g, kJ: 35604, kcal: 8499

Zum Vorbereiten für die Füllung:
100 g Vollmilch-Schokolade
100 g Zartbitter-Schokolade
500 g Schlagsahne

Für den Rührteig:
250 g weiche Butter oder Margarine
200 g Zucker
1 Pck. Dr. Oetker Vanillin-Zucker
5 Eier (Größe M)
250 g Weizenmehl
1 gestr. TL Dr. Oetker Backin
10 g gesiebtes Kakaopulver
125 g abgezogene, gemahlene Mandeln
75 g gehackte Vollmilch-Schokolade

Zum Bestreichen:
4 EL Orangenmarmelade

Für die Sternlollies:
100 g ungefüllte Fruchtbonbons

Zum Bestäuben:
1 EL Kakaopulver

Außerdem:
1 Sternbackform (1 ½-Liter-Inhalt)
Holzspieße

Zubereitungszeit: 40 Minuten, ohne Kühlzeit
Backzeit: etwa 55 Minuten

1. Zum Vorbereiten beide Schokoladensorten in Stücke brechen, mit Sahne in einem Topf unter Rühren erwärmen, bis die Schokolade geschmolzen ist. Die Schokoladen-Sahne-Masse in eine Rührschüssel geben und einige Stunden kalt stellen (am besten über Nacht).

2. Den Backofen vorheizen.
Ober-/Unterhitze: etwa 180 °C
Heißluft: etwa 160 °C

3. Für den Teig Butter oder Margarine in einer Rührschüssel mit Handrührgerät mit Rührbesen auf höchster Stufe geschmeidig rühren. Nach und nach Zucker und Vanillin-Zucker unterrühren. So lange rühren, bis eine gebundene Masse entstanden ist.

4. Die Eier nach und nach unterrühren (jedes Ei etwa ½ Minute). Mehl mit Backpulver und Kakao mischen, in 2 Portionen auf mittlerer Stufe unterrühren. Mandeln und Schokoladenstückchen unterrühren.

5. Den Teig in eine Sternbackform (etwa 1 ½-Liter Inhalt, gefettet, gemehlt) geben und glatt streichen. Die Form auf dem Rost in den vorgeheizten Backofen schieben und **etwa 55 Minuten backen.**

6. Die Form auf einen Kuchenrost stellen. Den Gebäckstern etwa 10 Minuten in der Form stehen lassen, dann aus der Form lösen und auf einen Kuchenrost stürzen.

7. Gebäckstern erkalten lassen und einmal waagerecht durchschneiden. Den unteren Boden auf eine Platte legen.

8. Die **Backofentemperatur auf Ober-Unterhitze: etwa 200 °C, Heißluft: etwa 180 °C heraufschalten.**

9. Zum Bestreichen Marmelade durch ein Sieb streichen. Den unteren Boden damit bestreichen.

10. Für die Füllung die Schokoladen-Sahne-Masse mit Handrührgerät mit Rührbesen steif schlagen. Ein Drittel der Creme auf den unteren Boden streichen. Den oberen Boden darauflegen und leicht andrücken. Den ganzen Gebäckstern mit der restlichen Creme bestreichen und 1–2 Stunden kalt stellen.

11. Für die Sternlollies die ausgewickelten Fruchtbonbons auf einem Backblech (mit Backpapier belegt) verteilen und anschließend im vorgeheizten Backofen **etwa 5 Minuten** zu einer zähflüssigen Platte **schmelzen lassen.**

12. Die Masse etwas abkühlen lassen, dann mit Ausstechförmchen (gut geölt) in der noch weichen Masse

Sterne bis zum Backpapier durchdrücken. Die Masse weitere 5–10 Minuten abkühlen lassen.

13. Die Sterne dann vom Backpapier lösen. Die restliche Bonbonmasse in einem Topf nochmals erwärmen. Mit der Masse Holzspieße an die Sterne kleben.

14. Den Weihnachtsstern vor dem Servieren mit Kakao bestäuben und mit Sternlollies garnieren.

Tipps: Die Lollies nicht im Kühlschrank lagern, sie werden dort mit der Zeit wieder flüssig. Sie können die Torte auch mit fertigen Lollis dekorieren.

Weihnachtsstern mit Trockenfrüchten

Für Gäste – mit Alkohol

Insgesamt:
E: 87 g, F: 285 g, Kh: 983 g, kJ: 30512, kcal: 7287

Für den Rührteig:
200 g weiche Butter oder Margarine
150 g Zucker
1 Pck. Dr. Oetker Vanillin-Zucker
1 Pck. Dr. Oetker Finesse Orangenschalen-Aroma
1 gestr. TL gemahlener Ingwer
1 Prise Salz
4 Eier (Größe M)
225 g Weizenmehl
2 ½ gestr. TL Dr. Oetker Backin
100 g gewürfeltes Zitronat (Sukkade)
100 g gewürfeltes Orangeat
75 g gewürfelte, getrocknete Aprikosen
100 g gewürfelte Belegkirschen (evtl. vor dem Schneiden abspülen)
100 g gehackte Cashewkerne
75 g Kokosraspel

Zum Tränken:
100 ml Orangensaft
2 EL Orangenlikör

Für den Guss:
350–400 g gesiebter Puderzucker
3 EL Orangenlikör
etwa 3 EL Wasser

Zum Garnieren:
kandierte Früchte, z. B. Orangenscheibenhälften, Kirschen

Außerdem:
1 Sternbackform (etwa 1 ½-Liter-Inhalt)

Zubereitungszeit: 30 Minuten, ohne Trockenzeit
Backzeit: etwa 60 Minuten

1. Den Backofen vorheizen.
Ober-/Unterhitze: etwa 180 °C
Heißluft: etwa 160 °C

2. Für den Teig Butter oder Margarine mit Handrührgerät mit Rührbesen auf höchster Stufe geschmeidig rühren.

3. Nach und nach Zucker, Vanillin-Zucker, Aroma, Ingwer und Salz unterrühren. So lange rühren, bis eine gebundene Masse entstanden ist. Die Eier nach und nach unterrühren (jedes Ei etwa ½ Minute).

4. Mehl mit Backpulver mischen, in 2 Portionen auf mittlerer Stufe unterrühren. Zitronat, Orangeat, Aprikosen, Belegkirschen, Cashewkerne und Kokosraspel vorsichtig auf mittlerer Stufe unter den Teig rühren.

5. Den Teig in eine Sternbackform (etwa 1 ½-Liter-Inhalt, gefettet, mit Semmelbröseln ausgestreut) geben und glatt streichen.

6. Die Form auf dem Rost in den vorgeheizten Backofen schieben. Den Gebäckstern **etwa 60 Minuten backen.**

7. Die Form auf einen Kuchenrost stellen. Den Gebäckstern etwa 10 Minuten in der Form stehen lassen, dann aus der Form lösen und auf einen Kuchenrost stürzen. Gebäckstern erkalten lassen.

8. Zum Tränken Orangensaft und -likör mischen. Den Kuchen damit tränken (mithilfe eines Pinsels).

9. Für den Guss Puderzucker mit Orangenlikör und Wasser zu einer dickflüssigen Masse verrühren. Den Gebäckstern damit überziehen und mit kandierten Früchten garnieren. Guss trocknen lassen.

Tipps: Wenn Kinder mitessen, den Orangenlikör zum Tränken und für den Guss durch Orangensaft ersetzen. Den Stern vor dem Verzehr mindestens 1 Tag durchziehen lassen. Er ist gut verpackt und gekühlt etwa 10 Tage haltbar.

Weihnachtstorte mit Spekulatius

Fruchtig – ohne zu backen

Insgesamt:
E: 118 g, F: 417 g, Kh: 411 g, kJ: 24571, kcal: 5873

Zum Garnieren:
200 g Zartbitter-Schokolade
1 TL Speiseöl

Für den Boden:
50 g Zartbitter-Schokolade
75 g Butter
250 g Mandel-Spekulatius (ersatzweise Buttergebäck mit Mandeln)

Für den Belag:
6 Blatt weiße Gelatine
600 g Doppelrahm-Frischkäse
75 g Zucker
100 ml Milch
1 Pck. Dr. Oetker Bourbon-Vanille-Zucker
1 Glas Apfelkompott (Einwaage 360 g)
gut 1 Msp. gemahlene Nelken
gut 1 Msp. gemahlener Zimt
gut 1 Msp. gemahlener Kardamom

Zubereitungszeit: 45 Minuten, ohne Kühlzeit

1. Zum Garnieren Schokolade in Stücke brechen, mit Speiseöl in einem kleinen Topf im heißen Wasserbad bei schwacher Hitze unter Rühren schmelzen. Ein Viertel der Schokolade (etwa 50 g) etwa 2 mm dünn auf ein Stück Backpapier streichen und fest werden lassen. 6–8 Sterne unterschiedlicher Größe ausstechen. Die restliche flüssige Schokolade für den Belag beiseitestellen.

2. Für den Boden die Schokolade in Stücke brechen. Die Butter in einem Topf zerlassen. Den Topf von der Kochstelle nehmen. Die Schokolade darin unter Rühren schmelzen. 12–16 Spekulatius vorsichtig quer halbieren und dicht aneinander innen an einen Springformrand stellen. Die Kekse wieder herausnehmen und beiseitelegen. Die restlichen Kekse in einen Gefrierbeutel füllen. Den Beutel verschließen. Kekse mit einer Teigrolle fein zerbröseln und unter die Butter-Schoko-Masse rühren.

3. Eine Tortenplatte mit Tortenspitze oder Backpapier belegen und einen Springformrand (Ø 26 cm) daraufstellen. Die Brösel-Schoko-Masse darin verteilen, mit einem Löffel zu einem Boden andrücken und kalt stellen.

4. Für den Belag die Gelatine in kaltem Wasser nach Packungsanleitung einweichen. Frischkäse mit Zucker, Milch und Vanille-Zucker verrühren. Gelatine in einem kleinen Topf bei schwacher Hitze unter Rühren erwärmen (nicht kochen), bis sie völlig gelöst ist. Gelatine mit 2–3 Esslöffeln der Frischkäsemasse verrühren, dann unter die restliche Frischkäsemasse rühren.

5. Vorbereitete Kekshälften wieder in den Springformrand auf den Brösel-Schoko-Boden stellen.

6. Knapp ein Drittel der Frischkäsemasse abnehmen und Apfelkompott unterrühren. Die Frischkäse-Apfel-Masse vorsichtig auf den vorbereiteten Brösel-Schoko-Boden geben und glatt streichen.

7. Die beiseitegestellte, flüssige Schokolade (von den 200 g) evtl. nochmals kurz erwärmen und unter die restliche Frischkäsemasse rühren. Nelken, Zimt und Kardamom ebenfalls unterrühren.

8. Die Masse vorsichtig esslöffelweise auf der Apfelmus-Frischkäse-Masse verteilen und glatt streichen.

9. Die Torte etwa 3 Stunden kalt stellen. Anschließend den Springformrand lösen und entfernen. Die Weihnachtstorte mit Spekulatius vor dem Servieren mit den Schokoladensternen garnieren.

Tipps: Die Spekulatius für den Rand lassen sich am besten halbieren, wenn Sie die Bruchstelle vorher mit einem kleinen Sägemesser ansägen und die Kekse dann dort brechen. Garnieren Sie die Torte zusätzlich mit 1–2 grob zerbrochenen Spekulatius. Rühren Sie 2 Esslöffel Rum-Rosinen unter die Apfelmus-Frischkäse-Masse.

Weihnachtstorte „Schachbrett“ I

Für Gäste – mit Alkohol

Insgesamt:
E: 159 g, F: 921 g, Kh: 903 g, kJ: 52806, kcal: 12621

Für den Knetteig:
125 g Weizenmehl
40 g Zucker
1 Pck. Dr. Oetker Vanillin-Zucker
100 g Butter

Für den Biskuitteig:
6 Eier (Größe M)
3 EL heißes Wasser
170 g Zucker
1 Pck. Dr. Oetker Vanillin-Zucker
5 Tropfen Bittermandel-Aroma
½ TL gemahlener Zimt
40 g Speisestärke
1 Msp. Dr. Oetker Backin
250 g gemahlene Haselnusskerne

Für die dunkle Creme:
400 g Zartbitter-Schokolade
300 g Schlagsahne

Für die helle Creme:
250 g weiße Kuvertüre
200 g Schlagsahne

6 EL Orangenmarmelade

250 g weiche Butter
5 EL Orangenlikör

Zum Garnieren und Bestäuben:
38 Schokoladentäfelchen
15 g gesiebter Puderzucker
etwa 20 ganze Mandeln

Zubereitungszeit: 90 Minuten, ohne Kühlzeit
Backzeit: 30–40 Minuten

1. Den Backofen vorheizen.
Ober-/Unterhitze: etwa 180 °C
Heißluft: etwa 160 °C

2. Für den Knetteig Mehl in eine Rührschüssel geben. Restliche Zutaten hinzufügen und mit Handrührgerät mit Rührbesen auf höchster Stufe gut durcharbeiten. Anschließend den Teig auf einer leicht bemehlten Arbeitsfläche zu einem glatten Teig verkneten. Sollte er kleben, ihn in Frischhaltefolie gewickelt eine Zeit lang kalt stellen.

3. Teig auf dem Boden einer Springform (Ø 26 cm, gefettet) ausrollen. Den Knetteig mehrmals mit einer Gabel einstechen. Den Springformrand darumstellen. Die Form auf dem Rost in den vorgeheizten Backofen schieben und den Knetteigboden **15–20 Minuten backen.**

4. Den Knetteigboden vom Springformboden lösen, aber darauf erkalten lassen.

5. Für den Biskuitteig Eier und Wasser mit Handrührgerät mit Rührbesen auf höchster Stufe in etwa 1 Minute schaumig schlagen. Den Zucker mit Vanillin-Zucker mischen, in etwa 1 Minute einstreuen, dann noch etwa 2 Minuten schlagen. Bitter-Mandel-Aroma und Zimt hinzufügen.

6. Die Speisestärke mit Backpulver mischen, auf die Eiercreme geben und kurz auf niedrigster Stufe unterrühren. Haselnusskerne unterheben.

7. Den Teig in eine Springform (Ø 26 cm, gefettet, mit Backpapier belegt) geben und glatt streichen. Form auf dem Rost in den vorgeheizten Backofen schieben. Den Biskuitboden **bei gleicher Backofentemperatur 15–20 Minuten backen.**

8. Den Biskuitboden aus der Form lösen und auf einen Kuchenrost stürzen. Biskuitboden erkalten lassen.

9. Für die **dunkle Creme** Schokolade in Stücke brechen. Sahne in einem Topf zum Kochen bringen. Den Topf von der Kochstelle nehmen. Schokolade darin unter Rühren schmelzen, in eine Schüssel geben, mit Frischhaltefolie zudecken und erkalten lassen.

10. Für die **helle Creme** Kuvertüre in Stücke hacken. Sahne in einem Topf zum Kochen bringen. Den Topf von der Kochstelle nehmen. Kuvertüre darin unter

Rühren schmelzen, ebenfalls in eine Schüssel geben, mit Frischhaltefolie zudecken und erkalten lassen.

11. Den Biskuitboden zweimal waagerecht durchschneiden. Den unteren und mittleren Boden mit jeweils 2 Esslöffeln Marmelade bestreichen. Die dunkle Creme mit Handrührgerät mit Rührbesen aufschlagen. Die Hälfte der Butter unterrühren und die Creme mit 3 Esslöffeln Likör abschmecken. Die helle Creme ebenfalls aufschlagen. Restliche Butter unterrühren, mit restlichem Likör abschmecken. Dunkle und helle Creme getrennt in je einen Spritzbeutel mit glatter Tülle füllen.

12. Den Knetteigboden auf eine Platte legen und mit der restlichen Marmelade bestreichen. Den unteren Biskuitboden darauflegen. Mit der Creme vom Rand zur Mitte hin abwechselnd dunkle und helle Ringe spritzen (mit der dunklen Creme beginnend), mit dem mittleren Boden bedecken, leicht andrücken und wieder mit Ringen bespritzen (aber mit heller Creme beginnend). Den oberen Biskuitboden darauflegen und leicht andrücken. Die Torte mit der dunklen Creme bestreichen und verzieren.

13. Zum Garnieren und Bestäuben die Hälfte der Schokoladentäfelchen mit Puderzucker bestäuben. Die Schokoladentäfelchen abwechselnd schachbrettartig auf die Tortenoberfläche legen. Die nicht mit Puderzucker bestäubten Täfelchen mit je 1 Mandel belegen (Mandeln jeweils mit etwas Marmelade auf die Oberfläche kleben).

Weiße Cookies | Raffiniert

etwa 50 Stück

Pro Stück:
E: 1 g, F: 4 g, Kh: 5 g, kJ: 244, kcal: 58

Für den Rührteig:

100 g Pinienkerne
170 g weiße Schokolade
100 g weiche Butter oder Margarine
40 g Zucker
1 Prise Salz
1 Eigelb (Größe M)
130 g Weizenmehl
1 Msp. Natron

Zubereitungszeit: 35 Minuten, ohne Abkühlzeit
Backzeit: 15–20 Minuten je Backblech

1. Für den Teig Pinienkerne in einer Pfanne ohne Fett unter Rühren goldbraun rösten, herausnehmen und auf einem Teller erkalten lassen. Die Schokolade grob hacken.

2. Den Backofen vorheizen.
Ober-/Unterhitze: etwa 160 °C
Heißluft: etwa 140 °C

3. Butter oder Margarine in einer Rührschüssel mit Handrührgerät mit Rührbesen auf höchster Stufe geschmeidig rühren. Nach und nach Zucker und Salz unterrühren. So lange rühren, bis eine gebundene Masse entstanden ist. Das Eigelb in etwa ½ Minute unterrühren.

4. Mehl mit Natron mischen und kurz auf mittlerer Stufe unterrühren. Schokoladenstückchen und Pinienkerne mit einem Kochlöffel unterrühren.

5. Von dem Rührteig mit 2 Teelöffeln etwa 50 haselnussgroße Teighäufchen auf Backbleche (gefettet, mit Backpapier belegt) geben, dabei etwas Abstand zwischen den Teighäufchen lassen. Die Backbleche nacheinander (bei Heißluft zusammen) in den vorgeheizten Backofen schieben. Die Cookies **15–20 Minuten je Backblech backen.**

6. Die Cookies mit dem Backpapier von den Backblechen auf Kuchenroste ziehen. Cookies erkalten lassen.

Tipps: Zusätzlich ½ Teelöffel getrocknete, grüne Pfefferkörner im Mörser zerstoßen und unter den Teig geben. Die Pinienkerne können durch gestiftelte Mandeln ersetzt werden.

Whisky-Früchtekuchen

Gut vorzubereiten – mit Alkohol

Insgesamt:
E: 128 g, F: 422 g, Kh: 947 g, kJ: 37949, kcal: 9052

Zum Vorbereiten:

500 g gemischte, getrocknete Früchte, z. B. Birnen, Feigen, Rosinen, Datteln, Aprikosen
250 g gemischte, kandierte Früchte, z. B. Kirschen rot und grün, Orangen, Ingwer, Ananas, Zitronat (Sukkade)
225 ml Whisky

Für den Rührteig:

225 g weiche Butter oder Margarine
250 g brauner Zucker (Kandisfarin)
2 Pck. Dr. Oetker Bourbon-Vanille-Zucker
6 Eier (Größe M)
350 g Weizenmehl
3 gestr. TL Dr. Oetker Backin
100 g fein gehackte Pekannusskerne
100 g ganze Pekannusskerne
100 g abgezogene, gemahlene Mandeln

Zubereitungszeit: 60 Minuten, ohne Durchziehzeit
Backzeit: etwa 100 Minuten

1. Zum Vorbereiten getrocknete und kandierte Früchte klein schneiden, in einer Schüssel mischen und mit Whisky übergießen. Die Früchte zugedeckt über Nacht durchziehen lassen.

2. Den Backofen vorheizen.
Ober-/Unterhitze: etwa 160 °C
Heißluft: etwa 140 °C

3. Für den Teig Butter oder Margarine in einer großen Rührschüssel mit Handrührgerät mit Rührbesen auf höchster Stufe geschmeidig rühren. Nach und nach Zucker und Vanille-Zucker unterrühren. So lange rühren, bis eine gebundene Masse entstanden ist.

4. Die Eier nach und nach unterrühren (jedes Ei etwa ½ Minute). Mehl mit Backpulver mischen, in 2 Portionen auf mittlerer Stufe unterrühren. Die vorbereiteten Früchte, gehackte und ganze Pekannusskerne und Mandeln kurz unter den Teig rühren.

5. Den Teig in eine Napfkuchenform (Ø 24 cm, gefettet, gemehlt) geben und glatt streichen. Die Form auf dem Rost in den vorgeheizten Backofen schieben und den Früchtekuchen **etwa 100 Minuten backen.**

6. Den Kuchen **nach etwa 60 Minuten Backzeit** mit Backpapier zudecken, damit er nicht zu stark bräunt. Die Form auf einen Kuchenrost stellen. Den Kuchen etwa 10 Minuten in der Form stehen lassen, dann aus der Form lösen und auf einen mit Backpapier belegten Kuchenrost stürzen. Früchtekuchen erkalten lassen.

Zedernbrot | Klassisch

etwa 50 Stück

Pro Stück:
E: 2 g, F: 4 g, Kh: 9 g, kJ: 336, kcal: 80

Für den Teig:

2 Eiweiß (Größe M)
250 g gesiebter Puderzucker
1 Pck. Dr. Oetker Vanillin-Zucker
1 TL Zitronensaft
1 Pck. Dr. Oetker Finesse Geriebene Zitronenschale
etwa 400 g abgezogene, gemahlene Mandeln

Für den Guss:

150 g gesiebter Puderzucker
2–3 EL Zitronensaft

Zubereitungszeit: 45 Minuten, ohne Abkühlzeit
Backzeit: etwa 30 Minuten je Backblech

1. Den Backofen vorheizen.
Ober-/Unterhitze: etwa 130 °C
Heißluft: etwa 110 °C

2. Für den Teig Eiweiß mit Handrührgerät mit Rührbesen so steif schlagen, dass ein Messerschnitt sichtbar bleibt. Puderzucker mit Vanillin-Zucker mischen. Nach und nach kurz unter den Eischnee schlagen. Zitronensaft, -schale und die Hälfte der Mandeln unterrühren. Von den restlichen Mandeln so viel unter die Eischnee-Mandel-Masse kneten, dass der Teig kaum noch klebt.

3. Den Teig auf einer mit Puderzucker bestäubten Arbeitsfläche etwa 1 cm dick ausrollen. Mit Ausstechformen Halbmonde ausstechen und auf Backbleche (mit Backpapier belegt) legen.

4. Die Backbleche nacheinander (bei Heißluft zusammen) in den vorgeheizten Backofen schieben. Das Gebäck **etwa 30 Minuten je Backblech backen.**

5. Das Gebäck mit dem Backpapier von den Backblechen auf Kuchenroste ziehen. Gebäck erkalten lassen.

6. Für den Guss Puderzucker mit Zitronensaft zu einem dickflüssigen, streichfähigen Guss verrühren. Die erkalteten Halbmonde mit einem breiten Messer damit bestreichen. Den Guss trocknen lassen.

Tipps: Sie können zum Ausrollen auch die restlichen Mandeln verwenden. Zedernbrot ist in gut schließenden Dosen etwa 2 Wochen haltbar.

Zimt-Nuss-Makronen | Einfach

etwa 60 Stück

Insgesamt:
E: 42 g, F: 155 g, Kh: 276 g, kJ: 11126, kcal: 2659

Für die Eiweißmasse:

3 Eiweiß (Größe M)
250 g Zucker
150 g gehackte Haselnusskerne
100 g gemahlene Haselnusskerne
2 gestr. TL gesiebtes Kakaopulver
2 Msp. gemahlener Zimt

Zubereitungszeit: 30 Minuten
Backzeit: 20–25 Minuten je Backblech

1. Für die Eiweißmasse das Eiweiß mit Handrührgerät mit Rührbesen auf höchster Stufe so steif schlagen, dass ein Messerschnitt sichtbar bleibt. Nach und nach Zucker auf höchster Stufe kurz unterschlagen.

2. Gehackte und gemahlene Nusskerne, Kakao und Zimt kurz unterrühren.

3. Den Backofen vorheizen.
Ober-/Unterhitze: etwa 140 °C
Heißluft: etwa 120 °C

4. Den Teig mit 2 Teelöffeln in kleinen Häufchen mit etwas Abstand auf Backbleche (mit Backpapier belegt) setzen. Die Backbleche nacheinander (bei Heißluft zusammen) in den vorgeheizten Backofen schieben. Die Makronen **20–25 Minuten je Backblech backen.**

5. Die Makronen mit dem Backpapier von den Backblechen auf Kuchenroste ziehen. Makronen erkalten lassen.

Tipps: Die Hälfte der Makronen mit geschmolzener Schokolade besprenkeln und mit je 1 Haselnusskern garnieren (Foto). Die Zimt-Nuss-Makronen sind in gut schließenden Dosen etwa 2 Wochen haltbar.

Zimtsterne | Klassisch

etwa 40 Stück

Pro Stück:
E: 2 g, F: 6 g, Kh: 7 g, kJ: 371, kcal: 89

Für den Teig:

3	*Eiweiß (Größe M)*
250 g	*gesiebter Puderzucker*
1 Pck.	*Dr. Oetker Vanillin-Zucker*
1 gestr. TL	*gemahlener Zimt*
etwa 400 g	*nicht abgezogene, gemahlene Mandeln oder Haselnusskerne*

Zubereitungszeit: 60 Minuten
Backzeit: etwa 25 Minuten je Backblech

1. Den Backofen vorheizen.
Ober-/Unterhitze: etwa 140 °C
Heißluft: etwa 120 °C

2. Für den Teig Eiweiß mit Handrührgerät mit Rührbesen auf höchster Stufe so steif schlagen, dass ein Messerschnitt sichtbar bleibt. Puderzucker nach und nach kurz unterschlagen. Zum Bestreichen der Sterne 2 gut gehäufte Esslöffel Eischnee abnehmen und beiseitestellen.

3. Vanillin-Zucker, Zimt und etwa 150 g Mandeln oder Haselnusskernen vorsichtig auf niedrigster Stufe unter den restlichen Eischnee rühren. Von den restlichen Mandeln oder Haselnusskernen so viel mit den Händen unter den Teig kneten, dass er kaum noch klebt.

4. Den Teig auf der mit Puderzucker bestäubten Arbeitsfläche gut ½ cm dick ausrollen. Mit einer Ausstechform Sterne ausstechen und auf ein Backblech (mit Backpapier belegt) legen. Mit dem beiseitegestellten Eischnee bestreichen. Der Eischnee muss so sein, dass er sich glatt auf die Sterne streichen lässt, evtl. einige Tropfen Wasser unterrühren.

5. Das Backblech in den vorgeheizten Backofen (unteres Drittel) schieben. Die Zimtsterne **etwa 25 Minuten backen.** Die restliche Zimtsterne wie angegeben vorbereiten und auf Backpapier legen.

6. Die gebackenen Zimtsterne mit dem Backpapier vom Backblech auf einen Kuchenrost ziehen. Die Zimtsterne müssen sich beim Herausnehmen auf der Unterseite noch etwas weich anfühlen. Die Zimtsterne erkalten lassen.

7. Die vorbereiteten Zimtsterne mit dem Backpapier auf das Backblech ziehen, wie zuvor beschrieben backen und erkalten lassen.

Tipps: Die Sterne lassen sich besser ausstechen, wenn der Ausstecher vorher immer in Wasser getaucht wird. Die Sterne bleiben saftig, wenn sie in gut schließenden Dosen aufbewahrt werden. Zum Steifschlagen von Eiweiß müssen Schüsseln und Rührbesen absolut fettfrei sein und es darf keine Spur von Eigelb im Eiweiß sein. Die Zimtsterne sind in gut schließenden Dosen etwa 2 Wochen haltbar.

Rezeptvariante: Für **Zimtberge** bereiten Sie den Teig wie angegeben, aber nur mit etwa 300 g gemahlenen Mandeln zu. Mit 2 Teelöffeln kleine Häufchen auf das Backblech setzen, dabei genügend Abstand lassen. Die Eischneemasse mit einem Gefrierbeutel auftragen, nach Wunsch mit je 1 Haselnusskern belegen und wie im Rezept angegeben backen.

Zimt-Weihnachtstorte

Beliebt – ohne zu backen

Insgesamt:
E: 119 g, F: 419 g, Kh: 460 g, kJ: 26157, kcal: 6251

Für den Boden:
250 g Gewürzspekulatius
100 g Butter oder Margarine

Für die Creme:
8 Blatt weiße Gelatine
500 g Mascarpone (ital. Frischkäse)
500 g Magerquark
4 EL flüssiger Honig
1–2 EL gemahlener Zimt
150 g Zucker
250 g Schlagsahne

Zum Bestäuben:
1 EL Kakaopulver

Zubereitungszeit: 40 Minuten, ohne Kühlzeit

1. Für den Boden Spekulatius in einen Gefrierbeutel geben. Den Beutel verschließen. Die Spekulatius mit einer Teigrolle fein zerbröseln und in eine Rührschüssel geben. Butter oder Margarine zerlassen, etwas abkühlen lassen, zu den Keksbröseln geben und gut verrühren.

2. Einen Tortenring (Ø 28 cm) auf eine mit Tortenspitze oder Backpapier belegte Tortenplatte stellen. Die Spekulatiusmasse darin gleichmäßig mit einem Löffel zu einem Boden andrücken und kalt stellen.

3. Für die Creme Gelatine in kaltem Wasser nach Packungsanleitung einweichen. Mascarpone mit Quark, Honig, Zimt und Zucker verrühren. Gelatine leicht ausdrücken, in einem kleinen Topf bei schwacher Hitze unter Rühren erwärmen (nicht kochen), bis sie völlig gelöst ist. Gelatine mit 2–3 Esslöffeln von der Mascarponemasse verrühren, dann mit der restlichen Mascarponemasse verrühren.

4. Sahne steif schlagen und unterheben. Die Creme auf dem Bröselboden verteilen und glatt streichen. Die Torte 2–3 Stunden kalt stellen.

5. Vor dem Servieren Tortenring lösen und entfernen. Die Tortenoberfläche mit Kakao bestäuben.

Tipp: Sie können die Torte auch zusätzlich vor dem Servieren mit steif geschlagener Sahne verzieren, mit zerbröselten Baiserschalen bestreuen und erst dann mit Kakao bestäuben (Foto).

Zitronenherzen, gefüllt I

Raffiniert

etwa 30 Stück

Pro Stück:
E: 13 g, F: 4 g, Kh: 14 g, kJ: 424, kcal: 101

Für den Teig:

150 g weiche Butter oder Margarine
100 g gesiebter Puderzucker
1 Eiweiß (Größe M)
250 g Weizenmehl
1 Msp. Dr. Oetker Backin
1 Pck. Dr. Oetker Finesse Geriebene Zitronenschale

Zum Bestreichen und Bestreuen:

1 Eigelb (Größe M)
1 EL kaltes Wasser
2 EL Hagelzucker

Für die Füllung:

150 g Zitronenmarmelade

Zubereitungszeit: 50 Minuten, ohne Kühlzeit
Backzeit: etwa 10 Minuten je Backblech

1. Für den Teig Butter oder Margarine, Puderzucker und Eiweiß in einer Rührschüssel mit Handrührgerät mit Rührbesen auf höchster Stufe geschmeidig rühren.

2. Das Mehl mit Backpulver und Zitronenschale mischen, auf die Arbeitsfläche geben. Die Fett-Zucker-Eiweiß-Mischung hinzufügen. Die Zutaten mit den Händen zu einem glatten Teig verkneten. Den Teig in Frischhaltefolie gewickelt eine Zeit lang kalt stellen.

3. Den Backofen vorheizen.
Ober-/Unterhitze: etwa 180 °C
Heißluft: etwa 160 °C

4. Den Teig auf der leicht bemehlten Arbeitsfläche portionsweise etwa 3 mm dick ausrollen. Mit einer Ausstechform (Ø etwa 4 1/2 cm) Herzen ausstechen und auf Backbleche (mit Backpapier belegt) legen.

5. Zum Bestreichen und Bestreuen Eigelb mit Wasser verschlagen. Die Hälfte der Herzen damit bestreichen und mit Hagelzucker bestreuen. Die Backbleche nacheinander (bei Heißluft zusammen) in den vorgeheizten Backofen schieben. Die Herzen **etwa 10 Minuten je Backblech backen.**

6. Die Zitronenherzen mit dem Backpapier von den Backblechen auf Kuchenroste ziehen. Zitronenherzen erkalten lassen.

7. Für die Füllung Marmelade in einem kleinen Topf unter Rühren gut aufkochen lassen. Die Herzen ohne Hagelzucker damit bestreichen. Die Marmelade etwas fester werden lassen. Dann die restlichen Herzen darauflegen und etwas andrücken.

Tipps: Anstelle von Zitronenmarmelade können Sie auch Orangenmarmelade oder Aprikosenkonfitüre verwenden. Die Zitronenherzen sind in gut schließenden Dosen 1–2 Wochen haltbar. Wenn Sie die Zitronenherzen ungefüllt in gut schließenden Dosen aufbewahren, halten sie etwa 3 Wochen.

Zitronenkugeln | Raffiniert

etwa 40 Stück

Insgesamt:
E: 16 g, F: 94 g, Kh: 190 g, kJ: 7023, kcal: 1679

1 Stange Zitronengras (erhältlich im Asia-Laden)
2 Zitronenblätter (erhältlich im Asia-Laden)
100 g Schlagsahne
40 g Zwieback
200 g weiße Schokolade
abgeriebene Schale von
1 Bio-Zitrone (unbehandelt, ungewachst)
1 EL Zitronensaft

Zum Wälzen:
30 g feiner Zucker

Zubereitungszeit: 40 Minuten, ohne Kühlzeit

1. Von der Zitronengrasstange die äußeren, harten Stängel entfernen. Die Stange in feine Streifen schneiden. Zitronenblätter halbieren. Zitronengrasstreifen und -blätter kurz abspülen und trocken tupfen.

2. Sahne mit Zitronengrasstreifen und -blättern in einem Topf zum Kochen bringen. Die Sahne bei mittlerer Hitze bis auf 75 g einkochen lassen, durch ein Sieb gießen und wieder zurück in den Topf geben.

3. Zwiebäcke in einen Gefrierbeutel geben. Den Beutel fest verschließen. Zwiebäcke mit einer Teigrolle fein zerbröseln. Schokolade in Stücke brechen, unter Rühren in der warmen Zitronensahne schmelzen.

4. Zitronenschale, -saft und Zwiebackbrösel unter die Zitronensahne rühren. Aus der Masse mit angefeuchteten Händen etwa 2 cm große Kugeln formen, in Zucker wälzen und kalt stellen.

5. Die Zitronenkugeln kalt gestellt in gut schließenden Dosen aufbewahren. Sie sind etwa 8 Tage haltbar.

Kleingebäck

Konfekt

Figürliches Backen

Kuchen/Rollen/Stollen

Plätzchen

Torten und Tartes

Mit Alkohol

Für Kinder

Für Fragen, Vorschläge oder Anregungen steht Ihnen der Verbraucherservice der Dr. Oetker Versuchsküche Telefon: 00800 71 72 73 74 Mo.–Fr. 8:00–18:00 Uhr (gebührenfrei in Deutschland) oder die Mitarbeiter des Dr. Oetker Verlages Telefon: +49 (0) 521 520650 Mo.-Fr. 9:00–15:00 Uhr zur Verfügung.

Oder schreiben Sie uns:
Dr. Oetker Verlag KG, Am Bach 11, 33602 Bielefeld oder besuchen Sie uns im Internet unter www.oetker-verlag.de oder www.oetker.de

Umwelthinweis Dieses Buch und der Einband wurden auf chlorfrei gebleichtem Papier gedruckt. Die Einschrumpffolie – zum Schutz vor Verschmutzung – ist aus umweltfreundlichem und recyclingfähigem PE-Material.

Redaktion Carola Reich, Annette Riesenberg, Carola Hülshoff

Innenfotos Walter Cimbal, Hamburg (S. 7, 17, 19, 35, 43, 44, 49, 54, 56, 63, 68, 70, 91, 98, 102, 107, 113, 130, 133, 144, 152, 168, 175, 183, 188, 192, 201, 202, 209, 213, 220, 235, 241, 249, 252, 266, 275)
Thomas Diercks, Kai Boxhammer, Christiane Krüger, Hamburg (S. 8, 13, 21, 24, 25, 28, 29, 37, 38, 50, 53, 57, 58, 66, 69, 72, 74, 75, 76, 80, 84, 88, 92, 101, 103, 111, 115, 127, 137, 139, 140, 141, 151, 158, 160, 167, 171, 177, 180, 184, 197, 199, 203, 205, 210, 215, 219, 228, 229, 237, 238, 242, 246, 255, 257, 265, 273, 278, 279, 280, 282)
Ulli Hartmann, Halle/Westf. (S. 152, 225)
Ulrich Kopp, Sindelfingen (S. 41, 64, 67, 73, 85, 147, 149, 150, 166, 169, 172, 187, 222, 243)
Bernd Lippert (S. 128, 216)
Janne Peters, Hamburg (S. 30)
Antje Plewinski, Berlin (S. 174, 231)
Christiane Pries, Borgholzhausen (S. 118)
Norbert Toelle, Bielefeld (S. 82, 113, 161, 194)
Axel Struwe, Bielefeld (S. 12, 20, 33, 59, 138, 145, 157, 178, 189, 196, 207, 283)
Brigitte Wegner, Bielefeld (S. 10, 32, 51, 71, 77, 78, 83, 87, 89, 94, 108, 122, 126, 129, 136, 162, 163, 191, 200, 204, 206, 211, 212, 214, 227, 239, 254, 260, 261, 263, 269, 277, 281)
Winkler-Studios, Bremen (S. 5, 11, 15, 16, 22, 23, 27, 31, 34, 39, 40, 42, 45, 47, 52, 55, 61,79, 81, 93, 95, 96, 99, 100, 104, 105, 109, 114, 116, 117, 121, 123, 124, 134, 135, 143, 148, 156, 159, 165, 173, 176, 179, 185, 186, 193, 195, 223, 224, 226, 230, 232, 233, 244, 245, 247, 251, 258, 270, 276)
Bernd Wohlgemuth, Hamburg (S. 217)

Lektorat no:vum, Susanne Noll, Leinfelden-Echterdingen

Wir danken für die freundliche Unterstützung Peter Kölln, Elmshorn
Bahlsen, Hannover

Nährwertberechnungen Nutri Service, Hennef

Grafisches Konzept und Gestaltung MDH Haselhorst, Bielefeld
Titelgestaltung kontur:design GmbH, Bielefeld
Satz und Layout MDH Haselhorst, Bielefeld
Druck und Bindung Proost NV, Belgien

ISBN: 978-3-7670-1359-9